代经济学系列丛书

ntemporary Economics Series

编 陈昕

金融理论中的货币

[美] 约翰·G.格利
爱德华·S.肖 著

贝多广 译　王传纶 校

当代经济学译库

格致出版社
上海三联书店
上海人民出版社

图书在版编目（ＣＩＰ）数据

金融理论中的货币/（美）格利（Gurley, J. G.），（美）肖（Shaw, E. S.）著；
贝多广译.
—上海：上海人民出版社,2006(2008.3 重印)
（当代经济学系列丛书.当代经济学译库/陈昕主编）
书名原文：Money in a Theory of Finance
ISBN 978－7－208－06120－0

Ⅰ. 金...　Ⅱ. ①格...②肖...③贝...　Ⅲ. 货币和银行经济学
Ⅳ. F820

中国版本图书馆 CIP 数据核字（2006）第 013067 号

责任编辑　陈　昕　忻雁翔
装帧设计　敬人设计工作室
　　　　　吕敬人

金融理论中的货币

约翰·G.格利　爱德华·S.肖 著

贝多广 译　王传纶 校

格致出版社·上海三联书店·上海人民出版社
（200001　上海福建中路 193 号 24 层　www.ewen.cc）

编辑部热线　021-63914988
市场部热线　021-63914081
www.hibooks.cn

世纪出版集团发行中心发行
上海商务联西印刷有限公司印刷
1988 年 3 月第 1 版
1994 年 10 月新 1 版
2006 年 3 月新 2 版
2008 年 3 月第 2 次印刷
开本：850×1168　1/32
印张：11　插页：5　字数：232,000

ISBN 978－7－208－06120－0/F·1389　　　　　定价：22.00 元

C
出版前言

为了全面地、系统地反映当代经济学的全貌及其进程,总结与挖掘当代经济学已有的和潜在的成果,展示当代经济学新的发展方向,我们决定出版"当代经济学系列丛书"。

"当代经济学系列丛书"是大型的、高层次的、综合性的经济学术理论丛书。它包括三个子系列:(1)当代经济学文库;(2)当代经济学译库;(3)当代经济学教学参考书系。该丛书在学科领域方面,不仅着眼于各传统经济学科的新成果,更注重经济前沿学科、边缘学科和综合学科的新成就;在选题的采择上,广泛联系海内外学者,努力开掘学术功力深厚、思想新颖独到、作品水平拔尖的"高、新、尖"著作。"文库"力求达到中国经济学界当前的最高水平;"译库"翻译当代经济学的名人名著;"教学参考书系"则主要出版国外著名高等院校的通用教材。

本丛书致力于推动中国经济学的现代化和国际标准化,力图在一个不太长的时期内,从研究范围、研究内容、研究方法、分析技术等方面逐步完成中国经济学从传统向现代的转轨。我们渴望经济学家们支持我们的追求,向这套丛书提供高质量的标准经济学著作,进而为提高中国经济学的水平,使之立足于世界经济学之林而共同努力。

我们和经济学家一起瞻望着中国经济学的未来。

Y

译者的话

约翰·G.格利和爱德华·S.肖都是美国斯坦福大学经济系的著名教授。1960年由美国布鲁金斯学会出版的《金融理论中的货币》一书,是比较系统地反映他们的理论观点的一部重要著作。这部著作为西方经济学界对货币金融问题的研究开辟了一条新的道路。在这之后的一二十年里,格利和肖又致力于研究发展中国家的经济与金融。他们或者合作或者单独发表了许多著作和论文。格利在关于社会主义和资本主义的理论问题上也有深入研究。肖曾在1973年出版了影响颇大的《金融深化和经济发展》一书。

格利和肖的观点与他们之前西方传统的货币金融理论的

重要分野在于：他们认为货币不是货币金融理论的唯一分析对象，货币金融理论应该面对多样化的金融资产，而货币只是无数金融资产中的一种；他们认为，除商业银行之外，形形色色非银行的金融机构也在信用创造过程中扮演着重要角色；他们还认为控制货币的政策不是决策者可资依赖的唯一经济政策，影响金融制度乃至经济制度的应该是一套完整的金融政策，它包括了货币政策、债务管理政策以及财政政策。由此可见，格利和肖试图建立一个以研究多种金融资产、多样化的金融机构和完整的金融政策为基本内容的广义的货币金融理论。这种理论的问世是与本世纪初以来特别是二次大战后，美国金融领域出现的新情况、货币政策面临的新问题密切相关的。1955年9月，格利和肖就联袂在《美国经济评论》上发表了"经济发展的金融方面"一文。1956年5月他俩又一起在美国《金融杂志》上刊登"金融中介机构与储蓄—投资过程"一文。这两篇论文从新颖的角度分别对经济与金融的关系，各种金融中介机构在信用创造过程中的作用等项问题提出了与众不同的挑战性论点。1960年出版的《金融理论中的货币》，是对以往提出的观点的进一步阐述，并且使他们的思想在理论结构上趋于完整。在该书中，格利和肖反复强调他们是在新古典学派的分析框架中讨论问题,实际上他们所说的新古典学说主要是指 30 年代后期在西方经济理论界兴起的以凯恩斯为代表的理论,他们的分析基本上是以此发轫的。但是,还应看到,在货币金融的一些基本观点方面,他们与同一学派内的另一些经济学家——比如唐·帕廷金——有着重要的分歧。

格利和肖的理论,主要围绕着货币在经济增长过程中的作用这一论题与帕廷金的理论展开了论争。这大致表现在:(一)在理论上,他们认为,帕廷金的理论模型有一个重大缺陷,就是它没有包含一个货币系统——或者说,一个吞吐私人债务的中央银行,结果,除了引进政府债务的特殊情况之外,货币量的变动似乎对利率就不起作用,换言之,货币是中性的。他们认为,事实上,只要中央银行参与购置了不管是政府的还是私人的任何债券,货币量变动的作用都将不是中性的。(二)在方法上,他们在一定程度内引进时间因素,用动态模型取代了帕廷金的静态模型,从分析静止状态的经济走向分析增长着的经济,从而不仅考察货币变量对资本存量的作用,而且还估计了资本存量对货币变量的反馈。

格利和肖在《金融理论中的货币》一书中运用由简入繁的抽象思维方法,先从一个"初始模型"着手,然后逐步增加新的变量、进而提出一个比较完整的关于货币、债务以及经济增长的理论模型。这个模型把经济社会分成消费者、企业和政府(即货币系统)三个部门,以及当期产出品、劳动力、货币及债券四个市场。从上述三个部门收入和支出的数量关系,推导出上述四个市场共同达到均衡状态的必要条件。①

他们通过这个增长模型表述了这样一个基本思想:在一个增长的经济中,各个部门可以在收入—产出账户上保持持续的赤字或盈余,这些赤字或盈余有其对应的金融流量。于是,货币流量的变动,无论是为购买商品或债券,还是为转移性支付,对产出规模和产出配置都将产生影响。

格利和肖建立的金融模型可以启示人们在经济增长的过程中重视金融事业的作用。格利和肖接受了凯恩斯学派关于在宏观经济中"事后"储蓄总是等于"事后"投资的结论。但是,他们认为,透过整体经济深入观察,就可以发现,实际上各个经济单位的"事后"储蓄和"事后"投资未必相等,而经济单位(或部门)之间的这种储蓄—投资差异正是金融制度存在的前提。格利和肖在方法上借鉴了莫

① 参阅本书第3章及数学附录。

里斯·科普兰等人在分部门的资金流量账户方面的研究成果,非常轻巧地把整个经济划分成盈余部门(即收入大于支出)、平衡部门(即收入与支出相等)以及亏拙部门(即支出大于收入)。他们认为,在整个储蓄—投资过程中,盈余部门是储蓄者,亏拙部门是投资者,经济单位(或部门)在储蓄—投资过程中的这种"专业分工",便是债务、金融资产以及金融机构的基础,它与经济单位(或部门)在生产—消费过程中的专业分工一样地重要。另一方面,金融制度的存在则是把资金从储蓄者转移到投资者的必要条件。因而,一个经济社会能否最有效地运用其资源,在一定程度上取决于它的金融制度的效率。

在经济社会中,投资者所需资金在相当程度上靠内部筹措。然而,格利和肖认为,只要经济部门之间存在着亏拙和盈余,投资者从外部筹资便是不可避免的。外部筹资的规模就由经济单位中亏拙(或盈余)的总额决定。格利和肖又认为,外部筹资有两种形式:直接融资和间接融资。由盈余部门购入亏拙部门发行的初级证券而进行的融资是直接金融;由盈余部门购入金融中介机构发行的间接证券而进行的融资是间接金融。一般来说,初级证券的发行依赖于亏拙部门的赤字规模,后者又与收入水平有关。盈余部门出

于金融资产多样化的考虑,不仅对初级证券
有着需求,而且还需要金融中介机构发行的
间接证券。于是,金融中介机构在买进初级
证券卖出间接证券的基础上成长起来。金融
中介机构可以分为货币系统和非货币的中介
机构两种,前者供应货币,后者提供非货币的
间接证券。随着收入的提高,对货币的需求
会增加,对非货币的间接证券的需求也会增
加。非货币的中介机构的发行会与任何形式
的货币激烈竞争。格利和肖从这一意义上认
为,非货币的中介机构的扩张对货币系统的
发展增长是一种掣肘。

格利和肖比较清晰地描述了经济与金
融的关系,以及货币金融系统内部的各种
复杂关系,他们特别把"非银行"或"非货
币"的金融中介机构"自大多数经济理论
所放弃的废墟中捡回来"①,深入探索这些
机构对实际经济活动及货币系统的影响,
这无疑使货币金融学科的研究视野得到大
大拓宽。

2

从西方货币金融理论的发展来看,《金融

---

① 参阅唐·帕廷金:《货币经济学之研究》,1976年台湾版,第39页。

理论中的货币》一书的贡献主要在两个方面：一是关于银行与非银行的金融机构的异同问题；二是关于"内在货币"与"外在货币"的区分问题。也正是这两个方面，在西方经济学界引起较大的争议。

货币金融理论的传统观点认为，商业银行在现金准备的基础上和在以放款和投资为形式的信用扩张过程中，拥有创造货币的能力，而其他金融机构，在美国如储蓄贷款协会和互助储蓄银行等，仅仅起到筹集公众储蓄用于投资建设的作用。如前所述，格利和肖率先对这种传统观点发起了挑战。他们认为，商业银行在金融机构中唯一有能力创造活期存款形式的货币，但是同样，其他金融机构也能创造某种独特的金融债权凭证，他们通过放款和投资与商业银行分享着扩张信用的能力。詹姆斯·托宾在一篇论文中也申述了相同的思想，并称这种思想是货币金融理论的"新观点"。①但另有一些经济学家对这种"新观点"提出了质疑和争论。他们认为，商业银行支配着支付体系，并能成倍地扩张贷款，资金很容易以支票形式在银行之间进

① 参阅 J. Tobin, "*Commercial Banks as Crealors of Money*", in D. Carson(ed.), "*Banking and Monetary Studies*", (Home wood, 1963), pp. 408—419.

行转移；而非银行的金融机构的活动依赖于收入创造过程以及人们的储蓄行为；因此，即使非银行的金融机构能创造信用，但它们的"创造过程本质上不同于商业银行"。①

近20年来，西方国家（特别是美国）呈现的金融机构和金融工具多样化的趋势证实了格利和肖的观点。应该承认，格利和肖在这种趋势刚露端倪之时，便敏锐地觉察出来，并且把它置于金融理论的重要地位予以重视，这是值得充分肯定的。

实际上，在20世纪初，美国的金融机构和金融工具就显示了多样化的迹象，但在将近50年里，这种迹象是否会演变成一场趋势，人们都不敢预卜。二次大战后，随着美国各色金融机构的竞争越趋激烈，多样化的进程也就日趋加快。其中最具代表性的现象就是，原有的和新生的种种金融机构不断地创造出形式繁多的货币替代品，如可转让提款命令单、电子资金转账、电话付账业务和信用社股份提款单等，并且侵入商业银行传统经营的业务范围，使得银行与非银行的差别日益模糊，货币与"准货币"也难以分辨。70年代涌现的货币市场互助基金、80年代问世的

---

① 参阅 R. Teigen(ed.) *"Readings in Money, National Income and Stabilization Policy"*, (Home wood 1978), ch. 2.

货币市场存款账户、超级可转让提款命令单等，更使多样化的趋势不可逆向。这种多样化的趋势并非偶然，按照格利和肖的观点，其本质是"避免风险"。实际上，它是经济金融活动多样化进程中的一个部分。金融机构间的竞争，电子计算机和通讯技术的突破，金融管理体制的变革以及十几个年头的严重通货膨胀和高利率都促进和加速了这一多样化步伐。正如格利和肖所指出的，多样化会影响金融制度以及整个经济制度。事实证明，金融机构和金融工具的多样化对货币的演变发展、对金融机构的竞争格局、对货币政策的效果，乃至对经济总量和经济结构都发生了不应低估的作用。说到底，金融多样化是生产社会化的一个必要的要求。

应当指出，《金融理论中的货币》出版之后，格利和肖（以及托宾）所提出的"新观点"并没有立即引起美国货币当局的足够重视，在一个相当长的时期里，货币当局仍然只注重控制商业银行的活期存款，而忽视了其他流动性金融资产，特别是忽视了非银行的金融机构在信用创造方面的作用。机构和工具多样化把这一缺陷充分显示出来。现在已经有越来越多的经济学家认识到，为求稳定货币与稳定经济，必须扩大政策的影响范围，并注意政策的均衡性。

除了在金融机构理论方面的贡献之外,
格利和肖在货币研究领域也提出了独具匠心
的见解,他们主张把货币区分成"内在货币"
和"外在货币"来加以分析。

格利和肖认为,货币资产有着不同的类
型,这些不同的资产来源于不同的途径;不同
类型的货币资产的名义扩张或名义收缩,对
实际经济活动产生的效果各不相同。

格利和肖认为,一般充当货币(即作为支
付手段)的资产,或者是政府的债务,或者是
私人金融机构的债务。由政府购买商品、劳
务或转移支付而产生的货币资产称作"外在
货币",因为它们代表政府对私人部门(或者
说是"外在于"私人部门)的债务净额。由于
存在"外在货币",价格水平的变化便会影响
财富在私人和政府部门之间的转移。另外,
他们把由私人金融机构债务组成的货币资产
称作"内在货币",因为它们代表"内在于"私
人部门的资产和负债。一般来说,可以假定
金融机构不从事购置商品和劳务的活动,金
融机构的债务只产生于购置初级证券的行为
之中。因而,"内在货币"是"以私人内部债务
为基础",它与非货币间接证券的总和,与企
业的初级债务正相平衡。由于价格水平运动
引起的"内在货币"实际价值的变动,不会导
致私人和政府部门之间的财富转移,而只会

引发两个私人部门间的财富转移,一个部门得益而另一个部门遭受同量的损失。

格利和肖批评了所谓"净额货币论"的分析方法,他们认为这种方法只考察经济中的"外在货币",而忽视了由"内在货币"引起的财富转移对劳动力、当期产出品和货币的需求总量的影响,特别是忽视了非货币金融的发展对实际经济总体行为包括货币市场的影响,因而是片面甚至是错误的。他们主张用所谓"总额货币论"的分析方法来研究货币与经济的关系,也就是既考虑"外在货币"对经济的作用,又考虑"内在货币"对经济的作用,并且找出这两种作用的不同点。格利和肖认为,当经济中同时并存"外在货币"和"内在货币"时,货币对经济的作用肯定不是中性的。他们又认为,即使经济中只存在"内在货币",名义货币的变动也可能会引起利率、产量和财富的变动。理由是,货币系统只买卖几种未清偿证券,因而一定会改变某些经济单位的资产构成。在引入非货币的中介机构之后,格利和肖又进一步判断,当"内在的非货币间接资产"与"外在的非货币间接资产"①同时并存时,货币的中性也将遭到破坏。

---

① "外在的非货币间接资产"主要是指货币系统发行的定期存款。参阅本书第6章。

格利和肖在分析货币与经济的关系时，不仅从总的货币存量角度进行考察，而且还从创造不同类型货币的不同渠道考察它们给经济带来的不同影响，这对于货币金融理论的研究来说是深入了一步。此外，值得指出的是，他们关于"内在货币"与"外在货币"的区分对我们研究社会主义经济中货币的"经济发行"或"财政发行"等问题也有一定的参考价值。

3

格利和肖以现代金融制度的实际为基础，建立了体现在《金融理论中的货币》中的理论结构。除此之外，本书的优点还在于"把其理论分析与政策建议结合在一起"①。

格利和肖的政策建议主要有这样三个方面。

第一，提出最起码的货币控制要素。格利和肖在《金融理论中的货币》一书的最后一章，对资本主义国家货币当局习惯运用的货币政策"三大武器"提出了批评。他们认为公开市场业务中常常传递的是"混乱的信号"，贴现率政策则可能是"相当笨拙的办法"，而

---

① 参阅唐·帕廷金：《货币经济学之研究》，1976年台湾版，第42页。

法定准备金限额更会使银行业成为一个"失衡的体系"。为此,他们提出了中央银行进行货币控制的最起码要素:一是管理银行储备的名义存量。二是规定储备—余额利率(即中央银行向商业银行储备存款余额支付的利率)。他们认为中央银行若能自由运用这两个手段,便能有效推行其价格水平政策,具体说,中央银行就能阻挠其成员银行自行改变它们的实际储备量,从而达到控制名义货币量和稳定价格水平的目的。三是控制商业银行的存款利率,以稳定社会对实际货币的需求量以及银行自身的资产负债规模。格利和肖认为,中央银行只要掌握这三项要素中的任何两种,就能管住经济体系中的一切名义变量。

第二,主张把货币和公债的管理结合起来。格利和肖认为,一个有能力既管理名义货币量又管理公债的金融当局,也能在短期内掌握利率,在长期内掌握价格水平和实际经济变量,而这些是传统的中央银行所无能为力的。因此,他们设想由中央银行来承担管理公债的责任,而财政部只对债务利息和交易费用负责。据说这样把货币管理与公债管理结合起来后,中央银行对整个金融市场的管理就"具有最有力和最直接的效果"。

第三,建议扩大货币控制范围。格利和

肖认为,在资本主义经济中,货币系统由中央银行和私人商业银行体系构成,这两者都具备创造货币的能力。但是,由于私人商业银行体系的内在动力是利润最大化目标,这种目标经常与中央银行控制货币的政策相抵触,因此,在现实经济社会,不是商业银行为追求利润而削弱了货币政策,就是中央银行为控制货币而减少商业银行的可得利润。如果说,"看不见的手"在资本主义商品生产领域还起作用的话,那么,它在货币领域是否还发挥效能,格利和肖对此是怀疑的。而且,他们根据美国的实际状况指出,由于中央银行的强制力量以及把控制焦点对准商业银行,因此,与其他各种金融机构相比,美国商业银行处于利润不佳的境地,它们的净利润和资本占资产总额的比率在长期内呈下降趋势。为此他们开出一系列药方:政府投资于银行股份,政府为银行存款保险,对银行资产投资规定更严格的限制并强化对银行的检查程序等等。但同时他们又认为这些还只是短期措施,要在长期中消除这种局面,还必须采取另外一些更激进的办法,如规定百分之百的储备、银行体系国有化,或者把控制范围扩大到商业银行之外的私人非货币的金融机构。

实际上,在资本主义经济社会,上述办法中的大多数是难以实行的,真正具有可行性的只是最后一条；从格利和肖的整个理论来看，他们的政策设想重心可能也在于此。从这几年美国金融制度的实际情况来看，美国货币当局受客观形势所迫，已经把控制的触角伸展到商业银行以外的各类非银行的金融机构。货币政策与财政政策和公债管理政策的配合协调问题也越来越受到人们的注目。这一切反证了格利和肖在当年提出的政策建议的价值。当然，格利和肖试图在资本主义体系内实行银行国有化等激进措施，未免显得过于书生意气。

　　＊　　　　＊　　　　＊

　　《金融理论中的货币》是一部在方法上和理论上都颇具特色的著作。将它全部译出，希望对我们的社会主义现代化经济建设，特别是金融事业的发展能起到借鉴和参考的作用。王传纶教授不吝花费心血，对译稿进行了逐字逐句的校订，在此谨致由衷的谢意。

贝多广

1987 年 5 月于北京海淀

中文版前言

本 书的主题是,除非在最简化和脱离现实的条件下,货币政策总是会影响一个社会的经济方面。换言之,货币一般地不是中性的;它不只是蒙在实际经济之上的一层轻纱纱。在调控和指导金融的和实际的经济活动中,货币体系有其重要的任务。

在一定限度之内,各个国家可以在集中的计划和分散的金融之间作出选择。在一端,一国可能倚重于集中的计划体系来实现其经济目标;在这种情况下,有一个初始的金融体系就足够了。在另一极端,一国可能致力于发展其金融机构和金融市场,以及伴随而来的繁复细致的金融资产结构。由于人们预期这样一种金融体系可以通过市场过程来达到一国的经济目标,所以在最低限度的集中计划结构之外也就没有理由要求更多的了。当然,一国也可以在两个极端之间选择其经济运行的位置,于此,计划和市场都发挥重要作用。目前,中国正是沿着这条权衡替换的路线从接近于前一个极端的位置走向中间点,也许甚至会越过中间点。

本书的结构与上述类似——从一个初始的金融制度(尽管我们在书中没有讨论集中计划问题;这肯定是本书的一项缺陷)到一个高度复杂的,无需集中计划的金融结构。我们开始时提出一种特殊类型的货币(外在货币)—货币体系的间接债务。然后,在分析的过程中相继引进了另一种类型的货币(内在货币)、一种同质的初级证券(工商企业的债券)、各种各样的初级证券,最后引进了诸如储蓄存款的非货币间接证券。在分析这一愈益复杂的金融资产结构的同时,我们还对范围广泛的金融机构和金融市场进行了探讨。

在将近30年前写作本书之时,我们没有考虑到中国——甚至于其他任何发展中国家。但很明显,本书的分析与今天的中国经济十分有关,因为中国也正在从一个初始的金融制度迈向一个较为复杂的金融制度。随着中国金融的扩展和深化,我们在本书所讨论的诸多问题也将涌现出来:金融市场在促进直接金融中的作用,金融机构在间接金融过程中的作用,决定初级证券和间接证券增长发展的因素,中央银行在货币调控中的适当作用,等等。遗憾的是,我们的书并不提供这些问题的简便现成的答案;但是可以确信,我们多年前所写的会有助于确切地提出问题,也有助于找到回答问题的正确方向。

我们感谢本书的翻译者贝多广和他的导师王传纶教授。对他们从事这一工作并使之圆满完成,我们表示最诚挚的谢意。

约翰·G.格利

爱德华·S.肖

1987年5月

序言

本书讨论了金融市场与金融机构在一个增长着的经济社会里的作用。作者首次发展了一种金融理论,货币理论是其中的一个部分。他们的论述是专门性的,与其说针对一般读者,不如说更是写给专业经济学家看的。其宗旨是作一番开拓性工作,把货币放在一个比较广泛的金融资产范畴内考察。如同经济研究中一切开拓性探索一样,可以预料它也会引起争议、改进乃至进一步的理论贡献。

这项研究发端于对美国商业银行业的趋势的调查。很快就显示出需要一套理论,可用以至少在一定假设下解释商业银行与其他非银行金融机构的关系。发展这样一个解释 20 世纪金融发展的理论变成首要目标。当这项研究的初稿完成之时,人们感到其中的理论章节应该进一步详细阐述,以形成一部独立的著作;历史性的和解释性的章节则应随后发表。因而,本书是更广泛研究中的第一部著作,随后是另一部涉及实证材料的著作。

在作者的工作过程中,他们为求得评论和批评,已经发表了一些初步的、反映他们早期理论的论文。这些论文包括:"经济发展的金融方面"(《美国经济评论》,1955 年 9 月);"金融中介机构和储蓄—投资过程"(《金融杂志》,1956 年 5 月);和"1800—1950 年美国债务和货币的增长:提出的一种解释"(《经济学与统计学评论》,1957 年 8 月)。

对作者从事于这项艰难的任务,并且显示出的卓越技巧以及创作这部理论专著时的坚韧不拔毅力,本学会表示深深地感谢。我们同样感谢兰德公司的阿兰·恩索文,他撰写了数学附录。由莱斯特·钱德勒、埃维赛·多马、乔治·加维、雷蒙德·戈德史密斯以及沃尔特·萨伦特组成的顾问委员会和其他人,对本书的前一稿和这一稿提出了许多有益的批评与建议。学会特别感激他们的帮助。委员会的一些成员对本书部分内容持保留意见,但是所有的人都认为本书应该出版。

对于资助这次研究而给予总的支持的福特基金会,对于提供专项资金帮助的梅里尔推进金融知识基金公司,本学会谨致以由衷的谢忱。

　　作者所阐述的观点是他们自己的，不能认为这必定是布鲁金斯学会理事、职员或其他工作人员的观点；同样也不应认为他们反映了福特基金会或梅里尔推进金融知识基金公司的观点。

　　　　　会长：
　　　　　罗伯特·卡尔金斯
　　　　　1959 年 11 月

YY 原版前言

我们顾问委员会的一位杰出委员觉察到本书的方法和结论具有冲破传统观点的迹象。确实，我们在研究过程中发现过一些传统偶像，对它们我们抱有几分厌恶之心。但是，我们关心的远不是去向人所周知的那些货币金融教条挑战，而是追求一项积极的目标——设计一种一般地考察金融现象的方法，它与众不同地把货币理论囊括其中。

虽然本书行文正规严谨，有时甚至偏于艰涩，但全书绝大部分并不渲染数学的玄虚。数学部分保留在由兰德公司阿兰·恩索文撰写的附录之中。恩索文博士发展了第 3 章中的模式，加强了现实成分，并作了稳定性检验。我们对他表示万分感谢，这不仅由于他撰写了附录，而且还由于他在全书的连续修改中所给予的忠告与协助。而他则感谢理查德·纳尔逊和罗伯特·索洛提出的宝贵意见。

我们还受到顾问委员会委员们通过善意的批评与评论给予的帮助。沃尔特·萨伦特作为委员会委员和布鲁金斯学会的高级职员，付出远超其职责的劳动，为我们书稿纠正错误，并用他的睿智充实本书。1958—1959年度布鲁金斯学会的研究员约瑟夫·阿蒂耶赫和小西德尼·温特，在关键之处慷慨地贡献了他们的数学技巧。我们深深感谢布鲁金斯学会会长罗伯特·卡尔金斯，他对我们曲折的开端表现了格外的耐心，而在我们取得进展之时给予了充分的鼓励。

伊维特·格利夫人参加了本书的大量工作，几乎成为作者之一。在我们全部写作过程中，她既是批评者，又是参谋者；既是研究人员，又是普通读者；她以多种身份从各个方面为本书增色。

本书主体部分有一个特征：几乎没有脚注以及文献目录。这并不意味我们的工作与过去无关——附录中众多的参考文献目录就证明了这一点。我们的对象是专业经济学家，因而理所当然地认为他们无需参考文献的帮助就能理解我们对学术前驱者的依赖。他们也会同意本书如此不受拘束地从许多杰出的货币理论家，诸如凯恩斯爵士、琼·罗宾逊、希克斯、詹姆斯·托宾,以及唐·帕廷金那里汲取思想。特别要致谢帕廷金,因为他的著作十分明晰地揭示了主要有关于价格水平的确定性和货币的中立性的一些问题,这些问题十分接近本书的核心。

这本著作很少涉及实证资料,对政策所作的为数不多的说明也只是为了使分析明了易懂而已。书中一系列模式是根据新古典主义的限定条件构造起来的;如果从这些模式去推导出一套指导原则用于现实世界的政策,那是过于鲁莽粗心了。目前正在写作的第二部著作,则将应用我们的思想方法去考察美国的经验。经过实证的和制度的材料充实之后,将探索壁垒森严的政策领域。

本书作者代表了斯坦福大学不同年代的研究生。他们的共同经历中都有埃尔默·费根和伯纳德·哈利两位教授的悉心指导。我们以崇敬之情和热诚之心把这本书奉献给他们。我们写作过程中自始至终得到费根和哈利教授的关怀,但是他们对本书的后果不负责任。

约翰·G.格利

爱德华·S.肖

当
·
代
·
经
·
济
·
学
·
译
·
库

目 录

金融理论
中的货币

出版前言
译者的话
中文版前言
序言
原版前言

1

导论

本书是对金融问题的一项理论研究。它研究债务、金融资产、金融机构和金融政策如何形成一般的物价和产出水平，以及反过来后者又如何影响前者的问题。虽然我们研究的重点只是一种金融资产，即货币；一种金融机构，即货币系统；金融政策的一个方面，即货币控制；但是，我们还把分析拓展到更广范围的金融资产和机构。我们试图发展一种包含货币理论的金融理论和一种包含银行理论的金融机构理论。

密切联系的两个方面的情况吸引我们进行这项研究。首先，金融资料已经大有改进，其时间序列也已扩展，预期还将有重大改善，其中包括雷蒙德·戈德史密斯对储蓄和金融中介机构的研究，米尔顿·弗里德曼在全国经济研究所所做的关于货币问题的研究，以及联邦储备系统有关资金流量和银行统计的研究项目。①经济学家们很少有机会得到如

---

① 参阅雷蒙德·德史密斯，《美国储蓄研究》(1955)和《1900 年以来美国经济中的金融中介机构》(1958)；"1939—1954 年国民经济核算中年度估算数的资金流量体系"，《联邦储备公报》(1955 年 10 月)，"1950—1955 （转下页）

此丰富多彩的实证材料,这使我们难以抵御那样强烈的诱惑力去考察它们,从而寻找它们可能提供的有关美国金融发展的任何新的解释。

其次,我们认识到对具有这种诱惑力的金融资料进行分析,利用现有的工具是不足的。使我们疑惑不解的是,我们可以热切地盯住诸如联邦储备系统精心编制的资金流量表,或戈德史密斯对债务、金融资产和金融中介机构的增长所作的细致分析——老是欣赏、钦佩这些以经验为根据的著作,但是对于那些想要从实际中吸取经验以理解经济增长和周期变动过程的人来说,上述著作意味着什么,却不很清楚。

经济学家大多注重于当期产出、实际财富和劳务的市场。除非与货币、政府债务和外汇有联系时,他们很少致力于研究金融市场上的供求状况。他们的做法是把债权人和债务人的资产平衡表合并起来,从而把其他金融资产和其他债务都抵消了,而且把大多数金融机构也消除了;其理由是:国内债务是自己欠自己,或者说,贷款人积累金融资产的实际作用正好被借款人积累债务的实际作用抵消了。

后果之一是:有关货币银行学和货币理论的书籍,从书名上就可以清楚地看到,它们局限于货币或银行,而对广义的金融注意不够。它们很少尝试系统地、全面地研究金融资产、金融机构和金融政策。同时人们发现,有关金融的书籍中的"分

(续上页)年资金流量账户概要",同前,(1957 年 4 月),和"资金流量、储蓄和投资的季度资料",同前,(1959 年 8 月);联邦储备系统,《1896—1955 年的全美银行统计》(1959)以及全国经济研究所在它的金融研究项目中出版的许多研究报告。米尔顿·弗里德曼等在全国经济研究所正在从的有关货币银行的一些研究项目报告。

析"已经形成自己的方法与习惯,与经济学的主流相分离,成为一门历史描述性的学科。长期以来精于描述,乏于概括,已经概括出的东西又不易与经济学本身阐明当期产出、劳务和金融资产等市场相互作用的原理相结合。

金融资产市场

经济学家研究金融,合乎逻辑的方法是把它作为市场问题来研究。他应该能够阐明对任何一项金融资产的需求的决定因素和此项金融资产供应的决定因素。还应该对什么是市场均衡,作出说明。这就是说,应该有一个需求函数、一个供应函数以及从这两个方程式中选出供求有效点的一个市场供求均衡方程式。每一套需求、供应和市场均衡的方程式规定一个市场,就这一市场本身,可以进行分析——那是一种局部均衡分析。把这些金融资产市场完整地聚集在一起就是金融领域。

在一个发达社会里,可以进行逐个分析的金融资产市场不可胜数。即使是局部分析,也必须根据问题的不同而相应地分类组合。在这本书里,我们首先研究用于当期商品和劳务产出的支出的筹款方式,与实际产出水平、物价水平之间的相互关系。各非金融支出单位(消费者、工商企业、政府机构)购买当期产出,大部分款项出自它们自己的当期收入,即:大多数支出是从内部筹措的。但有部分支出是通过发行新的证券从外部筹措的;我们称这些证券为"初级证券",包括债券、股票、抵押票据、消费者债券等等。最终借款人可以直接向最终贷款人出售初级证券,在这种情况下后者当然就购置了初级证券。

或者,初级证券也可以出售给金融机构。于是,这些机构就买进初级证券并发行对它们自身的债权凭证,诸如活期存款、储蓄存款及类似的债务。我们称这些债权凭证为"间接证券"。在这种情况下,最终贷款人购置间接证券而不是初级证券本身。因此,我们把金融市场划分为初级证券市场和间接证券市场。后者进一步区分为货币(支付手段)市场和非货币的间接证券(定期存款、储蓄存款、储蓄贷款协会股份等等)市场。

经济体系包含了这些金融市场和一整套实物市场。后者又包括商品市场(其中既包括现期产出,也包括资本存量或实际财富),和广义的劳务市场。

虽然对金融和实物经济部门作了如此总括性的市场分类,但并不排除随着分析的深入还会进一步使分类完善。例如消费品市场可以区别于投资品市场,债券市场可以区别于公司股票市场,储蓄贷款协会的股票市场可以区别于非限制型投资公司股票市场。

再重申一下,经济学家研究金融的方法是,把它当作市场问题进行研究。他可以用局部分析方法进行研究,在"其他条件不变"的假设中,既不考虑经济体系内其他任何一个或一切市场对他所考虑的那个市场的"馈入",也不追究"他的"市场对其他市场的"反馈"影响。或者,他也可以在一般均衡分析的背景下同时研究所有金融的和实物的市场,使用一个静态的或一个增长的模型,从这个模型可以同时得到所有市场的均衡条件,充分地计算上述馈入和反馈的相互作用。

本书自始至终使用一般均衡分析,虽然偶尔有必要或为方便起见,也对货币市场和其他金融市场运用局部分析。对于货币经济学家来说,重要的是,对经济要有宽广的视野,既要认识货币市场是如何适合于经济中其他市场的,也要懂得所有市场之间发生的相互影响。如果没有这种宽广的认识,当评价货币在经济制度中的作用时便会迷失方向,差之千里。本书还在普遍均衡的框架中分析货币在静态均衡状态下和在增长背景下的作用。

章节安排

本书的分析以一个包含最低限度的金融市场和金融机构的初始经济为开端,然后,一步一步地踏入日趋复杂的金融结构之中。每一步的目的都是观察金融市场与实物市场如何互相作用从而形成实物产出和物价的均衡水平,我们的重点始终放在货币的供应与需求上。为读者方便起见,我们列出各章中金融方面的轮廓如下。

第 2 章的论述以这样一个经济社会为开端,它只有一个金融市场,即货币的市场,也只有一个金融机构,即政府货币系统。这个货币系统归政府部门掌握,由一个政策局和一个银行局组成。前者通过向后者发布有关货币存量的指令来制订货币政策。银行局购买当期产出(或进行转移性支付)并创造货币。消费者和工商企业积累政府部门发行的货币。这个模型虽然简单,但也可以阐明一些概念,说明货币、当期产出和劳务这三个市场的关系,并引出对货币的需求函数。对货币的供给函数则规定得尽可能地简单——货币存量就是政策局所决定的那么多。这样设计货币市场的供给方面,是为了在这个初期阶段避免考虑那些反映私人银行体系利润观点的决定货币存量的因素和中央银行对其成员银行实施的控制网络。这种方法使我们易于集中考察货币市场的需求方面。

各章中金融方面的轮廓

章	金融市场	金融机构
二、	只有货币市场,强调货币的需求	由政策局、银行局组成的政府货币系统。
三、	货币市场和一种初级证券的市场。	同上。
四、	初级证券市场,重点在初级证券数量和品种的增长。	同上。
五、	货币市场和不同的各种初级证券的市场。	同上。
六、	货币市场、不同的初级证券市场以及非货币间接资产的市场。	政府货币系统和非货币的金融中介机构(私人的和政府的)。
七、	同上,重点在货币的供给函数。	中央银行、成员商业银行、非货币的金融中介机构。

第 3 章提出了第二种金融市场,即由工商企业发行、消费者和银行局购置的同性质的债券(永久债券)。如此则经济中有了四个市场——劳务、当期产出、货币和初级证券(企业债券)的市场。最后一个市场有它的价格,即债券的利率。政府部门包括政策局和银行局,只在两个金融市场上交易而不参加劳务和当期产出市场的交易。银行局的职能是根据政策局

的指令买卖初级证券,并且在这一过程中创造或消灭货币余额。消费者得到货币或者初级证券,抑或同时得到两者;而工商企业则发行初级债务并积累货币余额。政府货币系统仍然是唯一的金融机构。

第3章介绍的新金融市场——即初级证券市场——在第4章中得到深入考察。这里有双重目的:(1)分析对初级证券增长起决定作用的因素,在债券利率既定时,初级证券的增长等于支出单位的金融资产的增长;(2)考察初级证券的不同于其数量的质量变化。初级证券增长与金融资产的积累是放在第3章模式的框架之内进行讨论。第4章最后部分探讨影响初级证券差异的因素以及把这些证券从借款人分配到贷款人的技术手段。

第4章介绍了许多不同种类的初级证券,接着我们在第5章转而考察这些不同的证券和它们的利率如何影响对货币的需求。增长过程涉及初级证券发行中质的不断变化,而这种演变中的证券差异格局又向贷款人展示了如何重新安排金融资产构成,以确保最大预期收益的问题。对货币的需求,作为资产构成的一个成分,对其他成分的质量变化是敏感的。

第6章分析了第三种金融市场和第二种金融机构。新金融市场是非货币的间接资产诸如储蓄存款和储蓄贷款协会股份的市场。新金融机构是一批非货币的金融中介机构,它们买进初级证券并发行非货币间接资产。政府货币系统仍然存在,不过现在它既可以发行货币,又可以发行定期存款。在这部分篇幅中,我们分析非货币间接资产需求和供应的决定因素,非货币中介机构(包括私人的和政府的)活动影响货币需求的方式,这些中介机构和货币系统之间的异同点,以及非货币中介机构对货币控制效率的影响。

在最后的第 7 章,政府货币系统被一个接近于美国类型的体系所取代:有一家中央银行,它实行直接控制,其形式是限额储备、储备余额的存款利率,或许还有对其成员商业银行的法定储备要求。在前面几章,银行局根据政策局发布的指令来发行一定量的货币。现在,指令被一个多少有点复杂的控制机制所代替,中央银行操作它以对付私人组织的以赢利为生的商业银行。结果是,中央银行的控制所允许的最大货币量未必等于商业银行在利润动机下希望产生的货币数额。由此,货币市场的供给方面就复杂得多了。在讨论供给问题时,我们首先考察商业银行在不受货币当局控制情况下的货币创造;然后考察货币控制的原理与手段,最后考察货币控制对银行体系活力的影响。

方法和脱漏

数理经济学家和经济计量学家——我们希望他们能被吸引到我们所讨论的一些问题上来——对我们没有置金融变量于一个完整的动态增长模型中可能会感到遗憾。可是,他们会在附录中发现由阿兰·G. 恩索文撰写的对第 2、3、4 章中许多材料的数学描述。我们选择的方法是进行不受数学约束的严密分析。

我们在本书中采用了新古典经济学体系及其关于充分就业、价格弹性、没有货币幻觉及分配效应等假定。我们这样做,并不是因为我们相信世界就是如此,而是因为在这个体系中,仅就实物经济效应而言,货币似乎极少——也许一点也没有——起作用。我们遵守新古典经济学的规则行事,以便表明即使在这里,货币也不是一层面纱,它在决定产出水平和产出构成中可能具有重要的作用。当然,离开新古典主义愈来愈远,则货币的作用变得愈益重要。

本书内包含着许多行为方程。我们并不认为,它们精确地描述了消费者和工商企业在这个经济体系的所有市场中的行为方式,因而从这个意义说它们是现实的。可是,我们相信,这些行为方程也确实相当明晰地阐明了在变化着的条件下金融在商品和劳务市场中的作用。对这些行为方程可以作很大地更改,并不影响我们关于金融问题的主要结论。

我们觉察到本书忽视了很大的有问题的领域,对此我们感到不安。书中仅仅接触到短期产业循环中金融的作用。一点也没有提出风险和不确定性的理论,而这一理论与短期内的金融尤为密切相关。对金融的国际方面一掠而过,几乎没谈到传统的公司财务领域。而且,本书几乎没有统计资料。尽管在我们自己的经历中,统计资料在先,但在出版的次序上,它们都在后。我们根据我们在本书提出的有关货币、初级证券和非货币间接金融资产市场的观点,对美国金融史进行了数月之久的研究。其结果鼓励我们先发展和提出这一理论,随后再返回到实际资料中。

2

初始的金融

本章讨论在一个初始经济背景之下的金融问题。这样一种经济模式没有近似的历史对应体,其中一些机构设置都是虚构的。但是,对于阐明比较现实的背景下有用的一些概念和原理来说,这是一条方便之道。

我们描述这个初始经济,从它的社会账户着手:它的资产平衡表,它的收入账户以及它的资金流量账户。然后我们转向它的市场,具体说明在静态均衡和增长时期占主导地位的供求状况。只有三个市场:一是劳务市场,另一个是当期产出市场,第三个是货币市场。前两个是实物市场,第三个是金融市场。这里不考虑两个非常重要的金融市场——初级证券市场(诸如公司和政府债券、股票和抵押票据)和非货币的间接金融资产市场(诸如储蓄存款和储蓄贷款协会股份)。

初始经济中有货币,有一个创造货币和管理支付机制的货币系统,和一个货币当局。在一套限定条件下,货币当局关于货币量的政策是不重要的,因为它只能影响当期产出和劳务市场的价格水平。但是,在另一套限定条件下,货币管理确实与产出和收入的实际水平有关。

初始经济的增长能力受其金融制度的限制。在只有货币没有其他金融资产的情况下,储蓄、资本积累和从储蓄到投资的有效配置都受到抑制,这种抑制又滞缓了产出与收入的增长速度。从这个模式可以明显看到的对实际增长的某些抑制,使人们联想到美国约在独立战争时期所面临的以及一些不发达国家今天所面临的金融障碍。本章的最后一节将讨论缓解这些金融障碍的某些较简便的权宜之计。

部门、市场和社会账户

任何经济体系都是一个包括消费者家庭、工商企业和政府机构的支出单位的总体。在这一节中,我们描述这些决策单位如何在初始经济中运转,它们的资产负债、收入支出以及借贷行为的性质。

部门和市场

支出单位分为三个部门:消费者、企业和政府。这个模式中没有国外部门;这是一个没有国际交易的经济社会。也不存在由诸如商业银行和保险公司等金融机构组成的金融部门,这些机构为得到其他单位的债务而使其本身负债。一切交易限于这三个部门。

这些部门的特征是什么? 消费者部门进行消费支出,从工商企业买进商品和劳务。它通过向其他部门出售个人的生产性服务来获得收入。它不积累有形财富,诸如土地或者资本设备(包括房屋)。货币是其唯一的资产,它不承受债务。

企业部门由非股份公司组成。我们作出下列主观和非现实的假设:这些企业是经济最终实体,并非为自然人所拥有。这个部门拥有有形财富,并且,把这些实物资产与从消费者部门买来的生产性服务结合起来以生产产品。产品的一部分出售给消费者部门,一部分作为"政府商品"出售给政府。余下的产品即私人投资品,在企业部门内部出售,以扩大其自身的财富存量。工商企业不发行新证券来借款,它们保留包括折旧基金在内的全部毛利润。它们持有货币余额作为唯一的金融资产。

政府部门的首要职能是发行货币,提供货币转移的结算和支付机制,并且确定货币政策。这里的货币是没有任何后盾的不兑现货币。它可以是通货,亦可以是由消费者和企业部门开取支票的存款。这种货币只是人们所说的支付手段。为使模式极其简化,我们假定货币存量要么不变,要么增加。它不会减少,因为我们假定政府不征税,只发行非货币的债务。当政府认为应该增加货币量时,它或者购买商品,并创造货币来支付,或者通过转移性支付来使用新货币。

在这一模式中,货币是政府债务,它的发行是为了弥补或筹措由货币政策决定的政府支出额。政府是货币系统和货币当局。为以后更复杂的货币系统作准备,我们设想现在模式中的货币系统由一家政策局(胚胎式的中央银行)和一家银行局(商业银行的雏形)构成。前者通过向后者发布有关货币量的指令来规定货币政策。银行局贯彻这些指令,为购买商品、劳务或转移性支付而创造货币。

这个经济中存在三个市场——劳务、当期产出(消费品、政府商品、私人投资品)和货币的市场。由于不存在非货币的证券如股票或债券的市场,因而也不存在区别于"收入循环"的"金融循环",在这个经济的价格系列中没有利率。只有当期产出的商品才进入交易,现存有形财富不得进入市场。

部门的和社会的资产负债表

我们先从部门的资产负债表考察初始经济。表 2.1 显示了在一个会计期期末编造的这种资产负债表。有形资产——资本设备、厂房、存货——只显示在企业的资产负债表上。各部门的净值是各部门资产和负债的差额。货币表现为政府的债务和消费者、企业部门的金融资产。过去某个时候,政府就发行一种为人们作为支付手段而普遍接受的债务,从而借得资金以应付政府支出;在这个模式里政府部门也是这样做的①。

表 2.1　　　　　部门的资产负债表

企业部门			政府部门	
资产		负债	资产	负债
货币	50	无	无	货币　100
有形财富	900	净值:		净值:
		累积储蓄 950		累积储蓄　—100

消费者部门		
资产		负债
货币	50	无
		净值:
		累积储蓄　50

---

① 后文解释了这里所指借与贷的含义。

　　三张资产负债表可以合成一张三部门的资产负债表。它们也可以统一归并起来。表 2.2 中的联合资产负债表是把三部门的资产、负债和净值进行简单加总。表 2.2 中的合并资产负债表则突出了这样的事实：只是有形资产和这些资产的净值才在归并过程中不互相抵消，因而进入资产负债表中。作为私人部门金融资产的货币与作为政府债务的货币互相抵消，所以不再存在。归并过程撕下了货币面纱。这表明一个简单的真理：不仅货币，所有其他金融现象也是如此，都是支出单位在一个互相依赖的社会里，取得收入与进行支出时相互间有自主性与专业化的结果。在一个资本主义经济中，支出单位是有联系而并非统一的，各种形式的金融以多种方式替代了经济的集中化。经济专业化——在获得收入与使用收入方面——是债务、金融资产以及金融机构的基础。

表 2.2　　　　　　　　　社会的资产负债表

联合资产负债表		合并资产负债表	
资产	负债	资产	负债
货币　　100	货币　　100	有形财富　900	无
有形财富　900	净值：		净值：
	累积储蓄　900		累积储蓄　900

　　表 2.1 和表 2.2 并不能告诉我们，为数 100 的货币存量是超过还是等于还是小于私人对货币余额的需求。人们也无法在这一点上猜测超额货币量或超额需求会对财富增长和净值中的储蓄积累可能会产生什么结果。货币当局用支出和借款的办法供应货币，但如果有超额需求或超额货币量，则只是

由私人部门通过随后的劳务、当期产出以及货币方面的交易方能找出解决的办法。我们将转入这个问题,但现在仍然是对这个模型作描述而不作分析性的解释。

国民收入和产品账户

资产负债表分类列出了会计期期末的有形资产和金融资产、债务和资产净值。国民收入和产品账户则记录了某个会计期内用于产品的支出以及出售此项产品所获得的收入。

在销售全部国民产品中实际得到的收入总是相等于购买这些产品中实际的支出:国民总收入总是等于国民总支出(产品)。表 2.3 显示了这个基本恒等关系,它是这个初始经济的国民收入和产品账户的简体。

表 2.3　　　　　国民收入和产品账户[a]

收　入		产　品	
消费者部门收入	80	个人消费支出	75
企业部门毛储蓄	20	私人毛投资支出	15
政府部门税收收入	0	政府购买商品劳务	10
国民总收入	100	国民生产总值或总支出	100

　　a　政府可向各私人部门进行转移性支付。它们会在国民收入和产品账户的收入栏出现两次——一次作为得到收入的部门的收入增加,另一次作为政府收入的负项。

　　在表格右边,消费品和劳务由工商企业生产,由消费者部门购买。工商企业的毛投资支出则买下企业部门自己生产的投资品。政府从两个私人部门买进商品和劳务。这些支出之和(100)造成等额的收入。在表格左边,有消费者部门以薪金和工资为形式的收入。企业部门的收入是其留存毛收益额或储蓄总额,包括折旧费在内。由于没有税收,所以政府没有收入。

一部分支出用于资本货物的投资。这些支出,减去折旧金,反映在社会资产负债表上是有形资产的增加。在这些资产负债表上,净值也会有等额的增加。这是这个经济社会的净储蓄,反映在国民收入和产品账户上就是国民总收入大于个人消费、政府支出和折旧金之和的部分。这个经济社会购买消费品和政府商品以及提取折旧金之后所剩下的收入,就是它的净储蓄,而净储蓄总是相等于购买私人投资品的支出净额。因而,社会资产负债表上有形资产的增加必然相等于净值中储蓄的增加。

国民收入和产品账户本身并不说明部门的和联合的资产负债表上金融资产和债务的变化。只有当我们能够弄清楚哪些部门进行各种支出,也能够辨别这些支出的融资方法——只有如此,我们才能确定金融资料的变化情况。国民收入和产品账户完整描述了全国合并资产负债表上诸项目的变动,但也就是到此为止了。这个负债表没有关于债务和金融资产的登录。

可以从收入产品账户,因而也可以从合并资产负债表直接引出的一个关于金融的结论是:国民总收入总是而且必定是足以为购买和支付国民总产品提供资金。经济社会作为一个整体。如果没有对外交易,就勿需借用资金,因为它的收入和支出总是处于平衡状态。如果它从不借款,也就从不贷款。这个信息对于研究金融的人说来不是很激动人心的。对经济活动在如此高度集合的层次上进行集中考察,金融债权和债务都互相抵消了;这就掩盖了这样的事实,即经济中一些部分确实借了款,另外一些部分也确实贷了款。如果我们想要研究这些借贷活动,我们就必须把经济当作部门间的一个联盟,而不是作为一个统一体来研究。

由于国民收入和产品账户先入为主,而这种账户基本上忽视了金融交易,可能导致许许多多的经济学家把金融账户归并在经济学之外,从而使金融分析的发展走上孤独的道路,有时还寥无成果。因为经济分析中时常把金融部分地或全部地归并掉了或者抵消掉了,所以,经济学家可能无意间就忽视了金融在经济活动中的地位。

资金流量账户

原则上说来,扩展国民收入和产品账户,使其能显示各部门的支出和收入,以及部门间的借贷交易,并不是困难的。这些账户——货币流量或资金流量账户——详细列明了部门的和联合的资产负债表上所有部分的变动。不仅记录了负债表上有形资产和净值的变动,也记录了金融资产和金融债务的变动。

建立资金流量账户的第一步骤是弄清楚各部门的预算,分别记录各部门在收入产品账户上的收入额和支出额。如果一个部门的支出超过收入,它在收入产品账户上就有一个赤字预算。如果一个部门的收入大于支出,它有一个盈余预算。如果一个部门的收入和支出相等,它就有一个平衡预算。现在我们以表 2.4 中栏目为基础,对三个部门的预算进行考察。

表 2.4　　　　　　　　　　资金流量账户[a]

交易项目	消费者部门		企业部门		政府部门		全国合计	
	来源	运用	来源	运用	来源	运用	来源	运用
非金融性的								
消费者收入	80			80			80	80
消费者支出		75	75				75	75
政府支出			10			10	10	10
投资支出			15	15			15	15
总数	80	75	100	95	0	10	180	180
金融性的								
货币		5		5	10		10	10
总计数	80	80	100	100	10	10	190	190
备忘栏								
收入	80		20				100	
储蓄	5		20			—10	15	
投资				15				15
盈余	5		5				10	
赤字						10		10

a　"来源"是指资金来源；"运用"是指资金运用。

我们的消费者部门有预算盈余 5。这就是消费者收入（80）超过消费者支出（75）的那部分。这也是消费者储蓄（5）大于消费者对有形财富投资的那部分，我们假定后者为零。我们的企业部门也有预算盈余 5。这是收入和产品账户或者说是"非金融"账户上企业收入（100）超过企业支出（95）的那部分。这也是企业储蓄（20）大于企业对有形财富投资（15）的那部分。政府部门有预算赤字 10，因为它在收入和产品账户上支出了 10，而其收入为零。三个部门汇集起来有一个平衡的预算,收入和产品账户上收款等于支款,收入(消费者为80,企业为20)等于国民产品(消费为75,投资为15,政府商品为10),储蓄等于投资。

各部门的盈余总数与各部门的赤字总数是一致的:两个私人部门各有盈余5,与政府赤字10正相吻合。当所有部门都算在一起时,这种恒等关系是必然存在的。因为所有部门合并计算时,收入和产品账户上的收入额与支出额是一回事,因此,某些部门的盈余必然会被其他部门的赤字所抵消。又由于事后计算的储蓄额与投资额在所有部门合并时也是相等的,因此,反映某些部门储蓄超过投资的预算盈余必然被反映其他部门投资超过储蓄的预算赤字所抵消。

表2.4中部门预算的组合,政府有赤字和两个私人部门都盈余,只是这个初始经济中几个可能的组合中的一个。假如我们改变经济的限定条件,比如说,政府可以收税或消费者可以进行投资支出,则可能出现更多的组合。我们选择这个组合,纯粹是举一个例子,可代之以任何其他组合,只要它们与此模式一致,并且符合社会账户的规则——部门预算的盈余或赤字代表收入产品账户上收入与支出或者储蓄与投资的差额,而事后计算的整个社会的预算永远是平衡的。

现在我们来考察这些收入—支出型式或预算组合的金融方面。此模式中政府部门通过发行新货币来为其支出——其赤字——筹措资金。消费者部门和企业部门的预算盈余意味着这些部门得到相等于它们盈余的货币。各个盈余部门因其超额收入或大于投资的超额储蓄而得到货币,仅此而已。这只是因为没有其他的金融资产可以购置,也不允许进行有形资产的交易。假如消费者部门或者企业部门出现预算赤字,只能减少过去积累的货币余额来弥补。任何私人部门都不得发行它们的债券或股票,任何私人部门也不得通过自己的印刷机构来发行新的货币。当一个部门有一个平衡的预算时,它既不积累货币,也不减少货币积累。

政府为弥补赤字的新货币发行量必然等于有盈余的私人部门得到的货币量。政府以货币的形式发行无息证券来借款,私人部门则把这种证券接受为它们的货币余额从而贷款。因为政府有赤字,所以它的金融资产净额(金融资产减去债务)必然下降;因为私人部门实现盈余,它们的金融资产净额必然增加;因为货币是我们模式中唯一形式的债务和金融资产,所以,金融上解决不平衡预算的办法只能是政府发行和积累在私人余额中的货币量的增加。

政府通过货币发行借到的是对当期产出的支配权。私人部门通过接受货币余额增量而贷出的也是对当期产出的支配权。政府支出能够超出其在收入和产品账户上的所得,这是因为私人部门少支出,并以它们的储蓄换取金融资产,货币。收入是根据一种型式分属于各个部门,而支出是根据另一种型式分属于各个部门的,而两者差异之所以可能,只是因为至少存在着一种债务和金融资产。

在这个初始经济中,存在着一个非常简单的债务和金融资产结构。货币是唯一的债务,可以发行它来获得外部资金以弥补赤字或弥补大于储蓄的超额投资。同样的货币也是唯一的金融资产,任何部门把大于投资的超额储蓄转移给赤字支出者时就能得到它。债务增量等于赤字,货币增量等于债务增量。

当然,在现实世界中,赤字、债务和货币——或者说盈余、金融资产和货币——之间的关系要错综复杂得多。以后我们将考察各种形式的私人债务和政府债务。我们将考虑债务与赤字之间、借款总额与货币扩张之间，以及贷款与储蓄者货币余额的增长之间互相不一致的情况。

名义数值与实际数值：存量与流量

迄今讨论过的大多数流量和存量的数值都可以用名义或实际尺度来计量。某个东西的名义金额是未对当期产出价格变动进行调整的它的美元金额；它是根据当期——也就是市场通行的——价格的美元金额。而某个东西的实际金额则是名义金额被除以一个当期产出价格水平指数或其他某个适当的价格指数而得出的数值。因而，诸如名义的国民总支出就是当期物价下的支出额，而实际的国民总支出则较高或较低，这取决于现期价格低于还是高于基期的价格。如果物价上升了，实际支出就小于名义支出；如果物价下跌，则正好相反。

在以后的叙述中，"货币需求"是指对货币存量的需求；在任何时间，支出单位都有一个对一定货币存量（名义的或实际的）的确定的需求（名义的或实际的）。"货币需求增量"是指支出单位在一定时期内对货币需求的增加量。"货币供应量"是指名义货币存量的增加，实际的货币需求和实际的货币存量是除以一个当期产出价格水平指数的名义货币需求和名义货币存量。

经济行为型式

初始经济的社会账户记录了买卖、借贷以及债务和金融资产状况。这些账户描述了支出单位在这个经济的市场上的行为,但不解释行为的动机——支出单位为什么会这样做。而这正是现在要考察的事情。

工商企业是当期产出(商品)市场的供应者。它们在任何短期中的实际产值,部分地取决于从以往实际投资净额中积累起来的资本货物存量。但是,这也依赖于消费者提供的劳务量以及影响生产效率的技术条件。我们假设在一定的生产技术条件下,如果资本与劳动力以相同比例增加,实际产值可以与这两个要素成比例增加。我们还假定,如果只有其中一个要素增加,实际产值的增加比例就低于该要素的增加。

消费者,以一个不受货币工资率或单位时间的实际工资率影响的不变量向企业供应劳动力:存在一个既定的劳动力供应量。劳动力充分就业,而且其实际工资率等于其边际产品。

总产值超过实际工资总额的部分弥补了现存资本货物的折旧,此外,还向作为现存资本所有者的企业提供了一种实际租金。租金率等于资本的边际产品,是一个百分数——自然利率。用边际分析的术语说,净租金率就是企业净收入的变动对企业资本存量变动的百分比。

这样,国民生产净值即分为消费者的实际工资和企业的实际租金两部分,而各部门的收益率等于各自供应的要素的边际产品。

企业自动把折旧费用于资本重置。净租金收入可以用于下列两种用途中的任何一种:用于投资以增加实际资本存量,或者用于实际货币余额的积累。以前说过,在这个经济中,企业不向消费者支付股利。我们假设,各个企业把各自的资产总额分成实际资本和实际货币余额两部分,使资本的实际租金率相等于持有现金的实际边际效益。各家企业都希望有一个"均衡的资产结构"。

在任何时期,企业净租金收入(等于净收入或企业净储蓄)在资本货物和货币之间的优先配置次序,取决于很多因素。比较高的边际实际租金率会刺激对净额投资的需求。如果这个租金率既定,较大存量的现存资本货物会减低投资的需求,因为随着经营规模扩大,企业就要考虑风险因素。在租金率和现存资本量既定条件下,只要企业现存实际货币余额大于愿意持有的数额,则企业对净额投资的需求就会比较强烈。当然,当企业收入比较高时,对新投资和对货币的需求都会更强烈。

企业的实际货币需求增量受到它们的大于净额投资的超额净租金收入(储蓄)的限制。当现存资本量很大,边际租金率很低,以及当手头的货币余额不足以满足需要时,企业就愿意把收入中比较大的份额放在实际货币余额上。

在任何一个会计期的期初,企业或者想在这个会计期中有一个平衡的预算,或者愿意使预算处于盈余或赤字的不平衡状态。在前一种情况,它们打算把所有收入都引向实际投资,而保持现存货币余额不变。在第二种情况,如果要的是盈余预算,它们希望把净收入的一部分引向实际投资,一部分引向货币。如果想要赤字,企业则计划降低持有的货币量,并且增加资本品,让后者超过单靠净储蓄提供资金所能达到的规模。第一种情况里企业的实际货币需求增量为零,第二种情况里为正数,第三种情况里为负数。在各种情况中企业的货币需求增量都反映了企业对资产总额在资本品和支付手段之间进行适当配置的愿望。

初始经济中消费者家庭供应劳动力以换取工资。它们把
实际工资收入花费在消费上，或者把它们储蓄起来。消费者
储蓄除了增加消费者实际货币余额以外，别无其他用途，因为
消费者不进行有形资产的投资，还因为货币是初始经济中唯
一的金融资产。消费者也可能减少储蓄，用之于消费，从而使
其实际货币余额减少。

消费者需要的货币余额量会随消费者实际收入的增加而
增加，尽管并不一定保持固定比例。任何时期消费者需要补
充货币都是因为他们原有的存量小于他们所需要的量。当他
们手头具备了他们想要的货币余额的时候，他们就把所有收
入用于消费。当手头货币过多时，他们则希望减少手持货币。
可能消费者并不试图在一个时期内校正持有的货币余额与其
需要量之间的全部差额。

我们对消费者货币需求所应说的那些话，也完全能说明
消费者的商品需求。消费与消费者收入、消费者手持实际货
币余额都成正向关系。它与货币余额的需要量成反向关系；
货币对消费的"实际余额效应"，取决于实际货币持有量与实
际货币需要量之间的差异。相反，对货币增量的需求与消费
者收入和货币余额需要量成正向关系，而与货币余额持有量
成反向关系。

我们已经阐明了企业和消费者的行为型式。剩下的部
门，是政府，其行动的自由度较小。它没有收入。如果它想要
商品和劳务，它就必须用货币发行来支付；换言之，如果它需
要商品和劳务，它必须供应货币作为企业和消费者所持余额。
现存的名义货币量是过去政府赤字累积的结果，而现存的实

际货币量则是按商品和劳务的价格水平作了调整后的名义量。政府可以不采取什么行动,也可以扩大支出从而形成赤字,其资金来源就是扩大名义货币量。

政府在收入流当中支出时,它的支出增加了私人收入和私人货币余额。在政府支出只是替代私人支出的限度内,从净额上看对私人收入就没有影响,但是私人货币余额会增加。大体上,我们设想政府是对商品劳务进行支出,但是我们也会简要地注意到政府通过转移性支付对私人部门的支出。政府决定要支出或者不支出,决定要发行货币或者不发行,理由是什么?以后将对此作一定的考察。而目前,我们只须说政府的决策属于货币政策范畴。

在这一经济模型中,企业和消费者以预期实际利益为动机,他们根据实际价值(而不是名义价值)安排计划。决策的依据正是实际收入、实际报酬率以及资产的实际价值。如果这些变量的实际值既定,企业和消费者对名义值完全无所谓;他们在一切价格工资水平上根据定价单位作出相同的决策。根据通常说法,企业和消费者不受货币幻觉的影响。而且,即使有一定程度的不确定性,但私人部门总是想当然地认为任何现在的商品和劳务价格水平将会无限地维持下去。这就是说,我们假设的是静态价格预期。这是一种特殊情况,即弹性为一的价格预期。①

进而言之,在这一经济模式中,商品和劳力市场都是竞争

---

① 一般说来,如果当期价格变动使预期价格向同一方向和以同一比例变化,这时的价格预期弹性为一。因而,如果预期价格等于当期价格,则当期价格的变动会被预期是永久性的。见 J. R. 希克斯,《价值和资本》(1948),第 205 页。

性的。所有商品和劳力的价格都具有完全弹性。只要商品市场的实际需求量超过实际供应量，就会促使价格水平和货币工资率的迅即上升。而超额供应必然引起价格和货币工资率的下降。从诸如此类的特点来看，我们的初始经济离开凯恩斯主义模式还相差甚远。倒不如说，它属于新古典主义传统。

货币市场

前一节，我们快速浏览了劳务、当期产出（商品）和货币市场的供求状况。其中货币是我们在初始经济中的主要关心对象。任何时点上存在于社会的名义货币量，等于政府赤字的历史累积额。任何时点上存在的实际货币量——货币余额的购买力总额——是经过当期产品价格指数调整后的名义量。我们货币市场中的货币供应量是当期的名义货币发行额。这个供应量是实际货币量变动的一个缘由。另一个缘由是商品和劳务价格的上涨，它降低实际货币量，或者是商品和劳务价格的下跌，它增加实际货币量。

政府的名义货币发行或者当期产出的价格下降，能够满足对实际货币余额的需求增量。私人部门需要货币余额作为它们的购买力；它们需要的是实际余额，而不是名义余额，新增发行或者价格下降都一样可以满足这种需要。

为什么私人部门需要实际货币余额？为什么它们随时准备储蓄从而使持有的余额与需要的余额保持一致？很显然，在这个经济模式中，不存在凯恩斯主义的投机性流动性偏好，而只是因为除货币之外，别无其他证券，这种证券上也没有市场利率;需要货币,并不是为了避免债券市场价格下降的风险。那么,究竟是什么动机引致消费者去积累现金而放弃消费,引致企业去积累货币而放弃投资呢?

在思索持有货币余额的动机时,我们发现,虚构一项货币的内在存款利率有助于解决问题。这一内在利率区别于货币系统有时向支票账户或定期存款支付的外在利率。我们假定,我们模式中的消费者需要增加实际余额,直到边际的内在存款利率与放弃消费以积累货币所牺牲的边际效用相等为止。企业一直需要货币,直至边际内在存款利率相等于资本货物的边际实际租金率为止。

初始经济中,商品和劳动力的价格都是富有弹性的。尽管私人支出单位把现行价格水平视作衡量未来价格水平的最佳尺度,但是,它们未必充满信心地坚持这种预期。正如它们所看到的,有时价格水平会下降。除非这种机会被价格上涨的可能性正好抵消,否则,私人部门会预计当期产品和劳务的价格下降会给货币余额带回一笔实际资本收益。这种可能的收益是内在存款利率的一个组成部分。

初始经济中,货币需求还取决于这样的事实,即支出单位不会确定地预期会连续甚至永远维持一个平衡的预算。各个支出单位多少确定地预期预算会逐日在盈余和赤字之间波动。也就是说,它预期"预算盈亏轮转"。各个支出单位预期预算赤字,后者只能靠使用窖藏货币来弥补。除非积累货币余额以应付某个时辰可能出现的上述情况,否则,可以预计在使支出与收入一直保持精确匹配的过程中会出现各种费用和损失。持有货币以防止这些费用和损失,是内在存款利率的第二个因素。在不断地让货币收入与货币支出在时间上保持同步的过程中,没有货币,则难以避免上述费用和损失。

对于工商企业——不包括消费者——说来,货币是储蓄的一种使用方式:它是一种资产,是另一种资产即资本货物的替代。我们假定实际投资受递增的边际风险影响,人们不会完全相信对资本货物的边际租金率的预期。鉴于这种风险,初始经济中的企业把它们的资产多样化,为资产平衡计把一部分储蓄放在资本货物上,一部分放在货币上。通过持有货币来避免实际投资的预期损失,是货币内在存款利率的另一个要素。

可见,人们之所以需要货币,是因为它的内在边际收益等于或超过消费和投资的边际收益。货币的边际收益取决于预期的价格减缩、预算盈亏轮转的益处,以及实际投资的风险。经济社会并没有把实际货币存量区分成三种不同的货币余额,没有把上述形成存款利率的三种因素分别与三种余额联系起来。货币是一种资产,不是三种,它的需要量使货币的边际收益等于收入的各个可能的用途的边际收益。

我们说过,消费者实际收入的增长、企业实际收入和实际资本货物的增长,以及资本货物边际租金率的下降,都会刺激实际货币需求增加。另外,价格上涨可能引起的实际货币余额降至需要水平之下,也会刺激这种货币需求。私人部门需要的实际余额的增长究竟是快于还是慢于收入和有形资产的增长,取决于消费的边际效用、资本边际租金率以及内在存款利率的相对变动。

对货币的需求与货币存量在货币市场上相遇。当货币需求等于货币存量时,市场达到均衡。诚然,这个市场不是一个有现实机构的市场。这是一个考虑了需求、供应以及供求均衡的具体内容的逻辑思维产物。在现在的模型中，我们既假定劳力市场必定连续充分就业，当商品市场均衡时，货币市场必定均衡。这必然如此，因为货币需求增量的定义就是人们愿意把收入置于窖藏而不用于消费和投资，而且，货币增量与政府的商品需求是等同的。

静态均衡

我们假定各个市场和三个市场一起都要摆脱不均衡，它们对超额需求或超额供给的反应促使它们进入均衡。现在我们考察当经济处于静止不变状态时的均衡的概貌，对各个市场分别进行局部的分析，也对整体经济进行全面分析。我们的具体考察对象是静态均衡的货币方面。

简言之，静态均衡就是不存在实际增长。在这种状态中，各部门保持各自预算的平衡；企业的毛收入恰好用于资本重置；消费者收入全部用于消费，并且政府没有对当期产出的需求。

在这种背景下的当期产出市场上，国民净产值等于消费者部门的实际工资收入。消费者部门把它的全部收入都用于当期产出，而企业和政府都不要求这部分产出，所以净产品市场上恰好供求平衡。在货币市场上，因为实际财富量、资本边际租金率和企业毛收入都不变，还因为现存实际货币余额产生一个等于有形资产边际租金率的内在存款利率，所以企业的实际货币余额需要量不增加。因为消费者收入不变，还因为现存实际余额与收入的关系符合需要，所以消费者的实际货币余额需要量也不增加。由于私人部门不愿意增加实际余额,现存价格水平上也没有名义货币发行,因此,货币市场供求也恰好平衡。静态均衡的货币征象就是实际货币余额量的实有数与需要数相等。

上述适合需要的实际货币量可以是任何正数的名义货币存量,从极小到无限大。支出单位要的是实际余额,而任何实际货币需要量都可以从名义货币量与价格水平的无数组合中找得出来。在静态均衡中,我们的初始经济是如货币数量论所描述的那样一个世界。名义货币量是投入这个模式结构中的外来数据,支出单位把商品和劳力的价格提到适当的水平,从而使这个名义量与它们的实际货币需要量相适应。

为论证这个经济的结构,人们可以对名义货币量和价格水平做一点想像上的试验。假定所有货币工资率和所有价格翻一番,无缘无故地打破了最初的静态均衡。结果是实际货币余额减少到需要量的半数。因为企业要着手恢复它们在有形资产和货币间的最佳平衡,企业对投资品需求下降。由于消费者要进行储蓄以便恢复与收入相对比来看,他们所需要的现金头寸,消费者商品需求也下降。由于物价上涨的实际余额效应,使私人对商品和劳务的需求减少,从而也使实际货币余额降低,因而商品和劳力市场存在超额供应,事前储蓄超过事前投资。在价格和工资具有充分弹性时,经济社会会把价格和工资水平推回它们原先的均衡位置。无缘无故的物价上涨使社会上的债权人即货币持有人受了损失,他们对此的反应是减少对商品和劳力的需求,直到价格和工资的原先水平恢复为止。当然,物价上涨使政府即货币发行者得利,因为它减少了政府债务的实际价值,但是,我们假定政府对商品和劳务的需求不受其债务实际价值的影响。

下面再作一个试验,其结果可以与前者对比。假定实际货币余额减少一半,不是由于价格和工资翻一番,而是由于名义货币的销毁。私人部门中实际余额效应再次导致商品和劳力的超额供给,事前储蓄超过事前投资,以及对货币的超额实际需求。最初均衡虽也恢复,但不在原先价格和工资水平上,而是在降低一半的水平上以便与名义货币的紧缩相适应。

经济中私人部门所需求的是实际货币余额。他们通过价格和工资水平的调整,可以从任何名义货币量中得到所需要的实际货币余额。价格和工资水平是有弹性的;它们会适当地变动,不会因对它们的变动进程、最终限度和变动原因有反常的和不稳定的预期而受到阻碍。

价格缩减时的实际增长

在初始经济中比较容易想像的是增长而不是不增长。现在假设劳动力供应按某个不变的比率增长;在技术不变条件下,资本量保持平行增长。劳动力和资本的边际产品不变,但是工资总额和租金总额上升。再假设各部门正保持平衡的预算。政府支出和货币发行为零。这个经济的变量中,只有名义货币量静止不动。

在这个增长过程中,实际货币增量的需求一定是正数。在我们的经济模式中,资本货物存量增长,企业和消费者收入增长,对实际货币需要量都产生正向影响。除非实际的货币存量与其需要量一起增加,否则增长就会引起对货币的超额需求。当然,对货币的超额需求相等于商品和劳力市场上的超额供给。如果增加的货币需求得不到满足,增长过程中就会形成物质资源和产品的普遍过剩。

目前,我们的前提是政府没有新发行名义货币量以满足实际货币需求增量。因此,这种特有的超额货币需求得通过商品和劳力价格的不断下降来满足。这个经济通过不断地降低价格和货币工资率来使实际货币量适合于需要水平。货币市场和当期产出品市场、劳力市场一样,存在着一只看不见的手。

在我们一直谈论的平衡增长过程中,可以假定实际货币量与劳力、资本、产出保持同比例增长。如果增长只是使企业和消费者的数量增大而人均财富和收入依然不变,那么,这时货币需求只是因为人口增长而增长。那么,可以有理由地假定货币的收入流通速度保持不变。但是,如果增长使人均收入提高,货币的收入流速则会有不同的变化。如果货币是一种对收入有较高需求弹性的"奢侈商品",这种流速就会下降。如果是这样的话,与流速稳定时期相比,增长就要求价格更加迅速地下降。

在我们的模型中,政府保持名义货币量不变的政策对经济发展没有影响:价格的缩减完全能够承当起满足实际货币需求增量的工作。价格缩减是这个增长进程中一个必要的、建设性的部分,它消除了超额货币需求,并使生产资源累积量得以充分利用。所有价格都是完全灵活的,一般价格指数的不断下降不会以任何方式扭曲商品与劳力、消费品与投资品之间的价格关系。也就是说,货币政策对于资源利用,对于产出品、资源的相对价格都是中性的。

价格稳定时的实际增长

增长过程提高支出单位的实际货币需要量；在保持均衡的情况下，要求货币系统的实际规模——现实的实际货币量——不断地扩张。我们已经说过，在初始经济中增长时期对货币的实际需求增量可以通过物价和货币工资率的下降来得到满足。但是，物价和货币工资率稳定水平下的名义货币量增加也同样可以使之得到满足。

如果要使增长时期的价格工资水平保持稳定，初始经济中的私人部门必须保持盈余预算，而政府必定不断存在赤字。私人部门必须储蓄、贷款以及积累名义货币，而政府必须动用储蓄、借款以及发行货币。如果有一个限定条件——政府支出不怎么影响产出结构和相对价格，那么，降低价格水平从而增加政府债务的实际价值，或者在稳定的价格水平上新发行债务，可以同样满足私人的实际货币需求。

货币政策

初始经济中的银行局是货币工厂。当名义货币量应该增加时，正是这个局从私人部门那里买进商品和劳务，并且用新货币付给卖主来结清其购货款。货币市场还有另外两个参与者。私人部门持有货币量作为它们唯一的金融资产，并把它用作支付手段。第三个参与者是政策局，它的职能是确定名义货币量增长规则——制定货币政策。

谁决定名义货币量？看来好像是银行局，它在初始经济中相当于商业银行。银行局创造名义货币，私人部门会按平价收受任何数量的银行局的这种产品，并按市价以商品和劳务相交换。这个局在生产名义货币时似乎处在主动地位，没有人拒绝它的产品。

这个看来明显的答案是错误的。银行局的作用是被动性的。它是一个根据私人支出单位和政策局的决策来开启或关闭的货币龙头。在社会成长的各个阶段，货币系统一直面临着私人部门对货币余额的实际需求增量。正如我们知道的，价格水平变动和名义货币量变动的无数个组合中任何一个都可以满足这种需求。一旦政策局明确了它所希望的价格水平，适当的名义货币量也就确定了。可见，这个适当的量是由私人的对货币的实际需求和政策局的价格水平决策所决定的。银行局除创造适当的名义货币量之外别无选择。私人部门"决定"实际货币量；私人部门和政策局"决定"适当的名义货币量；银行局使这个适当的货币量可供使用。

政策选择

我们已经考察了两种可供采用的政策。第一，货币当局可以决定一个不变的名义货币量，并依赖价格下降来满足实际货币需求。第二，政策局可以决定一个不变的价格工资水平，并且靠货币发行来满足实际货币需求，考虑各个方面，哪一种选择较为优越呢？

根据初始经济的条件，采取价格下降政策时不存在政府的商品需求。采取稳定价格政策时，商品由银行局购买。如果政府分配使用商品的格局并非完完全全与私人支出单位一样，那么，这两种政策对经济成长就会产生不同的实际影响。选择政策时必须考虑到私人支出和政府支出对社会福利的相对贡献。

但是，假定政府对商品和劳务的任何购买都不会打乱对当期产出的需求格局。那么，在我们的经济模式中，对两种满足实际货币需求方式——价格下降和货币发行——选择是否有一个合理依据呢？显然没有。当需要的实际货币量高于现存的实际货币量时，价格下降和货币发行都同样可以有效地创造出实际货币去填平缺口。在这种背景下的货币政策是无关紧要的，货币系统唯一重要的职能是维持一个有效的支付机制。

在我们的经济模式中，政府可以让价格下降来维持货币均衡。如果它决定实行稳定的价格，它可以对它的支出或转移性支付作出这样安排，使政府的筹资仍然不会影响实际增长的格局和速度。作为第三个政策选择，政府可以运用货币管理来干预增长进程。如果物价和货币工资率稳定水平的目标既定，政府可以通过增加货币发行来满足私人对货币的需求，实际上是借用自愿的私人储蓄去资助它自己对当期产出的赤字支出。这些当期产出既可以分配使用于投资项目，也可以分配使用于其他会改变实际发展进程的社会目标。而且，政府发行货币来进行转移性支付，其分配与私人从生产的收入的分配不会相同，这时政府可以对社会在分配上施加影响，从而也会改变实际发展的道路。

货币政策也许要求工资—价格上涨而不是下降或者稳定。货币工资率和价格的任何上升，减少了私人部门的货币余额的实际价值。并且在实有的和需要的实际余额之间产生了一个缺口。它使作为政府的债权人的私人部门遭受实际财富的损失，而给作为债务人的政府带来实际财富的相应利得。如果私人部门把收入中较大部分储蓄起来并把储蓄中较小部分用于实际投资，从而恢复实际货币余额，则政府可以用货币发行来吸收这些储蓄，并把它用于社会项目。当资本和收入的增长刺激货币需求时，初始经济中的价格稳定政策引致自愿的私人储蓄，而政府靠货币发行也可以吸收这些储蓄。根据我们的静止的价格预期的假设，价格上涨政策会引致更高的自愿储蓄率，并且把更多的国民生产净值也引向政府用途。物价上涨引致较高的储蓄率，这是因为支出单位需求货币不仅仅是对资本和收入增长作出反应的缘故，而且还是为了恢复在物价上涨中所损失的实际余额。

货币政策和经济摩擦

货币政策的任何行动，在初始经济中都有两个方面。一是政府发行名义货币，后者成为企业和消费者的余额。这方面的货币管理，我们认为是无关紧要的，或者说是中性的；这是说价格和工资的水平作了相关的变动之后，货币管理不影响资本、就业和产出的增长率。货币管理的第二个方面是由货币发行提供资金的商品劳务购买或转移性支付——以货币发行作为"来源"的资金"运用"。我们已经设想，只要政府愿意，它能够通过它的资金运用来避免干扰商品和劳动力市场。如此说来，货币政策在两个方面都是中性的。

我们也指出过，只要政府愿意，它能够把货币发行的进款运用于发展性的或其他项目，从而有意地干扰商品和劳动力市场。政府可以对消费和投资之间或者不同种类投资之间的相对需求施加分配效应,这样,它对实际增长的速度和格式就会产生非中性作用。货币发行一定与某种支出相关联,而开支的方案计划使货币当局得以对经济活动有一种实际的控制。

在这种分配效应之外,如果我们改变关于初始经济的三个假设中的任何一个的话,货币管理就不再是无关紧要了。首先,假定物价和货币工资率是刚性的,而不是可变动的。于是,不存在价格和货币工资率下降有效代替货币发行以满足实际货币需求增量的可能。随着实际资本和收入的增长,只有名义货币量增加才能满足实际货币需求的增长。如果实际货币需求增量不被满足,超额需求便引起长期的劳力就业不足、资本闲置以及经济增长迟缓。价格弹性是在名义货币量既定的条件下维持货币均衡的无形之手。价格刚性是这个无形之手的枷锁。

假如存在价格下浮的刚性,货币政策中的货币发行对充分就业条件下的实际增长就是十分重要的了。假如由于价格管制或其他原因而存在价格上浮的刚性,货币发行就成为把实际产出导向政府支出项目的更强有力手段。此时,可以在一个稳定的价格水平上,把货币强加给企业和消费者,这个强制性的私人储蓄可以被用来解决政府投资或动用储蓄的资金需要。

价格刚性把满足实际货币需求的负担压在名义货币发行上。价格水平受管制的升降,可以看作是刚性的一个特例,因为它使价格和工资不受货币市场上超额供应或需求的影响。在我们的经济模式中,法定价格和工资上升,会把实际余额减到需要量之下,会创造对货币超额实际需求,并要求名义货币更快地增长,通过新发行货币来避免商品和劳力市场上的超额供应。

如果假定价格预期弹性不是一,就可把第二种摩擦引入这个模式。尽管有一些疑虑,但是到目前为止,支出单位还是理所当然地把任何均衡价格水平看成持久的价格水平;它们保持静止的价格预期,这是预期价格弹性为一的一个特例。假如支出单位失去这个简单的信念,价格下降也可能充当不了代替货币发行的有效手段来满足实际资本和收入增长所引起的实际货币需求增量。

假定预期价格弹性大于一,那么,当期价格变动会以同样方向但是以更大比例改变预期的未来价格。因而,名义货币量既定时,随着产出增长时期的实际货币需求增加,价格下降过程只会使这一需求增加得更多,并引起进一步的价格下降。这样的话,货币系统不供应名义货币,就可能引起生产能力闲置,极端地说,可能导致货币物价的崩溃。相反,当期价格上升时会形成对未来价格超比例地更加上升的预期,从而使实际货币需求减少。恶性通货膨胀是这一进程的终点。一般说来,当价格运动使现实的和需要的实际余额间缺口扩大时,有关货币发行的政策就不再是无关紧要的了;价格下降不能完全替代货币发行。

预期价格弹性小于一时,货币政策不是无关紧要的结论同样成立。那时,当期价格变动使预期未来价格按同一方向(如果弹性大于零)但以较小比例变动。在这些情况下,产出增长期间的价格下降使实际货币需求增量低于如果预期价格弹性为一时的水平。相反,价格上涨把实际货币需求增量提高到上述水平之上。结果,变动名义货币量和变动物价之间的政策选择就变得事关重大了。

可以放入这个模式的第三种摩擦是货币幻觉:支出单位根据名义值而不是实际值来确定目标、制订计划。结果是,在名义货币量变动和价格水平变动之间作为对增加的货币需求的不同反应进行的选择,就不再是无关紧要的了,而且货币政策在对实际经济的影响也不是中性的了。价格下降无法满足对货币的需求增量,因为支出单位所需要的是更多的名义货币余额,而不是更多的实际余额。价格上涨也无法消除超额货币供应量,因为超额余额是用名义值计算的。在这些情况下,货币管理是一个创造正好合适的名义余额的精密而又重要的过程。它是增长进程不断改变对货币的需求时社会维持货币均衡的唯一紧要手段。

我们的结论是,在初始经济社会,货币政策可以是无关重要的。如果政府支出没有分配效应,如果价格具有弹性,如果价格预期弹性是一,如果没有货币幻觉,则货币政策就是无关重要的。货币政策无关重要时,货币发行在实际增长中只起到中性作用,而且货币系统的名义增长率也与公众福利无关。

对实际增长的金融限制

获得令人满意的实际产出增长率是困难的。这样的增长率之所以不能实现,可以有很多原因,有些是社会的,有些是心理的,有些是政治的,有些是经济的。而这里重要的是初始经济对实际产出增长设置了严重的金融限制。不成熟的金融制度本身就是经济进步的羁绊。这一节我们考察在初始经济中借款贷款的限制是如何阻碍实际增长的。

一个经济社会能够生产的产品,取决于既定的生产技术情况下劳动力服务的投入量和资本存量的规模。前者先不论,净额产出能力随资本存量增加——在有储蓄和投资时——而扩大。但是,净额产出能力只是部分地依赖于投资水平。它也依赖于在各种可供选择的资本项目之间投资的有效分配。

一种金融制度的设计和运转可以促进储蓄和投资的有效运用,也可以阻碍储蓄并导致资金无效使用。初始经济中的金融制度在这些方面都没有得到高分。尤其在一个私人企业的制度中,它是不适应于实际产出的迅速增长的。

对投资水平的限制

如果在初始经济中要积累资本,就必须有国内储蓄以供应资金,因为不允许从国外借款。国内储蓄只能来自私人部门,因为政府没有收入。在私人部门内部,存在着只为积累实际货币余额的消费者储蓄,尽管如此,也只是因为消费者对实际余额的需求是由发行名义货币而不是靠价格下降来满足的。这些消费者储蓄,和同样导致增加实际货币余额的任何企业储蓄一起,必然流向政府部门为其所用。唯有分配于实际货币余额之外的企业储蓄,才可为私人投资所用。如果政府因给企业转移性支付而不是因商品劳务上开支而有赤字,则所有储蓄可能会流进私人的资本形成之中。如果把这个模型的条件放宽一些——企业也可以使用它们的货币余额以满足消费者的货币需求,那么,就存在一条消费者储蓄流向企业的直接路线。可是,企业对货币余额的节约不可能很多,因为这些余额的内在存款利率会上升得相对地高于资本品租金率,从而阻止进一步的转移。

初始经济的金融制度向私人支出单位只提供一种金融资产,即货币,来引致储蓄。它不允许企业发行自己的金融工具来引致消费者储蓄,也不允许政府发行非货币债务。金融制度也不试图通过提供不同种类的金融资产或者允许金融资产有外现利率来刺激私人储蓄。结果,可以想像,在消费者和企业之间收入分配既定的条件下,储蓄倾向和资本增长率都是比较低的。

对储蓄流向投资的约束

初始经济的金融制度为储蓄流向资本货物投资提供两种渠道。各家企业在其储蓄超过其对货币需求增量的限度内把自己的储蓄引向自己的投资项目。消费者和企业分配给实际货币余额积累的全部储蓄则流向政府。如果增加的货币需求由价格下降来满足,储蓄只通过前一渠道流向有形资产投资。如果物价和货币工资率下降幅度小于满足货币需求增量的要求,政府的名义货币发行通过第二种渠道吸取储蓄用于政府政策规定的分配使用项目。政府靠赤字进行的支出有多种选择:它可以把私人储蓄流量投资于社会资本;它可以通过转移性支付来资助私人投资;它也可以用于不增加资本货物存量的地方。

这样的金融制度显然使政府承当起投资规划的重大责任。其一,私人储蓄率取决于有关价格水平的货币政策。其二,用于货币积累的私人储蓄,其效益高低取决于政府对投资项目的选择。

在初始经济中,在分配储蓄用于投资的过程中私人企业的作用下降到最低点。消费者只能把储蓄引向政府部门。各家企业除了通过政府转移性支付之外,只能运用自己的储蓄。如果政府只让降低物价来满足增加的货币需求,那么,这个经济社会就没有储蓄和投资的分工。不会有企业竞相争揽私人储蓄的市场,不会有可以根据边际效率对各个投资机会分列优先次序的市场,也不会有可以根据债券利率这种形式的价格去淘汰效益较低项目的市场。不会有汇集无数支出单位储蓄起来的收入以资助大型投资的私人机制。私人证券发行和把证券出售给储蓄者的市场,对于私人企业积累和配置资本来说是必不可少的。

储蓄、投资和货币

初始经济的金融制度是缺乏效率的,因为它既没有提供任何会刺激储蓄的金融资产,又没有提供任何会竞争性地把储蓄分配向投资的金融市场。但是,它总比完全没有金融制度要好,这是因为它毕竟提供了一种金融资产——货币。

作为一种金融资产而存在着的货币,给予各个支出单位支出大于或小于其收入的机会。它打开了借贷之路。由于有收入可以支出的支出单位未必是具有最佳支出机会的单位,因此,在我们经济模型中,储蓄者的贷款和投资者的借款可以使支出的配置比更原始社会中设想可行的情况要更有效率。金融资产使收入在支出者之间重新配置,并使一些潜在的支出者得以对他人竞争以实现自己选择的支出。初始经济的困难在于,它只提供了一种金融资产,并且没有充分地利用金融对储蓄的推动力,也没有充分利用在各个投资机会之间使储蓄有效地分散出去的金融媒介作用。

金融革新

如果一种金融制度过于死板地把支出分配与收入分配捆在一起,并且,如果它不在制度上创造条件使一些部门的盈余预算与其他部门的赤字预算有选择地相匹配,那么,这种金融制度就会限制增长。可以预料支出单位会寻找绕过这些束缚的办法。确实是这样,在任何经济社会里,支出单位努力冲破现存金融格式的限制,因此,金融结构总是不断地改变。

本章的剩余部分概要地考察一下在较不发达经济中为加速支出单位间储蓄的流动而运用的一些比较简便的金融方法。其中任何一种方法都可以移植到我们的初始经济中,以提高实际增长速度。

初步的金融权宜之计

美国早期经济史提供了如何缓和对实际经济发展的金融抑制的有趣例证。在公司组织和私人的公司证券市场出现之前,组成合伙企业是调动美洲殖民地储蓄的一种普通方法。对任何既定金额的储蓄说来,合伙制使企业的预算合并起来,从而扩大了投资机会的范围。消费者储蓄汇聚在互助社团,也为资金流入比较紧急的用途减少了障碍。

殖民时代筹集资金的另一个流行方法是发行彩票,它作为私人证券发行的替代形式在世界上有悠久传统。假如奖品价值规定得远低于售出彩票的价值,经营者有明显地好处。经营者可以把所赚收益用于投资。殖民政府不仅发行彩票为自己赢得资金,而且也用来向个人或私人企业厂商提供补助。殖民地——以及以后的州——也允许个人发行彩票为指定的投资筹款。虽然彩票未必是债券或股票的完全替代品,但是在许多国家它曾经是金融发展历程上的先河之一。

政府运用私人储蓄的方法是货币发行、彩票发行、税收、出售政府扶助生产的商品、直接征用私人产出品、或出售垄断特许权或宗教特权。政府从这些来源获得储蓄再用之于它自己的投资项目,或者通过很多转移性支付的方法,使储蓄起来的资源下放给私人企业。在美国早期的殖民地里,上述转移方法包括:鼓励在优先部门投资的补助,对优质产品的鼓励,以及对需要发展但发展速度缓慢的企业的补贴。

无论是原始的还是先进的社会中,一切政府如同我们模型中的政府所做的那样,都利用私人对货币的实际需求。它们发明了不胜枚举的方法来刺激在一定的产出和收入水平上社会上对货币的实际需求。在这个国家或其他地方,用货币支付税款早就被人接受,而且货币通常作为法币被人接受用于支付债务,并对那些选定其他结算工具的贷款人进行惩罚。为增加对货币的实际需求,在货币的物质外形、票面金额、兑现条件以及其他方面作出了努力。在提高政府货币发行的实际收益的一系列方法中,不能忽视原始的价格控制和数量控制。

我们迄今已讨论的金融方法,基本上是两种类型。一种涉及有形资产,下面要讨论。第二种涉及各种基本的初级证券,既有私人的亦有政府的。私人企业的经济制度中,这些初级证券发行,在征募储蓄和有效发挥进行储蓄的支出单位和进行投资的支出单位之间的分工的优势方面,逐渐成为主要的靠山。下一章中,初级证券发行就进入我们的模型。

用现存有形资产融资

在我们的初始经济里,没有现存资产的交易。但是通过土地和其他有形资产的转让,通常可以缓和金融限制,在不发达国家尤其如此。

在初始经济里,有形资产可以起到和货币余额相同的作用:把一些支出单位的预算盈余转移到其他单位以资助赤字支出。一个部门愿意买进任何现存资产作为对当期产出支出的替代形式,这会把资源解放出来,可用之于其他用途,包括新的投资。一个社会的土地的自然资源也许是现存资产的最明白例证,这种资产总体上说很少或毫不需要社会在当期生产活动上付出代价,但又可用于从储蓄者换取对当期产出品的要求权并引致资本形成。当然,任何其他的现存资产——譬如古玩、或者昔日统治阶级的不动产——也可以用于同样的途径。

在美国,无论是殖民地时期还是在这之后,公共土地都极好地被用于获取发展所需的资金。最出名的事例就是联邦和州政府向运河及铁路公司无偿拨给土地。给铁路公司的大部分土地用于出售以筹集铁路建设所需资金。由于这些公司出售了土地,它们从其他途径包括出售证券获得外部资金的要求就减弱了。这件事规模之大可以从以下数字看出:当时拨给铁路的土地几乎达到全部美国大陆地区的百分之十。在证券市场尚未发展而且"土地买卖"可能的时候,土地交易取代证券交易。在那些年头，许多储蓄者肯定喜欢积累土地而不是证券，他们释放的储蓄显然也是能够用于新的投资的。

小结

我们的初始经济模型包含三个部门和三个市场。三个部门都由非金融性支出单位所组成，划为消费者、工商企业和政府。三个市场是劳动力、当期产出和货币的市场。货币是这个经济中唯一的金融资产。它由唯一的金融机构即政府货币系统所发行。这个货币系统包括一个政策局和一个银行局，前者是胚胎式的中央银行，对后者在购买当期产出品（转移性支付）和发行消费者、企业所得到的货币方面进行指导。

私人支出单位需求实际的货币余额，因为货币有一个超过消费和投资边际报酬的内在边际存款利率。随着支出单位预计价格下跌，它们预计的预算赤字增大，以及实际投资的边际风险增加，货币的边际存款利率会向上攀高。上述因素会刺激对货币余额的实际需求，其中后两个因素与实际收入、实际资本的增长有关；资本品的边际租金率下降也会起同样的刺激作用。私人对实际货币的需求和政策局决定的价格水平，共同决定适当的名义货币存量。私人部门决定货币的实际存量，私人部门和政策局共同决定适当的名义存量，而银行局则使人们能够得到这个适当的存量。

企业和消费者受预期的实际利益所促动，并按实际的尺度来计划行动：他们没有货币幻觉。预期现行价格水平将是持久的，虽有某些不确定性。当期产出品市场和劳动力市场是竞争性的,物价具有弹性。这是一个新古典主义的世界。

在这种背景之下,与任何既定的名义货币存量相对应的只有一个价格水平:价格水平是确定的。在这个新古典主义世界里,如果政府购买商品劳务没有干扰对产出品的需求格局,那么在满足对货币的超额实际需求的两种方法——价格缩减和货币发行——之间,就没有什么理由分一个高低。在这种情况下货币政策可以说是中性的,因为它不能影响经济中诸如租金率、产出和财富等实际变量。名义货币的变化只是改变价格和货币工资率,仅此而已。

可是,如果政府购买商品和劳务(并因而发行名义货币)改变了经济中消费和投资的相对需求、或不同类型投资的相对需求,那么,货币政策就不是中性的。如果物价和货币工资率不是完全弹性的,如果价格预期弹性不是一,或者,如果存在货币幻觉,那么,货币政策也就不再是中性的了。在上述任何一种情况下,货币发行和价格变动之间的选择就不是无关重要的了;这个选择确实与这个经济中的实际变量有关。

初始经济的金融制度不适应于实际产出的迅速增长,因为它不能提供各种能够刺激储蓄的金融资产和能把储蓄通过竞争以配置于投资的各种金融市场。不发达国家已经运用简便的金融方法来弥补这些缺陷。这些方法包括组成合伙企业和互助社团、运用彩票、政府向私人部门提供转移性支付、提高对货币需求的办法,以及土地和其他现存实物资产的转移。

3

货币和初级证券

经济活动的水平和扩张率受到初始的金融制度的压抑,后者把各支出单位的支出基本上限制在它的收入范围内,如果用于产出的支出是根据收入来分配——只是储蓄者才可以购买投资品——经济专业化就受到妨碍,经济资源也许不能被用于最有效的用途。当然,经济专业化和随之而来的高度发达的金融,确实会引起种种社会费用,但是可以设想社会得益会大于社会费用。

在第 2 章的初始经济中,金融结构是不适宜于私人实际投资的。它们给私人经济发展套上了一件紧身衣。但是,在存在吸引人的私人投资机会的地方,在利用这些机会的非金融障碍已被排除的地方,可以预料投资者会通过前面所讨论的方法去摆脱这件紧身衣。私人初级证券市场终究得以发展起来,从而更加有效地缓解预算平衡对私人支出的限制。

在我们现在引出的模式中,存在私人证券和一个证券交易市场,由此,一些支出单位得以使投资超过其储蓄而另一些单位得以贷出储蓄起来的收入并积累有息证券以及货币。这个经济社会产生了两种债务和金融资产,即一种性质均同的债券和货币。它有两个金融市场,一个是债券市场,一个是货币市场,它们的买和卖在一个均衡的债券利率和价格水平上达到平衡。

这章的安排是这样的,首先,对这第二种模型作一个简洁的描述。其次,我们要展示该经济模式的四个市场——劳务、当期产出(商品)、初级证券(债券)和货币——的供求条件。第三步将单独分析货币市场,尤其是作为金融资产选择的一个组成部分的货币需求。其余是考察一般均衡分析和货币在决定价格水平、利率、产出水平和产出构成中的作用。

部门、市场和金融

本节我们从部门、市场以及金融结构诸方面来描述我们的第二种经济模型。

部门、预算和市场

这里仍然存在着消费者、非金融性工商企业和政府这三个部门。处于均衡状态时,消费者支出单位的预算或平衡或盈余,而企业预算或平衡或赤字。政府没有收入,在收入和产品账户上没有开支;货币系统只与债券市场和货币市场有交往。这里仍然没有国外部门。

企业部门拥有全部实际资本,并使其与消费者部门提供的劳务结合起来生产出国民产品。资本货物的折旧自动通过重置得到补充,剩下的国民生产净值划分为付给消费者的工资和利息以及付给企业的租金收入。工商企业是最终的经济实体，没有有待清偿的股票证券。但它们确实发行同质的、假定是完全安全的债券，以补充实际资本和货币余额积累中自身储蓄的不足。由于不存在股利，因此企业净收入与净储蓄相等。

企业出售的证券是性质均同的"金边"证券，不规定偿还期而规定每年支付 1 美元利息。证券出卖的条件可以用市场利率表示，也可以用证券价格表示；后者是美元的绝对数额，即按市场利率计算证券未来付款的现值。下文会有必要用三种方式来计量债券：按数量、按名义现值和按实际现值。

消费者部门向企业出卖劳务以换取工资收入。这个部门持有带来利息收入的企业证券。货币系统持有企业证券所获得的利息也转向消费者，但是，不是作为对持有货币或债券的一种报酬。所以，消费者得到企业支付的所有利息。消费者部门把其收入分配于消费支出和储蓄，把储蓄又分配于货币积累和债券积累。消费者不拥有有形财富。

政府仍然有政策局和银行局，前者负责政策，后者负责货币发行和支付机制的管理。但是这个模式中银行局不进行商品劳务购买或转移性支付。银行局的货币发行，则为了通过公开市场业务对购买企业债券进行支付。政府预算平衡，在收入和产品账户上表现为零。由此可知，私人部门的预算加在一起事后也是平衡的。消费者部门的任何预算盈余等于企业部门的预算赤字。消费者支出单位用预算盈余所"投资"的金融资产，必定等于企业债务减去企业货币余额。当一个私人部门的预算盈余等于另一部门的赤字时，一部门的贷款必然也等于另一部门的借款。政府购买企业债券，则在私人金融资产投资构成中供应了名义货币。

三个部门的支出单位在四个市场上——劳务、商品、债券以及货币——从事交易。两个私人部门在一切市场上从事交易，而政府只限于债券市场和货币市场。市场的聚合决定实际国民收入、企业和消费者间收入的分配、收入在消费和投资之间的分配使用、包括债券利率在内的一切相对价格，以及商品和劳力价格的绝对水平。这也决定实际债券量和实际货币量；也就是以商品价格绝对水平调整后的名义量。

初级证券和间接证券

这个模式中企业的金边债券是一种初级证券。从最广泛意义上说，初级证券包括非金融性支出单位的所有负债和被他人持有的股票，这些支出单位的主要职能是生产和购买当期产出，不去发行一种证券以购买另一种证券。初级证券与间接证券相对，后者专指金融机构所发行的证券。在这种经济中，唯一的金融机构是政府货币系统，货币是唯一的间接证券。这一模式中的金融概貌是这样的：企业发行唯一的初级证券并且积累货币；政府购买初级证券，并发行货币作为唯一的间接证券；消费者取得初级证券或者货币，或者两者兼而得之。

直接金融和间接金融

这些金融交易主要是收入和产品交易的补充。在这一经济模式的大多数情形里，收入产品账户上的收入和支出在各支出单位的部门之间分布的状况并不相同。消费者进行自愿的或非自愿储蓄，放弃对当期产出的支配权而换取金融资产即债券和货币。企业承受债务以此吸收消费者的储蓄，按发行价格计算的债务额等于消费者增加的金融资产额。消费者进行储蓄，贷出其储蓄，从而增加他们的金融资产；企业投资超过其自身储蓄，借用消费者储蓄，并增加企业债务。发行初级证券和购进金融资产，反映了储蓄和投资之间、取得收入与支出收入之间的部门分工。

存在纯粹的金融交易，它不直接涉及一部门储蓄向另一部门投资的传送。企业承受初级债务，也许不仅是为弥补赤字而向消费者提供金融资产，而且还可能是为了增加自身的货币余额。消费者可能在货币与债券之间转换来调整他们的资产构成。

银行局可能购买任何时期发行的、包括以前发行的名义初级证券，并用新创造的货币进行支付。在这一情形中，作为盈余部门的消费者在资产构成中增加了货币而不是初级证券。另一方面，银行局可能不购买债券，甚至减少它的持有量，于是该时期全部产品的部门间融资靠初级证券从企业直接流向消费者来完成。银行局根据政策局发布的指令，可以选择对部分的资金流动起中介作用，既不包揽全部亦不袖手旁观；银行局承受一部分初级证券，从而使消费者得到的金融资产增量中部分是债券、部分是货币。货币系统的中介作用使消费者储蓄流向企业投资的间接金融得以实现。直接金融把初级证券倒入消费者的资产篮子，而间接金融则用货币代替这些资产篮子中的初级证券。

经济行为型式

现在我们考察四个市场中的供求的决定因素以及市场均

衡时劳务、当期产出、初级证券和货币的供求数量。用更加正规的表述方式来说,这一节是讨论各种需求函数、供给函数以及市场均衡方程式——每个市场都有一套方程式。

产出和实际收入

和初始经济一样,劳动力供应是既定的,不依赖工资率。实际资本是在过去私人净储蓄基础上的净投资累积额,而从当期总产值中提取的折旧费自动地被用于维持实际资本。实际收入或实际产出是劳务与资本货物相结合的产物。我们沿用初始经济中适用于决定产出以及产出在实际工资与实际租金间分配的规则。工商企业从资本中得到的租金毛收入分成折旧、未清偿的企业债务的利息,以及净收入或储蓄。假定劳力与产品市场是竞争性的,它们的价格是有弹性的。

企业部门

资金从净收入和借款这两个来源流进企业。这些来源为当期产出市场上的净投资、货币市场上的货币余额增量以及债券市场上的债务偿还等资金用途融资。企业经营管理的目标是达到一个最佳的或平衡的资产—债务状况,在考虑风险因素的条件下,使其取得净利润的可能性,优越于资本货物、实际货币余额和实际债务的其他任何组合。当达到了最佳状况的时候,在扣除风险的补偿后,资本的边际租金率、货币余额的边际内在存款利率以及企业债券的市场利率都相等。①

---

① 资本租金率等于企业净利润加利息支付额。相当于企业资本量的一个百分数。

　　同样的这些变量也影响企业对投资、获得货币以及用借款、偿债来调整债务的决策。企业在一切市场的需求，是对资本、货币和债券存量增量的流量要求。企业的目标是资产和债务的种类的平衡。我们这个模式并未明确企业填补现存量与需要量之间任何缺口的速度。可以推测，成长时期总是存在这种缺口，而且只有在静态均衡中，整个企业部门才填平缺口。成长时期可能存在存量的均衡，但它们不是在积累的最终目标水平上，而是在沿着积累的计划路线或轨道的水平上。

　　边际租金率的提高会提高净投资速度，增加企业借款的倾向，并减少对货币的实际需求增量。它鼓励借款和动用持有的货币以资助资本积累。债券利率的提高会减少净投资需要额、借款额以及货币需求增量。边际租金率和债券利率的降低对企业在资本、货币和债券之间的选择起相反的作用。

　　工商企业决策不仅遵循相对价格，而且还要看它们扣除折旧和未清偿债务的利息后的实际收入净值。净收入增加会刺激他们对净投资和实际货币余额的需求，并鼓励借款。净收入下降则作用相反。

　　我们假定，企业决策要考虑未清偿的实际债务对现存资本货物实际存量的比例。企业的债务负担，是未清偿的债券按券面金额计算的实际价值对实际资本的比率，它被看作是外部筹资所冒的特别风险的一项指数。这种负担的上升具有"债务效应"，它抑制净投资和对货币的实际需求增加，并鼓励偿还债务。当债务负担减轻时，企业比较愿意借款以增加资本存量和货币余额。

最后,企业经理如果不考虑现存实际货币余额量,他就不会对资金作出分配。实际余额的增长会减少对货币的需求增量,因为它减少了现存余额相对于其需要的不足额。实际余额增长把增量需求从货币引向资金的其他用途,如投资和债务偿还。实际货币持有量的减少会产生相反作用。

概言之,企业只有考虑了下列五个因素:边际租金率、债券利率、实际净收入、债务负担以及实际货币余额——才会对资本货物,货币和初级债务作出调整。正是这些因素促发企业在当期产出、债券和货币的市场上买进卖出。表 3.1 指出了上述五个因素和企业在三种市场交易之间的关系。正号表示企业反应(纵栏)与促动因素(横栏)是同一方向,负号表示企业反应呈相反方向。

表 3.1　　　　　工商企业的市场行为

动　　因	反应(根据实际价值)		
	投资需求	对货币的增量需求	债券供应
边际实际租金率	+	−	+
债券利率	−	−	−
实际净收入	+	+	+
债务负担	−	−	−
实际货币余额	+	−	−

消费者部门

消费者实际收入由实际工资和企业债务的全部实际利息组成。这股资金流量分配使用于三个方向:消费、货币余额的实际增量以及债券资产的实际增量。换言之,消费者在当期消费支出与储蓄之间进行选择;储蓄增加消费者的金融资产量,而这些资产可能一部分是债券,另一部分是货币。

消费者对商品、对债券以及对货币的实际需求,都是由下列一套共同变量推动的:消费者实际收入、现存债券和货币的实际存量,以及利率。消费者实际收入的提高会增加他们对商品的实际需求、对货币和债券的实际需求增量。利率提高则增加他们对债券的实际需求增量,降低对货币的需求,并在某种程度上限制消费。

消费者心目中有对货币和债券一起考虑的某种长期的资产积累计划。在任何较短时期,消费者希望从现存结构到这个最终状况之间只走部分路程。与企业一样,消费者有一个自己希冀的积累轨道。实际债券现存量的增加使储蓄目标趋近,从而降低现在对债券的实际需求增量。同样,现在的实际货币余额增加,会减少现在对这种余额的实际需求增量。

消费者对他们金融资产总量具有短期的和长期的目标,他们也要求最佳的资产"混合体"——债券和货币的适当组合。结果,现在的实际债券持有量增加,会把需求增量从债券转向消费和货币;实际货币增加,会把需求增量从货币转向消费和债券。消费者就这样来确定他们的行为准则,即最佳使用流向他们的资金,以达到消费边际效用、利率以及实际货币边际内在存款利率之间的平衡。

表 3.2 是用与前面企业市场行为表格一样的方法描绘出来的。不同的符号表示消费者在商品、债券、货币各种市场上的反应对利率、消费者实际收入、实际债券持有额和实际货币余额等促动因素的关系是正向还是负向。

表 3.2 消费者的市场行为

动　　因	反应（根据实际价值）		
	消费需求	对货币的增量需求	对债券的增量需求
债券利率	−	−	+
消费者实际收入	+	+	+
实际债券持有额	+	+	−
实际货币余额	+	+	+

政府部门

政府部门只从事公开市场业务，同时影响债券和货币市场。银行局持有一定量的企业债券资产——并非消费者持有的未清偿的债券——并且因社会上流通的货币量而相应地负债。该局可以买卖债券，购买时发行货币，卖出时则收回货币。在这一模式的基本型式中，全部货币存量是以银行局资产中国内企业债券为基础的。在以后要引出的一个修改型式中，只有部分货币量以国内企业债券为基础，其余部分是以外部资产，诸如政府或外国债券或黄金为发行基础。

依照货币政策从事的政府交易都是双向的。政府通过购买债券来发行货币，通过出卖债券来回笼货币。它的主要目标是货币市场，但对债券市场也具有一种附带的二级影响。因为债券是同质的，债券市场是竞争性的，所以，现在的模式中没有机会与货币政策肩并肩地应用"信贷"政策。

本模型的其他限定条件

这一经济模型与第二章中初始经济一样，支出单位也不存在货币幻觉。它们的决策受实际变量影响；当名义价值发生补偿性变动,从而使实际存量、实际流量或相对价格都不变时,它们的决策不遭受扭曲影响。价格预期是静态的,因为预期当期价格是永恒不变的,尽管对未来也还存在若明若暗的不确定性,它引致谨慎的企业和消费者保护自己以防可能不利的价格运动。静态预期是价格预期弹性为一时的特例。而且,所有市场都是竞争性的,价格是灵活可变的。对于可能因一个私人部门财富或收入增加、另一部门减少而引起的分配效应,总体行为不受影响。简言之,舞台是根据新古典主义规则建立的;只有当这里的讨论结束而进入更接近于现代经济的背景时,它才会改变。

我们认为,第二个模型具有一个均衡答案,也就是说它能够达到某个普遍均衡位置,那时所有市场上超额需求为零,并且它在受到扰乱之后会趋返到这样一个位置。本模式的行为型式说明,它是内在稳定的。

货币市场

尽管我们的兴趣重点在金融,具体说是在货币,但我们在前几页还是考察了第二个模型中所有市场的供求状况。只对货币,或对货币与债券进行局部性分析,会在这一模式中迷失方向,因为实物市场和金融市场是互相作用的。现有的货币量和债券量,与需要量相比,就会影响对商品和劳力的需求,而资本存量、国民产出以及其他实际变量同时是金融市场上供求两者的决定因素。只有在一般均衡分析的背景之下,才能理解金融的全部意义。然而,在我们讨论一般均衡之前,我们暂时只分析货币市场的供给和需求。

市场的供给方面

货币存量是不付利息的(没有外在存款利率),普遍被社会接受为支付手段的政治债务。它既可用名义单位衡量,即货币余额的美元总量;亦可用实际价值衡量,即购买力总量。只有政策局的决策和银行局的市场交易才能改变名义货币量。新发行名义货币、商品市场价格指数上涨或下跌,都可改变实际货币量。

货币"供应量"不是指货币存量,而是指货币的新发行量。用实物单位衡量,它是名义货币增量的实际价值。它面临的是对货币的实际需求的增加。这种需求既可在既定价格水平上靠新发行来满足,亦可在既定名义货币量下靠调整价格水平来满足。实际货币需求增量是消费者和企业的现存实际货币余额与需要量之间的一个差额指标。它衡量出私人部门的实际货币的短缺。

市场的需求方面

消费者储蓄是为了积累一定量的实际货币和实际债券。为调整他们资产中实际货币的份额,消费者既可修正他们的消费率,亦可变动他们的债券持有量。企业具有一个混合型的财务状况,既拥有货币,又欠有债务。它们的债券负债总是超过它们的货币资产,其差额等于它们累积的净投资减去净值或累积的储蓄。

在这个经济模式中,持有货币是受什么动机支配呢?我们再次采用虚构一个货币边际内在存款利率的办法来衡量持有货币的动机。和第二章中一样,货币余额需要总量不可按动机而分割成诸如交易余额、预防余额和投机余额。货币是一种资产,而不是三种资产。它只能划分为需要的余额和现存余额,两者的差额是货币需求增量。

消费者需要贮存金融资产。他们之所以需要是为了使将来货币支出流量不一定完全依赖于同时的货币收入流量。使两种资金流量同步不是一件容易的事,而且代价昂贵,这种代价可以通过积蓄或贮存金融资产形式的资金来避免。消费者出于投机目的也可能贮存金融资产,因为商品价格下降有可能在货币和债券等资产上造成实际资本利得。即使平均预期倾向于价格稳定,但预期仍然是不确定的,因而未必与对付降价的金融保值行为不相一致。

消费者发现,使他们的金融储存分散在货币和债券之间是有好处的,因为任何一种资产相对另一种资产的价值都可能变动。如果储存的资产不久就可能要提用,那货币则是较优的成分,因为债券利息收入也许少于债券交易费用,也少于债券的短期资本损失。当消费者收入和支出的增加可能造成短期中金融资产储存的缩减量上升时,货币余额的需要量相对于持有量将会提高,从而产生货币需求增量。增加的收入中部分用于储蓄,而储蓄中又有一部分会导向货币余额,因为多样化的金融资产储存可以比只贮存债券带来更高的收益。

货币和债券都可当作对当期产出价格水平进行某种投机的工具:价格水平下降时,它们同样都升值。但货币又是对债券价格水平——市场利率——投机的工具。尽管平均预期认为利率不会变动,但这种预期是不确定的。因为利率稍有上升就可能更加上升,所以,在既定的收入和利率条件下,随着金融资产量每一次增加,消费者所需要的货币余额会相对于现存额而增加。货币替代债券,可以避免可能的资本损失,则货币的内在存款利率也相应提高了。

在消费者收入和金融资产储存总量既定的条件下,对货币余额的需要量与债券利率作反向变动。当债券利率滑向较低水平时,债券变得更加昂贵,更加容易受市场跌价的损害。以货币替代债券所避免的金融资产上可能发生的损失,按每一个货币单位计算,比以前大了;伴随债券收益率下降的货币内在存款利率的提高,引起对货币需求增加,这时货币在金融资产储存中是更便宜、更安全的成分。尽管金融资产总量每次增加会引致消费者增加需求货币以及债券,但是他们收入的每次增加和利率的每次降低,会引致他们对货币的需求相对于对债券的需求更加强化。有关金融资产的存货方针要求资产多样化。

工商企业是长期的赤字支出者。并且,它们是长期的债务人,实物资产超过债务净值。这超额部分可衡量企业的净债务,即它们的未清偿债务总额与货币余额之间的差额。债务总额可能超过净债务,这是因为企业发现既持有货币又持有实物资本,以及既持有货币又负有未清偿债券是有利可图的。消费者偏好于使金融资产在债券和货币间多样化,其缘故同样也可以解释企业为什么偏好以较大的债务总额为代价来既持有货币又持有资本货物。

工商企业出于和消费者同样原因,当它们净收入和支出提高并造成货币的短期需求提高的威胁时,它们会增加对货币的实际需求增量。当资本的边际租金率下降时,以及当它们现存实际余额相对于需要量减少时,它们也会加大对货币需求增量。

由于单个企业面临着不确定的未来,所以它们力图避免债务对资本货物比率的上升。它们担心它们股票的买卖有过多的风险,也担心债务负担日益沉重。考虑到这些风险,一旦债务负担加重,它们就会减少对包括货币在内的资产需求,并减少债券供应量。当然,这种风险也可能导致它们寻求一个比其他合适情况下更高的货币对债务的比率,以准备发动投资超过储蓄的短期膨胀。

价格水平和利率的不确定性可能会促使企业减少净债务额,并持有货币余额。无论价格水平下降的前景如何,债券当期收益下降将提醒企业去增加对货币的需求增量以及债券供应量。

从实际情况来看,消费者和企业一起的货币需求总增加量随实际国民收入、实际资本存量以及金融资产中实际债券持有量的增加而增加。另一方面,这种需求与边际租金率、利率、手头实际货币余额以及未清偿的初级债务作相反方向运动。

"内在"货币和"外在"货币

在第 2 章的初始经济里,货币是政府债务,它发行于政府支付商品和劳务货款时或在作出转移性支付时。它是消费者和企业持有的对政府的一种债权。从私人部门看,这是一种外部的或外在的净额债权。在这种外在货币名义量既定的条件下,它的实际价值与价格水平变动方向相反,而且它的实际价值的每次这种变动都代表了财富在私人部门与政府之间的转移。这一财富转移影响私人对货币、商品以及劳力的需求,但是假定它不影响政府需求。因此,由于价格水平变动而引起的这种财富转移,对货币、商品和劳力的总需求具有净影响。由此可以得出结论,在任何特定的实物经济条件下,只有一个价格水平适合于一般均衡;任何别的价格水平都会引起所有市场的不均衡。换言之,价格水平在初始经济中是确定的。

在第二个模型中,货币依然是政府债务,但是,它是在政府购买私人证券时发行的。它是消费者和企业对私人部门以外世界的债权,但是,它与私人对外部世界即这一模式中政府的债务相抵消。因为它以内部债务为基础,所以我们称之为"内在"货币。

在内在货币名义量既定的条件下,它的实际价值与价格水平变动方向相反。债务实际量的这种变化不会给政府货币系统带来实际的损失或利得,因为政府对企业债权的实际价值也发生相同变动。两个部门总起来看,在价格水平上升时不会有实际财富流向政府,价格水平下降时,也不会增加实际财富。换言之,当货币是内在货币时,价格水平变动并不会引起财富在私人经济部门与政府之间的转移。相反,它只引起财富在消费者与企业之间的转移,价格水平下降时,第二模式中前者获益而后者受损。这一转移就是价格水平不稳定性的分配效应,我们说过遵守新古典主义的静态分析规则,因而把它或视作短期现象,或者干脆忽略。

当货币是内在货币时价格水平变动不影响政府行为,并且对私人经济部门的财富总量也无净影响,那么,第二个模式中的价格水平还是确定的吗?在特定实物经济条件下,是否只有一个价格水平是适合的,或者还是任何价格水平都适合?

传统的答案是,价格水平是不确定的,任何价格水平都可能与一般均衡相适合。根据这种观点,第二个模式就是一个以物易物的经济社会,没有货币,而且受到萨伊的市场法则的约束。我们自己的结论则是,价格变动除了分配效应之外,确实还有净影响,在一个实际变量和名义货币量既定的复合系统里,一个,也只有一个价格水平对于一般均衡是"适当的"。在第五章我们还要回顾这一点。

用一个简朴、直观的方法就可证明,在只有内在货币的条件下,我们第二个模式实际上是货币经济,而不单单是物物交换的经济。尽管私人经济部门发行债券,并可以使名义债券量与任何价格水平相适应,以便保持某个实际债券量,可是,私人部门对名义货币却没有控制。因而,它无法使名义货币量适合于任何价格水平以维持实际货币需要量。在名义货币既定时,只有一个价格水平向消费者提供所需要的实际债券和实际货币的资产构成,向企业提供所需要的实际货币与实际债务的比例。价格水平离开均衡位置,确实对私人财富总量没有净影响,但是对这些财富的构成确实有影响,而这种影响又会促使价格水平返回它的起始点。价格上涨和下降对财富总量没有净影响;私人债务人与债权人之间的分配效应,对此我们说过不加考虑;但是,还有一个资产构成效应或者说多样化效应,使价格水平成为可确定的。

为论证我们的观点,假设最初均衡时价格水平为100,消费者资产中名义和实际债券为90美元,名义和实际货币为10美元。名义和实际债券总量是100美元,其中90美元属于消费者证券资产,10美元属于货币系统。在私人部门中,9∶1的债券—货币比率适合于均衡状态中的债券利率。现在设想价格水平上升一倍到200,名义债券也被工商企业扩大一倍(到200美元),回避掉分配效应。货币系统的10美元名义债券既定,从而名义货币也既定为 10 美元,消费者资产中名义债券则上升到 190 美元。在较高的价格水平上,企业实际债务仍是 100 美元,但是消费者持有的实际债券变为 95 美元,实际货币余额只为 5 美元。从实际价值看,债券—货币比率从价格水平 100 时的 9∶1 上升到价格水平 200 时的 19∶1。后一个比率不适合于最初的债券利率、实际收入以及实际财富。于是,在新的价格水平上,将存在对货币的实际超额需求,债券和商品的实际超额供应量,结果货币系统必定要摸索着返回最初的物价水平和最初的名义债券量。

第二种模型中的静态均衡

我们已经考察了第二种模型的制度结构以及它的行为型式。现在我们观察该模式在静态一般均衡中,尤其在金融方面的表现。静态均衡的特征是没有增长。不存在净储蓄和投资,也不存在借款和贷款,又不存在货币系统对债券的买卖。利率、边际租金率和其他相对价格,都适合于一切市场上的现存存量和流量。在通行价格水平上,债券和货币的实际价值与消费者和企业对金融资产的偏好保持一致。

第二种模型是一个属于货币数量说描述的范围。考虑一下静态均衡的两种状况。一种状况下货币和债券的名义数量以及商品和劳力的价格水平比在另一种状况下大一倍。所欠和所拥有的债券的实际价值、货币的实际价值在两种均衡状况中都是相同的,并且对实际收入与资本存量也具有相同的比率。在两种均衡状态下,实际流量、实际存量以及相对价格都相等同。名义货币量扩大一倍对均衡的实际情况不起作用,因为名义货币量的差异与物价和名义债券量的同比例差异相联系。消费者和企业的实际行为不受货币量、债券量、商品和劳力的价格等名义规模因素的影响。所以,名义货币的变动对经济中的实际变量不发生影响。

举例说明,假设在第一种均衡状况下,价格水平为 100,名义债券为 100 美元,其中 90 美元为私人资产,10 美元留在货币系统中,因而私人部门同时持有 10 美元名义货币。在第二种均衡状况中,价格水平为 200,名义债券是 200 美元,其中 180 美元是私人资产,20 美元在货币系统。在这两种均衡状况中,私人资产中债券的实际价值都是 90 美元,实际货币余额都是 10 美元:债券—货币比率保持在 9:1。名义货币扩大一倍,名义债券和价格水平作同比例调整,但这不会造成相对价格,或所需的实际存量和实际流量的任何变化。

现在逐步考察从一个均衡状况到另一个均衡状况的运动。假定最初均衡状况被一次公开市场业务所打破,在这次业务中,银行局从消费者手中买进债券以扩大名义货币量。直接的结果是,在最初的债券利率和价格(包括货币工资率水平)上,消费者资产中实际货币量供应过多,而实际债券量供应过少。由于存在超额的流动性资产,消费者相应地提高了对消费品和债券的需求,于是商品价格和货币工资率上升,而利率下降。物价上涨减少了企业初级债务、债务负担以及企业货币余额的实际价值;下降的债券利率刺激企业进行赤字支出;结果则是企业增加新发行债券的名义量以解决投资和名义货币持有量增大的资金需要。新发行的债券直接出售给消费者,这导致债券利率升回原来的水平。从最初投入名义货币起,到这一膨胀过程止,名义货币量、名义债券量、商品价格和货币工资率同比例地增加,而对实际存量和流量以及相对价格,包括利率在内,没有什么影响。

由此可见,在我们模型中,私人国内初级证券在它们本身市场上的增加,并不影响我们在第二章所作出的关于货币作用的结论。任何名义货币量都不会与静态均衡的既定实际情况相矛盾,因为支出单位通过适当调整价格水平和名义的初级债务数量,可以确立适合需要水平的实际货币存量。就其是否有实际影响这点来看,货币是中性的。当膨胀过程结束并且利率回到其原来水平时,与债券利率暂时下降同时发生的资本货物的增加也消除了。

第二种模型中的实际增长

在经济增长的背景中,货币的作用是什么? 这一节考察当第二种模型中生产能力和产出正在均衡地增长时,积累货币和初级债务的必要性。劳动力以一个不变的速度增长,资本存量也以同样速度增长,而技术保持不变。劳动和资本的边际产品保持不变,所以实际收入总量与生产要素保持同样的增长率。这里假定初级债务增长率与实际收入增长率已取得一致;关于这一点,第四章中要进一步讨论。

价格下降条件下的实际增长

和初始经济中一样,第二种模型中的实际增长会刺激对实际货币余额的需求。消费者和企业两个部门中收入总量上升趋势使持有货币具有更大的吸引力,资本以及金融资产的增长也提高对货币的需求。

如果增长过程中要维持住一般均衡的话,货币与债券的实际量就必须增长,而且它们的增长率的相对比例必须符合企业和消费者在边际租金率和利率稳定的条件下所愿意保持的比例。现在我们要指出的一点是,银行局不去购买企业债券来扩张名义货币量,让商品价格和货币工资率下降,这样就能保证所需要的债务和金融资产的增长率。消费者和企业的社会有能力使债务和金融资产实际量的增长与有形财富和产出的增长相适应,同时维持企业需要的总债务与净债务之间的平衡,和消费者需要的债券与货币之间的平衡。

上述以降价促使金融增长的过程比初始经济中涉及的过程更复杂,但最终结果是相同的。因为假定名义货币量不变,债券的名义量也必须不变方能保持均衡增长条件所包含的货币与债券的实际量之间的稳定比率。但是,由于增长过程中工商企业新发行名义债券,因此,只有当相应数量的未清偿债券被清偿时,债券名义总量才会保持不变。初级债务在上述调整中的任何摩擦或迟滞都会引起企业与消费者间的分配效应,结果只有通过增长过程的短期停顿来消除这些效应。然而,根据我们模式中既定的新古典主义基本原则,旧债务对新的价格水平的适应,并不影响增长的过程。

为说明这一过程,假定增长过程中某一时候的一般均衡状况是:实际收入 100 美元,实际初级债务 100 美元,其中 90 美元是消费者的资产,10 美元处在货币系统中——这样私人部门同时持有 10 美元实际货币量。价格水平为 100。随后在增长过程中,假定对货币、对初级证券和对初级债务的实际需求都扩大一倍,但名义货币量不变。此时,在新的均衡中,价格水平降低到 50,从而使货币和债券的实际量扩大一倍,尽管各自的名义量仍然不变。为避免价格下降的分配效应,必须清偿债券,从而抵消过渡时期中发行的名义债券量。

在稳定价格水平上的实际增长

在劳动力、资本量和产量的增长率既定时,第二种模型可以得出消费者和企业对货币的实际需求的增长率,而货币系统实际规模的平行增长维持了货币均衡。货币系统的实际规模,不靠名义货币量扩张而仅仅通过物价和货币工资率的下降也能增长。甚至在名义货币量收缩而物价和工资相应地更严重下降时,它同样能增长。名义货币量变动与物价工资水平变动之间有无数的组合,可以产生出必要的实际货币余额增长率。当然,其中一个组合是:名义货币量的扩张平行于对货币的实际需求的扩张,而物价和货币工资率保持不变。

初始经济中价格稳定意味着政府的赤字支出和一些实际产出从私人部门转向政府部门。第二模型中的价格稳定并不要求部门的收入和支出之间、储蓄与投资之间分配发生变动。它只要求政府发行的名义货币量和工商企业净发行的债券名义量与实际收入同比例增加。价格下降与价格稳定之间的差别仅仅是名义货币增量与名义债券增量之间的差别——两者增量小则价格下降,价格稳定时两者都增加。

第二种模型中的货币政策

新古典主义经济学中的无形之手是第二模型中的熟练操

纵者。在银行局发行一定量名义货币的条件下,这个无形之手使相对价格和绝对价格水平与社会充分利用资源的实际生产能力相协调,并使之与对劳动力、商品、债券和货币的相对需求相协调。在这一经济模式中,货币确实发挥作用,即使货币完全是由以货币系统的资产中国内企业债券为基础的"内在"货币所组成。必定存在一定名义量的货币,而无形之手通过价格水平的决定就能够从这个名义量中制造出企业和消费者所需求的实际货币量,作为它们的金融资产的一部分,从这点意义说,货币是发挥作用的。

但是,这个无形之手在调整价格水平和债券名义量时如此有效,因而货币系统一旦提供了任何正数名义货币量,它好像就只需有效地管理支付机制,其他事就无足轻重了。在这模式中,货币政策是无关紧要的,因为它只能影响价格水平和货币工资率。它无法影响任何实际变量,不能影响实际货币量和任何其他实际存量或任何实际流量或任何相对价格。如果政策局和银行局对此感到厌烦因而去作货币数量方面的实验,那么,无形之手便会依照货币数量说的规则去中和货币管理当局的"错误"。简言之,货币政策没有一个合乎理性的目标。

没有储蓄者与投资者之间的货币中介过程,第二种模型照样可以运行。消费者储蓄向企业净投资的一切融资活动可以是直接的,毫无间接活动,因为价格下降和债券名义量的调整就可以保持金融资产的平衡。如果利率稳定时资产平衡受到威胁,比如,债券超额积累而货币短缺,也不一定需要货币中介,因为私人部门有能力清偿过多的债券名义量,并通过价格下降来创造出补充的实际货币余额。这种经济模式具有自身的内在替代方式来代替政策局和银行局的中介过程。

修改过的第二种模型中的货币政策

第二种模型是一个货币经济体系。它有一个货币存量和一个确定的价格水平。货币是模型中的一个"商品";对每一个普遍均衡状态,只有一个货币实际价值是与之相适宜的。但是,如模型所表明的,从增减名义货币量对实际变量不起作用这一意义上说,货币是中性的。货币政策对实际增长不起作用;任何一个名义货币量都能满足各个一般均衡状态,而货币当局也就无需浪费时间来寻求一个唯一"正确的"数量。当然,对模型作出某种修改,就能使名义货币量和与之有关的政策产生更具影响的作用。本节就考察这些修改中的几点。其他几点留待第五章再作讨论。

内在与外在货币的一种组合

现在,我们设想名义货币不再仅仅由内在货币——如第二模型的基本形式中所述,它仅仅依据货币系统的资产中国内企业债券所创造——所组成,同时,它也不再仅仅由外在货币——如初始经济中,它是私人部门对政府的净债权——所组成。换言之,名义货币现在由内在货币和外在货币组合而成,比如,后者是在货币系统的资产中黄金的基础上创造的。这一具体条件的变化无疑使第二模型更加现实,但是它的影响还不止于此。重要的结果是货币政策不再是无足轻重或中性的;对每一个一般均衡状态,只有某个名义货币量才是唯一地适合的。

假定存在着静态均衡。企业的金融状况,正符合它们的需要,净债务与有形资产保持适宜关系,总债务与净债务之间也有适当的关系。消费者的金融资产与收入也保持正确关系,金融资产适当地分布于货币和企业债券之间,他们对此感到满意。在这一静止背景下,银行局通过公开市场购买业务,增加了名义货币量中的内在货币量。这一放松的货币政策对实际经济活动是否有什么作用呢?

回答显然是"肯定的"。银行局资产中国内企业债券并不与以黄金为后盾的外在货币相匹配。因而,如果公开市场业务增加名义货币总量,比如10%,那么,它就会使该局债券持有量增加10%以上,假定黄金持有量不变。这意味着公开市场业务提高了消费者持有的货币余额对企业债券的比例,以及工商企业中货币余额对净债务的比例,因为银行局增加了它在企业债券总额中的份额。在最初价格水平上,公开市场业务实现了债券从私人部门到货币系统的实际转移,改变了私人支出单位的资产构成。在价格水平随名义货币成比例地提高之后,企业债券名义量也同样程度地调整,但是,私人资产的实际构成仍然比货币系统采取行动之前更多地集中于货币。价格水平、货币工资率以及企业债券名义量成比例地提高,也无法消除公开市场业务对资产构成的影响。私人资产中货币相对于债券的增加额,只是在较低利率的条件下方能为私人部门所接受。作为货币扩张的结果,在最终的均衡状况下实际资本量会增大,实际收入水平会提高,价格水平会上升,但上升的幅度会小于名义货币量的增长。

货币不再是中性了,货币政策在第二种模型中也不再是无足轻重了。货币系统的公开市场购买业务激发起实际财富和收入的增长,其代价是物价有些上涨。货币系统的公开市场出售业务抑制实际财富和收入,并伴随物价下降。这些是静态均衡条件下的结论。

可以举例说明如下。假设最初均衡状态时,价格水平为100,名义和实际货币量为20美元,其中10美元是以银行局持有的企业债券为依据的内在货币,10美元是以黄金为依据的外在货币。企业债务总额100美元,其中10美元为银行局持有,90美元为消费者持有。现在公开市场上购买20美元企业债券的业务打破了均衡,使名义货币量扩大一倍。按照货币数量说的方式使债券名义量和价格水平都增大一倍,并不能使均衡状况恢复;这是由于私人支出单位最初的债券对货币的资产构成比例(90∶20)下降了,从实际价值看降为85美元对20美元。在货币和债券的名义量以及价格水平增大一倍的条件下,银行局的债券实际持有量已从10美元提高到15美元。在私人部门,债券实际量相对于实际货币量是减少了,因而新均衡中利率将降低,而这又将提高均衡条件下的实际资本量和实际收入水平。

关于货币中性的类似结论也适用于增长条件下。假定所有实际和名义存量与流量按一定比率 n 保持平衡增长,相对价格和绝对价格水平稳定。货币量包括内在和外在两部分,两者都按 n 率增长。假如货币系统使名义货币总量和其中两个部分的扩张速度都提高一倍,唯一的结果是使包括价格水平在内的其他名义变量都扩大一倍。但是,假如货币系统只是通过加速购买企业债券来使名义货币量扩大速度提高一倍,那就会出现对实际经济的影响。这样,货币系统吸收了较大份额的债券发行的实际量,而给私人投资者留下较小份额。

私人调整资产构成以求平衡,要求利率有所下降,资本和收入增长率有所增加,价格水平上升但上升率小于货币扩张率的增大。相反,如果货币系统接受较小份额的债券发行的实际量,扩张外在货币而不是内在货币,对实际经济的影响开始就是债券利率提高,并抑制实际增长。

经济增长包含着金融资产的扩大。在我们的模型中,有两种金融资产———一种同质的债券和货币。正是金融资产的实际价值,影响了消费者和企业在所有市场上的行为。任何组合性情况,诸如货币存量中既包含内在货币又包含外在货币,都使第二模式中的货币系统有可能操纵实际货币量对实际债券量的比例,在一定程度上加强货币系统管理私人资产的实际价值及其构成的能力。于是,货币系统能够在实际上发挥金融中介的作用,并且能够对增长的风险改变它的参与程度。货币系统多发挥一点中介作用,可以减缓私人支出单位持有债券的某种风险;少发挥一点中介作用,就会增加私人风险。结果是前一种情况中债券利率有点降低,第二种情况中债券利率有点上升。相对价格的这一变化影响了实际经济增长的整个态势。

货币政策和新古典规则

我们的第一个结论是:我们的模型是这样一个货币经济,其中,为维持商品和劳力市场的均衡,为确保企业作为赤字支出者所需投资与消费者愿意释放给企业的储蓄两者相等,货币与债券的名义量,价格水平都应发挥作用。第二个结论是:在第二种模型的原定方式中,由于价格下降或名义货币量扩张同样都能很好地满足对货币的实际需求,由于不论货币系统是否干预,私人部门都能转移实际储蓄并维持其金融资产的平衡,货币政策无足轻重,货币是中性的。第三个结论是:如果货币量不仅仅是内在货币或外在货币,则货币政策可能是重要的,货币可能是非中性的。

我们在第二种模型中纳入了新古典主义的具体规定——没有货币幻觉,价格水平和债券利率的变动不产生分配效应,对价格水平和债券利率有稳定的预期,(除非货币系统干预)劳力、商品、债券市场上存在着完全竞争,因而价格是灵活的。在上述规定下,前面的那些结论是站得住的。对于分析静止状态或平衡增长的静态均衡模式来说,那些结论也站得住。也就是说,当货币可能最不起作用,最可能仅仅是实际经济行为的一层面纱时,那些结论是站得住的。在这些情形中,私人部门通过调整价格水平和债券名义量来左右货币和债券的实际量,最为有效。

如果我们的模型离开新古典主义、静态均衡分析的背景,货币在实际经济行为中的作用就变得较为重要了。作为使货币量适合其需求量的一种手段,价格水平的变动和名义货币量的变动都可以起作用;凡是使前者的作用降低而使后者的作用相对提高的任何事情,都能提高货币政策对实际经济活动的重要性。使初级债务名义量与价格水平变动相适应的过程中的任何障碍,都使货币系统更有必要在债券和货币市场上不断地进行业务活动。

如果价格和货币工资率是刚性的,则价格的下降无法创造出实际货币量以满足对货币的增量需求。如果由于货币幻觉,支出单位想要的是名义货币量而不是实际货币量,则价格的下降也无法满足对货币的需求。此外,如果价格的下降激发起对价格更加下降的预期从而增强了对货币的需求,则价格的下降也不能很好地代替扩大名义货币量的作用。

在第二种模型中,由于私人部门分成债务人与债权人,因此价格水平不稳定性在任何短期内都会带来分配效应。如果实际增长引起常有的对货币的要求增量,则使价格水平下降的压力就会持续地把财富从债务人企业转移到债权人消费者。这种转移的实际结果是抑制储蓄和投资,阻止实际资本的增长,压抑产出的增长。如果在保持价格水平稳定条件下使名义货币量扩大来满足上述货币需求增量,分配效应则可避免。

静态的新古典主义分析以完全灵活地清偿债券名义量来回避价格水平变动所引起的分配效应。未清偿债券的数量根据价格水平的变动而调整,并随之同步地作出校正。当人们离开这样一个无摩擦的世界,将看到另一个较为可信的世界,其中,价格水平的不稳定会给实际经济活动带来损失,那就是,储蓄率和投资、储蓄在各种投资机会中的配置都会受到短期的干扰。构想一个没有分配效应的世界是轻而易举的,但是这样一个世界毕竟离我们的现实过于遥远。私人部门依赖于把实际储蓄量引导到投资并保持金融资产的平衡,就此而言,货币系统不断地起中介作用是必不可少的。

小结

在初始经济社会,有三个市场:劳动力、当期产出、货币的市场。我们第二种经济的特征是加上一个市场:初级证券市场。这些证券是工商企业的优等、同质的长期债券。依然有三个部门：消费者、工商企业和政府。但是，政府在收入和产品账户上没有收入也没有支出。货币系统仍然如同从前，由一个政策局和一个银行局组成。两个私人部门在所有市场上进行交易，而政府只在两个金融市场上进行交易。银行局根据政策局的指令，买卖初级证券并发行或消除货币。这个经济中的金融概貌就是，工商企业发行唯一形式的初级证券并取得唯一形式的间接证券，货币；政府购买初级证券并发行货币；消费者取得初级证券或货币，或者两者兼而取之。

工商企业可以直接向消费者出售它们的初级证券，或者出售给银行局。前一种是直接金融，那时消费者取得初级证券；第二种是间接金融，消费者和企业都取得货币余额。

对货币余额的实际需求发源于消费者和工商企业。当这两个部门实际收入提高时，它们对货币的实际需求都增加。当消费者取得金融资产（债券和货币）实际持有增量时，当相对于实际债务量企业取得实际资本增量时，他们对货币的实际需求也增加。较低的债券利率刺激私人对货币的实际需求，而较低的边际实际租金率对企业也起同样作用。货币的名义存量仍然由政策局依据其政策目标和私人部门对货币的实际需求而决定，而银行局则毫不犹豫或毫无异议地使人们能得到这一存量。

初始经济中名义货币存量完全是"外在"货币，即私人部门对"外在"部门——政府——的净债权。我们第二种经济中名义货币存量全部是"内在"货币，以私人内部债务为基础，完全与企业的初级债务相平衡。因此，与初始经济不同，现在价格水平的任何变动都只导致两个私人部门间的财富转移，一个部门得益,另一部门遭受同量的损失。新古典主义规则忽视了这种财富转移对劳动力、当期产出品和货币的需求总量的影响。所以,似乎任何的价格水平都与既定的实际需求总量不相矛盾。然而,如同在前一种经济一样,第二种经济中价格水平也是确定的。这是因为私人部门希望有一个多样化的金融资产持有量。货币的名义存量既定,则在初级证券实际量和实际货币量之间只有一个价格水平能使金融资产的多样构成符合它们的要求。

在新古典主义体系中,在一切货币都是内在货币时,货币政策对经济的实际变量不起作用——正如在初始经济中一切货币都是外在货币时也是这样。货币名义量的变动除去使物价和货币工资率成比例地变动外别无其他影响。此外,如同前面所述,如果价格保持刚性,如果价格预期的弹性不是一,如果存在货币幻觉,或者如果承认财富转移的分配效应,那么,货币政策就不再是中性的。

但是,即使在严格的新古典主义体系里,当同时存在内在和外在货币时,货币政策对实际变量就可能不再是中性的;也就是说,当银行局既持有企业债券又持有"外国"证券或黄金作为其货币债务的后盾时,情况就是如此。那时,银行局因购买企业债券所增加的名义货币量使该局的债券实际持有量相对于其货币负债实际量增加。这就意味着私人部门的企业债券实际持有量相对于它们的货币实际持有量减少了。因而,均衡利率降低,经济中其他实际变量将作调整。可见,内在货币与外在货币的组合使货币当局能掌握实际收入和财富的水平。

4

金融增长和证券差别化

本章的目的在于从两个方向扩展我们对金融增长的分析。第一,我们使用前一章模型作为讨论的基础,来分析决定支出单位金融资产增长的因素;那个模型包含了一系列限制性很强的假设,其中有一些条件将被放宽。

第二,我们将考察初级证券的质量变化所产生的影响,以有别于数量变化的影响。可贷资金的市场实际上是资金按许多市场利率与各种不同证券进行交易的许多市场的聚集体。这个市场向资产持有者提供远远比我们第二模式中只有货币和债券形式更为广泛的金融资产系列。这个金融资产系列随增长进程而发展。在这本书中对初级证券差别分化的重视远没有达到这一问题应受重视的那种程度。但是,它是不能置之不管的,因为在货币替代品只有金边债券时同存在很多替代品时,对货币的需求是不一样的。

在正式接触这一课题之前,有必要先对初级证券和间接证券作一番比较阐释。

初级证券和间接证券

第二种模型中金融资产由工商企业的同质债券（永久债券）和政府货币系统发行的货币组成。初级证券和间接证券之间的区别非常清楚。但是，当我们考虑到非金融的支出单位各种各样的证券，如同我们在本章所做的，并考虑到金融中介机构形形色色证券，如同我们以后要做的，这时，这种区别就变得不太明确了。然而，我们仍然把它们区分开，本节的目的就是解释其中的原因。

初级证券包括非金融的支出单位发行的一切债务和股权。所谓非金融的支出单位，指那些基本职能是生产和购买产品、而不是发行一种证券来购买另一种证券的单位。初级证券包括公司股票和债券、应付账款、企业欠银行短期债务、消费者债务、抵押票据、联邦、州和地方政府债券、外国证券和上述形形色色证券的一切变种。黄金不包括在内，因为黄金被视作真实资产。支出单位净值中对公积金账户的贷方项目，由于无需另外筹措资金，因而也不包括在内。这些属内部融资，是初级证券发行的一种替代办法。

初级证券是非金融的支出单位持有金融资产的两种成分中的一种。另一种成分是间接证券，即包括货币系统在内的金融中介机构的债务发行。为某些目的，也可以把间接证券区分为货币系统发行的证券（货币间接债务）和其他金融中介机构发行的证券（非货币间接债务）。此外，根据问题的需要，还可把货币间接债务本身分成支付手段（通货和活期存款）和其他（定期存款）。

　　金融中介机构处于最终借款人与购置借款人初级证券的贷款人之间，并且为贷款人的金融资产投资提供其他证券。它们的收益主要从初级证券的利息中积聚而来，它们的费用主要是间接证券利息和管理证券的费用。这些特征通常足以把金融中介机构与非金融的支出单位、间接证券与初级证券区分开来。

　　的确，我们的分类在有些地方还是含糊不清的，虽然任何时候难以划分的证券总量都不很大。举几个例说明上述含糊不清之处：其基本职能是控制附属支出单位的持股公司的发行，可以算作也可以不算作初级证券。一些中介机构的发行既具有初级证券又具有间接证券的性质。例如，银行存款是间接证券，但银行股票发行就其某种目的可以视作初级证券，因为它们反映了银行经营的"支出单位"特征。任何有资格作为货币的证券，以黄金为保证而发行，或许都应划为间接债务，即使黄金是被作为一种商品而不作为一种初级证券。而且，有时还有必要设立一个特别类型的二级中介机构，诸如销售金融公司，主要是在最终借款人与严格意义上的中介机构之间起中介作用。

　　然而，区分初级证券和间接证券对于本书分析的问题看来是有用的。它对于分析实际经济增长与金融增长之间的关系，对于单独专门研究中介职能，以及对于考察增长过程中货币中介机构与非货币中介机构的相对作用，都是一项有用的工具。

　　应该指出，金融增长至少可以指两件不同的事。第一，它可以指初级证券的增长，经过资本损益调整后，初级证券增长应与非金融的支出单位的金融资本增长相等，不管这些资产是初级还是间接证券形式。第二,它可以指初级加上间接证券的增长。如果一定期间所有初级证券都出售给非金融的支出单位,以致间接证券毫无增长,那么这个增长的绝对数与第一种情况相同。如果所有初级发行都出售给金融中介机构,以致间接证券的增长相等于初级证券的增长,那么这个增长规模就是第一种情况的两倍。

初级证券和金融资产的增长

第二种模型中金融资产由货币余额和初级证券组成,后者是工商企业发行的同质债券。这些债券或者为政府货币系统所购买,它用新创造的货币进行支付,或者为消费者购买,他们得到债券或货币,或者兼而得之。工商企业也积累货币余额,而政府在收入和产品账户上没有收入或支出。

在静态均衡时,不管实际收入水平如何,私人部门对实际金融资产总有一定需求,消费者需求实际货币和债券,工商企业需求实际货币。在新古典主义环境中,私人部门持有任何正数金额的名义金融资产即可满足这些实际需求。因此,一定水平的实际收入可以与任何水平的名义资产相并存。

第二模型的实际增长产生了初级债务的发行和对实际金融资产的增量需求。现在我们打算比前一章更彻底地深入这一进程。在下面的大部分讨论中,我们都假定稳定的物价陪伴着实际经济增长,实际增长是平衡的,因为每个市场上的所有流量和劳力、资本货物、债券和货币的存量都按同一的百分比扩张。为方便起见,我们还先假定工商企业不积累货币余额——消费者获得除货币系统得到部分之外的所有金融资产。我们将在这一框架里先研究初级证券的发行,然后研究初级证券的积累存量。在这之后,随后转向金融增长,这时实际增长进程从初级证券存量为零(或很小)时开始。最后,我们讨论与第二模式不同的种种情况下金融增长的整个轮廓。

初级证券发行:直接的决定因素

在增长过程的任何时期中,工商企业发行的初级证券等于消费者得到的金融资产——两者愿望都处于均衡。初级证券发行等于企业的预算赤字,消费者购置的金融资产等于他们的预算盈余。这是因为假定企业不获得货币余额。

任何时期初级证券发行的实际价值表示为$\frac{\dot{B}}{ip}$。$\dot{B}$是发行新债券的数量。每张债券在每一时期支付利息 1 美元。$\dot{B}$也是新发行债券利息支付的名义额。p是商品价格水平,i是利率。由此得出$\frac{\dot{B}}{i}$是初级债券发行的名义价值,$\frac{\dot{B}}{p}$是新债券利息支付的实际价值,$\frac{\dot{B}}{ip}$是这些债券的实际价值。

企业预算赤字是它们实际净投资支出($\dot{K}$)减去它们实际净储蓄(S^b)。初级证券发行等于企业赤字。它们与实际国民收入(Y)的比率是:

$$\frac{\dot{B}}{ipY} = \frac{(\dot{K} - S^b)}{Y} \qquad (1)$$

用企业净储蓄除等式 1 的右边分子和分母,我们得到:

$$\frac{\dot{B}}{ipY} = \left(\frac{\dot{K}}{S^b} - 1\right)\frac{S^b}{Y} \qquad (2)$$

用文字表达就是,发行额—收入比率取决于企业对它们收入或储蓄进行支出的平均倾向 $\left(\dfrac{\dot{K}}{S^b}\right)$ 以及企业得到的国民收入份额 $\left(\dfrac{S^b}{Y}\right)$。

或者,我们从消费者方面也能看到同样现象,发行额—收入比率等于消费者的预算盈余除以国民收入,这个盈余是消费者实际收入(H)减去实际消费支出(C)。按照类似上面的方法,我们得到:

$$\frac{\dot{B}}{ipY} = \left(1 - \frac{C}{H}\right)\frac{H}{Y} \qquad (3)$$

仍然用文字表达,发行额—收入比率取决于平均消费倾向 $\left(\dfrac{C}{H}\right)$ 和消费者得到的国民收入份额 $\left(\dfrac{H}{Y}\right)$。

由此,鉴于上述可替代的两个公式,我们可以说初级证券发行与国民收入的比率取决于部门间收入分配与部门间支出分配的对比。当这些分配相同时,部门间在收入的支出和收入的取得方面没有特殊性;两个部门的预算都平衡;因而也不存在金融增长。当两种分配完全相反时,一个部门进行了所有的支出,而另一个部门获取了所有的收入。于是,一个部门的预算赤字和另一部门的预算盈余都等于国民收入,在这种时期,金融增长规模也就等于国民收入。

部门间在收入的支出和取得方面的专门化程度,最终以这种或那种方式取决于第二模式的所有变量和关系。比如,它取决于企业净投资支出的决定因素,取决于消费支出的决定因素,以及取决于对债务需求的决定因素。但是,无论渠道多么迂回曲折,与金融资产增长有关的任何事都要通过两个部门间收入分配和支出分配的对比来发挥作用。

平衡增长中的初级证券发行

从上述再进而探索第二模式内平衡增长时期隐藏在部门间收入分配和支出分配背后的、从而也是隐藏在初级证券增长背后的一些因素。在平衡增长时期价格稳定条件下,流量和存量以同一个百分比率 n 扩张,收入份额和支出的平均倾向保持不变,于是,发行额—收入比率也保持不变。消费者投资和工商企业初级债务中的金融资产在各时期的增长与该时期国民收入的增长保持不变比例。决定这个比例的因素是什么呢?

从等式(1)开始,看到 n 等于资本存量增长率 $\dfrac{\dot{K}}{K}$,其中 K 是资本存量,所以,$\dot{K}$ 等于 nK,随之发行额—收入比率等于 $\dfrac{(nK - S^b)}{Y}$。企业净储蓄(S^b)等于实际租金率 $\dfrac{r}{p}$ 乘以资本存量并减去企业实际利息 $\dfrac{B}{p}$,其中 B 是未清偿债券数量,每张债券每期支付 1 美元利息。

因而

$$\frac{\dot{B}}{ipY} = \frac{nK - \left(\dfrac{Kr}{p} - \dfrac{B}{p}\right)}{Y} \qquad (4)①$$

---

① 在这模式中,只有当企业不支付红利时,$\dfrac{r}{p}$ 才代表租金率。如果支付红利,$\dfrac{r}{p}$ 则代表减去红利后的租金率。

这表明发行额—收入比率等于企业减去实际净储蓄后的实际净投资与实际国民收入的比率。

我们已知道,平衡增长时期,$\dfrac{\dot{B}}{B}$ 等于 n。然后用 $\dfrac{\dot{B}}{n}$ 代替等式 4 中的 B,我们可重新组成发额—收入比率如下:

$$\frac{\dot{B}}{ipY} = \frac{\left(n - \dfrac{r}{p}\right)\dfrac{K}{Y}}{1 - \dfrac{i}{n}} \qquad (5)①$$

也就是说,平衡增长时期发行额—收入比率取决于:

产出增长率 n,

实际租金率 $\dfrac{r}{p}$,

资本—产出比率 $\dfrac{K}{Y}$,

利率 i。

这些是工商企业预算赤字相对于国民收入的规模,因而也是初级证券发行相对于收入的规模的决定因素。我们先观察产出增长率与发行额—收入比率的关系,假定增长过程中实际租金率超过利率。②

产出增长率提高是如何影响发行额—收入比率的呢?答

---

① 由于 $\dfrac{\dot{B}}{ipY} - \dfrac{\dot{B}}{npY} = \dfrac{\dot{B}}{ipY}\left(1 - \dfrac{i}{n}\right)$,得出此结果。

② 这个金融增长模型不是稳定的。超过均衡水平的一定量初级债务要求支付利息,它会增加企业赤字,并进一步刺激初级债务增长。上述等式 5 中不考虑包括在第 3 章完整模式和数学附录中的各种起稳定作用的因素。它们是超额债务对投资、对企业货币需求以及对股利的压抑作用。

案是,较高的产出增长率将提高发行额—收入比率,因为它会使企业净投资支出相对于其净储蓄而增长,从而扩大企业赤字对国民收入的比例。同样,较低的产出增长率则将减低发行额—收入比率。

图 4.1 中曲线 A 表示了产出增长率与发行额—收入比率的一个关系。横轴计量产出增长率,纵轴计量发行额—收入比率。曲线是根据这样的假定划出的,即:资本—产出比率等于1,实际租金率值和利率值如图所示。利率和实际租金率由垂直虚线表示。曲线 A 表示产出增长率等于实际租金率时,发行额—收入比率等于零,也就是等式 5 已经揭示的关系。在这一情形中,企业净投资与储蓄相互相等,消费者和企

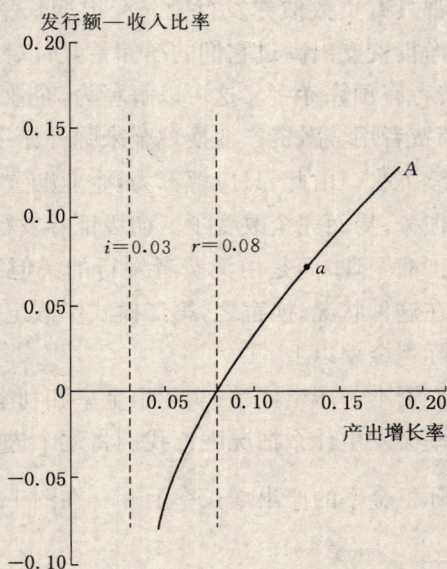

图 4.1 发行额—收入比率与产出增长率的关系

业部门都在增长过程中保持平衡预算,消费者没有积累金融资产,企业也没有承担债务,也不存在利息支付。

现在考虑较高的约为 10％ 的产出增长率。曲线 A 表明发行额—收入比率约为 3％,它也表示出国民收入中企业预算的赤字和消费者预算的盈余所占的比重。较高的产出增长率提高了部门间在收入的支出和收入的取得方面的专门化程度,并导致金融增长。更高的产出增长率,使专门化程度继续提高,金融增长也加速发展①。

然后,假设产出增长率位于实际租金率之下利率之上,即图中两条垂直虚线之间。曲线 A 的有关部分表明,在这些条件下,发行额—收入比率为负数,也就是工商企业在国民收入各个水平上都具有负数债券发行额。产出增长率不够高,不足以使企业净投资支出高过它们的净储蓄,所以,它们有预算盈余,而消费者有预算赤字。这可以解释为,企业偿还各时期的债券,而消费者用金融资产变换现金来弥补赤字。但是,这不能永远继续下去。由此,只应解释为,企业购置金融资产而消费者承担债务;局面完全改变了。初级证券发行是正数,但它们不是由工商企业、而是由消费者发行的。但第二模式中已假定不存在这种状况,换言之,第二模式中假定产出增长率基本上在实际租金率以上。

如果改变资本—产出比率、实际租金率和利率的值,发行额—收入比率会发生什么情况呢?我们将逐个进行考察。在所有超过实际租金率的产出增长率上——在图 1 表示为 $\frac{r}{p}$ 的

---

① 在图中,曲线 A 的斜率逐渐递减,渐近于资本—产出比率。

虚线右边所有的增长率上——平衡增长时期较高的资本—产出比率会提高发行额—收入比率。这是因为较高的资本—产出比率使企业的净投资水平相对于国民收入提高了,从而亦提高了它们相对于收入的赤字。另一方面,平衡增长时期较高的实际租金率会降低发行额—收入比率,因为它提高了企业的净储蓄,因而减少了它们在各个国民收入水平上的赤字。最后,在高于实际租金率的各个产出增长率上较高的利率会增加发行额—收入比率,因为它增加企业的利息支付从而降低了企业的净储蓄。①

平衡增长中的初级证券存量

平衡增长进程中任何时期的期初初级证券存量就是过去时期初级证券发行的累积量。这个证券存量对国民收入的比率——我们称之为债务—收入比率——在平衡增长时期是稳定的,因为证券存量和国民收入两者都以同一百分比率 n 增长。债务—收入比率等于 $\left(\dfrac{1}{n}\right)$ 乘发行额—收入比率,因为在平衡增长中 $\dfrac{\dot{B}}{B}$ 等于 n。例如,当 n 是 5％时发行额—收入比率为 10％,那么,证券存量就是国民收入水平的两倍 $\left(\dfrac{0.10}{0.05}\right)$。

把等式 5 两边都乘以 $\dfrac{1}{n}$,可以推演出债务—收入比率的

---

① 在第一和第三种情形中,图 1 中曲线 A 以其与水平轴的交点为中心而向左旋转。在第二种情形中,曲线 A 向右下位移,与水平轴在 $\dfrac{r}{p}$ 的较高值上相交。

表达式：

$$\frac{B}{ipY} = \frac{\left(n - \dfrac{r}{p}\right)\dfrac{K}{Y}}{n - i} \qquad (6)$$

可见,在各个收入水平上的初级证券存量,和发行额—收入比率一样,取决于下述变量,即:产出增长率、实际租金率、资本—产出比率和利率。

图 4.2 曲线 A 表示债务—收入比率与产出增长率之间的关系,假定这一增长率等于或超过实际租金率,而后者超过利率。显然,产出增长率较高时,债务—收入比率也较高,但是该比率渐渐趋近于资本—产出比率。那就是说,当产出增长率极高时,几乎所有的净投资支出都通过初级证券发行从外部筹措,于是,证券的累积量趋于与资本存量相等。在另一个极端,

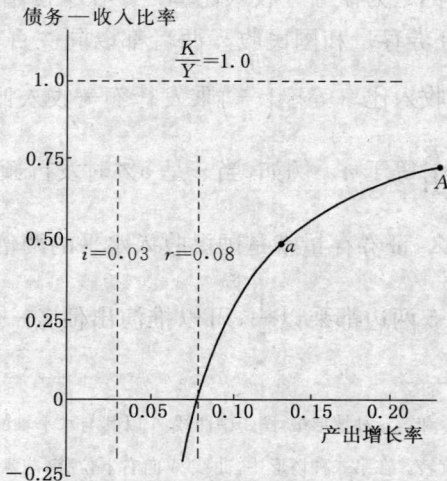

图 4.2　累积证券占收入之比率与产出增长率的关系

当产出增长率等于实际租金率时,所有净投资支出都通过内部的企业净储蓄筹措,于是,证券存量在增长进程时期等于零。在两者之间,净投资支出部分从内部筹措,部分从外部筹措,结果任何时候初级证券存量都为正数,但都小于资本存量。①

图 4.1 与图 4.2 的两个曲线 A 有一个简单的关系:后者的高度是 $\frac{1}{n}$ 乘前者的高度。举例说,假定产出增长率是 13%。于是,图 1 中发行额—收入比率为 6.5%,用 a 点表示。现在移到图 2,在这一增长率上,债务—收入比率为 50%(在 a 点上)——即 $\frac{0.065}{0.13}$。

当然,上述讨论假定资本—产出比率、实际租金和利率的值在增长进程时期是不变的,正像它们在平衡增长时期一样,现在考察它们有不同值时是如何影响债务—收入比率的。第一,增长进程中较高的资本—产出比率会相对于收入而提高证券存量,因为它提高了净投资,并使外部融资更加迫切。第二,较高的实际租金率提高企业净储蓄乃至内部融资,从而降低债务—收入比率。第三,较高的利率会提高债务—收入比率,因为它会增加利息支付,从而减少企业净储蓄,相对于内部融资而增加外部融资。

初级证券和不成熟金融

到目前为止,我们讨论了初级证券量和实际产出以同一

---

① 当产出增长率在利率和实际租金率之间时,图 4.2 表现了一个负数债务—收入比率。这意味着工商企业有一个正数的金融资产存量,消费者有一个正数的未清偿债务量。

速度增长时的金融增长。现在假设实际经济增长进程开始时，初级证券存量为零或非常微小——即，在与实际产出的长期、平衡关系相比，证券存量较低——其他假设仍然保留。在这种条件下，金融增长的轮廓是怎样的呢？

为回答这一问题，我们将对图 4.1 和图 4.2 作一回顾。在图 1 中，如果产出增长率是 13%，平衡增长时期的发行额—收入比率便是 6.5%（*a* 点）。根据图 4.2 看，平衡增长时期债务—收入比率是 50%。现在在图 4.3 上用水平虚线表示出这些值，其中水平轴代表时间，垂直轴表示上述两个比率。如果初级证券发行和这些证券的存量已经与每时期 13%的实际产出增长率相协调，那么，这两者与国民收入的比率在这期间就会稳定。两个比率只在各自水平线上随时运

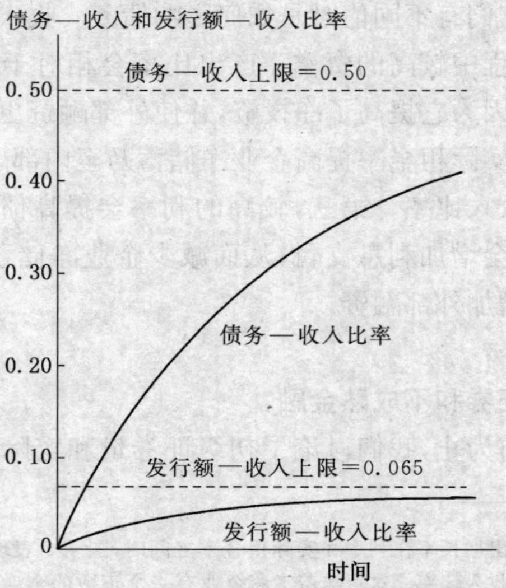

图 4.3　不成熟金融时期的初级证券增长

动。这是人们熟悉的情况。

但是,假定在增长进程开始时,初级证券的发行额与存量并不协调于稳定的产出增长率。具体说,假定初级证券最初存量为零。在产出增长时期,相对于国民收入,初级证券存量迅速累积;债务—收入比率开始为零,但最终上升到它的长期、平衡水平。在图 4.3 中,它从零起始,趋升到 50%。可见,初级证券存量最初增长大大快于产出,但是,证券增长率逐渐降低到稳定的产出增长率上,从而最终两者大致相等。在这一点上,平衡增长重新恢复。如果任何证券最初存量低于它与国民收入的平衡关系水平时,这些趋势极有可能是相同的。

产出增长初期阶段比较低的初级证券存量表示企业的利息支付比较小,赤字也比较少。结果,在这些"金融不成熟"阶段,发行额—收入比率甚低。但是,当初级证券量累积到与国民收入保持平衡的水平时,企业利息支付也扩大,它又提高了相对于收入的赤字。这就是图 4.3 下面那条曲线所表示的、发行额—收入比率之所以从零开始逐渐提高到它的长期、平衡水平的原因。[1]

初级和间接证券的增长

前面提到过,金融增长可能只与初级证券的扩张有关,或者与初级证券加间接证券的扩张有关。到目前为止,我们只

---

[1] 在同一时候,消费者预算盈余,相对于国民收入,在增长进程中从零提高到 6.5%。与企业积累债务一样,消费者的金融资产,相对于国民收入,也增加了。

考察了前一种情况。现在考察后一种情况。

首先假定,在稳定的物价上出现平衡增长。这意味着,相对于收入的初级证券存量,将依赖于产出增长率、实际租金率、资本—产出比率和利率。稳定物价条件下的产出增长时期,产生出对货币的名义需求。如果货币系统购买初级证券并且供应人们需求的名义货币,则利率会保持稳定。可见,稳定物价时的产出增长会引发初级和间接两种证券的增长;经济中所有金融资产的增长会超过单独初级证券的增长。

我们可以假设,平衡增长时期在某个稳定的利率上,消费者想要他们金融资产构成中一个不变比例 m 为货币余额,其余的是初级证券。在各个时期,货币系统必须购买这一比例的初级证券发行量,并创造对等量的货币。结果,在任何时期,国民经济中全部金融资产的增长等于初级证券发行量加上 m 乘这些发行量,后者代表创造出货币形式的间接证券。进而言之,平衡增长中任何时刻的所有金融资产存量就是初级证券存量加上 m 乘这个存量,后者代表流通在外的货币余额——即,货币系统拥有的初级证券量。

由此可知,初级和间接证券的总量在平衡增长时期与实际产出保持同样百分比率增长。同样明显的是,货币对收入的比率、或者它的倒数,货币的收入流速,在平衡增长时期是不变的。如果在各个利率水平上消费者在他们金融资产中想要持有的货币余额比例既定,那么,收入流速便取决于初级证券存量相对国民收入有多大;从而也取决于产出增长率、实际租金率、资本—产出比率以及利率。可见,收入流速最终取决于这四个变量。只举一个例子,较高的产出增长率,增加相对于收入的初级证券量,增加各个收入水平上对货币的需求量,因而降低货币的收入流速。

当实际增长速度稳定时,初级证券最初存量低于它与收入的长期平衡关系,那么,债务—收入比率在增长进程中就会上升。从而,货币对收入比率也逐步上升到它的长期平衡水平。这意味着收入流速在增长进程中下降,但它渐渐降到一个较低的稳定水平。而且,在这一进程中国民经济中金融资产总量相对于收入而上升。一旦达到平衡增长,或者说非常接近于这一点时,收入流速实际上就稳定了,而金融资产总量几乎与实际产出成比例增长。

金融增长和混合型资产—债务状况

当支出单位和支出单位部门持有金融资产或者有未偿债务、但不是两者都有时,它们处于单纯型资产—债务状况。当它们两者兼而有之时,则处于混合型资产—债务状况。在我们分析第三章中的第二模式时,我们假定消费者有单纯型资产—债务状况,工商企业有混合型资产—债务状况。前者持有金融资产但没有未清偿债务;后者有债务但取得货币余额。但在现在的讨论中,为简便起见,我们假定两个部门都处于单纯型资产—债务状况,消费者得到金融资产,企业有债务。现在我们必须分析,放宽这一假定约束之后,对金融增长会带来什么结果。

假定和第二模式一样,工商企业希望在产出增长时期得到货币余额,并且,企业部门有赤字、消费者部门有盈余条件下存在着平衡增长。这样,企业在各个时期发行初级证券不仅是为了弥补赤字,而是还是为了增加货币余额持有量。从而,平衡增长时期,发行额—收入比率比较高,乃至初级证券存量和金融资产量相对于国民收入都比较高。货币—收入比率也比较高,收入流速比较低。企业部门的混合型资产—债务状况有助于加速金融增长。

　　然后,考察消费者部门。尽管这一部门在平衡增长时期存在预算盈余,但是,它可能希望发行自己的债务以获取企业债券、货币,或者两者兼而得之。如果是这样的话,增长进程中所有初级证券的发行量就与初级证券、金融资产存量一样,相对于收入比较高。而且,因为消费者债务与企业债券不同,所以,企业想要发行债券,可能不仅是为了获取货币余额,还为了获得消费者债券。最后,如果消费者债务不是同质的,如果企业债券也不是同质的,那么,消费者和企业两个部门都可能合理地持有一些它们自己部门发行的债券。

　　要注意之点是:随着金融资产的分化,混合型资产—债务状况会有所增加。如果所有金融资产都完全同质——在非整体性经济中,实际上是不可能的——盈余单位在选择购置什么金融资产或偿还什么债务时,赤字单位在选择出售什么金融资产或承担什么债务时,都会感到没有什么差别。尽管这种情形下也可能存在混合型资产—债务状况,但是没有什么理由。各个支出单位保持单纯型资产—债务状况是完全合情合理的。但是,金融资产相互之间并不是完全的替代物。有些支出单位可能合情合理地决定保留诸如货币余额,而用发行初级证券来弥补赤字。而另一些单位可能也是合情合理地决定要积累货币而不去偿还债务。而且,正因为初级证券相互之间都是不同质的,所以,有些支出单位可能想要发行债务以便能保留某些类型的初级证券,而其他单位可能宁愿购置某些类型的初级证券而不去偿还它们自己的债务。金融资产日益多样化的结构会降低单纯型资产—债务状况的重要性；它具有加速初级证券和金融资产增长的作用。

金融增长、周期和赤字轮转

稳定或平衡增长时期，当产出增长率超过实际租金率，工商企业就有长期赤字——即增长进程各个时期都有赤字，消费者则有长期盈余。然而，当产出增长率低于实际租金率（但高于利率）时，情况就倒过来了。那时，低的产出增长率把企业净投资支出压到它们的净储蓄之下，使它们预算盈余。赤字发生在消费者部门。

必须指出，在平衡增长背景下，我们没有根据说增长率是上升还是下降。只存在着两种可能性：或者增长率高于实际租金率，或者低于它。所以，赤字轮转——即，赤字从一个部门轮转到另一部门——实际上不会发生在平衡增长中；而是发生在经济周期或者短期波动的背景之下。然而，与平衡增长中各种可能的产出增长率相伴随的不同赤字—盈余型式，很能说明"不平衡世界"发生的事情。

比如，经济活动急剧跌落时期，工商企业相对于储蓄削减了投资支出，从而可能由赤字变为盈余。同时，如果消费者不愿意放弃以往的消费水平，消费者支出就可能超出消费者收入，从而把这一部门投入赤字栏里。高涨时期，尤其是高涨迹象十分明显时，赤字—盈余"车轮"可能再一次飞快旋转，这时，消费者支出少于他们收入，企业投资支出则超过它们的储蓄。

其他部门的支出波动也可能引起赤字轮转。比如，战争时期政府支出迅速上升，经常导致政府部门的大量赤字，通常借助于直接控制手段，造成两个私人部门的盈余。因而，企业部门可能从赤字方摇摆到盈余方。当战争一结束,政府支出削减,则以前的关系趋于重新建立,于是再次出现轮转。

赤字轮转是初级证券和金融资产增长的一个障碍。一个有赤字因而有债务的部门,一旦有了盈余,就要偿还债务;一个有盈余因而积累金融资产的部门,一旦有了赤字,就要放弃金融资产。换言之,在一系列财政时期中,部门间的赤字轮转减低了它们的赤字和盈余的净额总和(即,若干时期内各部门的正数和负数的预算差额的代数总和),以至于滞缓初级证券发行和金融资产的购置。这类轮转也会降低部门间在收入的支出和收入的取得方面的专门化程度。

金融增长与国外部门

国外部门的存在,意味着国内某些部门的赤字不必用其他部门的盈余来平衡:差额是国外部门的赤字或盈余。国外部门的赤字就是国内经济在经常项目上出口大于进口的超额部分,或者说,就是它的国外净投资。国外部门的盈余是国内经济的进口大于出口的超额部分,或者说,就是它的国外净负投资。

国外部门有赤字时,国内部门发行的初级证券少于国内部门金融资产的增加额——相差的就是来自国外部门的黄金和金融资产。也就是说,国内部门增加的金融资产数额不仅等于该社会发行的初级证券,而且还要加上从国外部门获得的金融资产。当国外部门有盈余时,国内部门发行的初级证券超过其金融资产的增加额,超过额即为国外部门从国内经济购置的金融资产——即,在国外出售的证券、黄金的数额。

初级证券的差别化

第二种模型只有一种形式的初级证券,即同质的企业债券。但在讨论金融增长时,我们引出了其他形式的初级证券——消费者债务、政府债务以及国外证券。假定其他情况相同,有种类繁多的证券的经济与只有一种同质的企业债券的经济相比较,其对货币的需求会有所不同。第5章就将讨论这一点。为以后的讨论作准备,将说明证券的差异如何纳入我们的分析,并指出这种差异在历史上、制度上某些方面的情况。

证券差别化的原因

初级证券各不相同:每个借款人的发行都不同于其他借款人的发行,没有两个借款人能对贷款人作出履行贷款契约的同样程度的保证。同一个借款人的多次发行必然也是不同的"产品",因为第一次发行,不同于第二次发行,还不受针对借款人偿债资金来源的现存债权的影响。

初级证券市场生来就是不完全竞争市场,它们是分隔开来的市场。在各部分内部和各部分之间,人们可以找到能说明不完全竞争的标志。在短期内许多利率是缺乏弹性的,对资金的超额需求暂时通过限额办法、附属担保品规定的变动、或者调整价格之外的其他交易条件来解决。证券市场上的讨价还价势力相差悬殊,所以很容易发现卖主或买主垄断、卖主或买主寡头的迹象。

　　各个支出单位使初级证券多样化。它们既发行债券又发行股票,发行不同期限的债券和不同所有权的股票,等等。这种多样化的最终动机与持有货币的动机基本上是一样的,即建立一条防线以应付储蓄与投资专门化中的风险。这些风险可分为一般的和具体的两种。

　　各支出单位,不论债务人或债权人,都受到总量增长方面的一般风险的影响。产出增长率和就业未能预知的变动,会使每个人都进入一种无法预知的债务—财富或资产—收入状况。财富和收入分配的未知变动会改变每个人的债务积累或资产积累的目标。不管是商品市场还是初级证券市场的价格水平的未知变动,对基于各种价格水平预测作出的决策,或造成暴利,或形成损失。投资者本已使其债务负担与实际财富及其收益之间的关系达到他们希冀的状况,但如今失去了平衡。储蓄者本已使其金融资产与收入之间的关系达到他所需要的状况,如今被迫重估财务计划,改变原来选定的金融积累率。对总量增长状况判断失误的最大惩罚,对于债务人是破产,对于债权人则是储蓄起来的净额财富的消失。

　　各个支出单位还受具体风险的影响,这些风险可能使债务人对债务负担的估计或债权人对金融资产实际价值的预测变得不可信。实际增长的影响力并非在社会上均匀分布的,那些陷在停滞部门的债权人或债务人,或者那些步伐过大超过一般速度的债权人或债务人都可能遭到严厉惩罚,或者是金融资产的实际价值贬损,或者是债务实际价值上升。

　　借款人初级发行的多样化和贷款人金融资产的多样化是应付这些一般的和具体的风险的一道防线。在资金流动和物价变化莫测的世界里,积累存量的任何人,在一定程度上可以用存量——债务、金融资产或有形资产的存量——的多样化来保护自己。对国内各种债权债务的存量不加区分,只着重于资金流动和物价,这样的经济分析看不到支出单位尽量减少资产债务风险的努力对资金流动与物价的影响。

如果对证券分化作形式上的分析,可以设想每个债务人用自己不同程度的细致方法,努力使证券发行多样化以尽量降低债务负担的"负效用函数"。在债务负担各个水平上,他掭和各种证券发行,以求尽量降低他面临的一般和具体风险所带来的实际费用和损失的预期值。大多数债务人终于认识到,一定数额的净债务(即,毛债务额减去金融资产)的负效用,不仅可以通过发行各种形式的债务来减轻,亦可通过为购置一些金融资产的目的而发行一些债务来减轻。那就是说,为尽量减低既定的净债务状况的风险,他们的资产平衡表上呈现混合型资产—债务状况,即有一些债务,也有一些金融资产。

也可设想,每个贷款人多多少少都是仔细地和理性地试图选择一种资产组合,以尽量增大其金融资产的"效用函数"。在资产净额(即资产总额减去债务)既定的情况下,他的目标是达到最大的预期净收益。适合其要求的金融资产构成究竟为何,部分取决于哪些资产是可以得到的和它们的相对价格又如何,取决于这些资产在应付未来赤字中实际变现性的预期范围,以及贷款人自己甘冒风险或逃避风险的情绪上的偏向。

在任何债务水平上,债务人的混合债务会在不同程度上阻止他从事新的投资,而鼓励他进行储蓄——更多地依赖内部融资,少依赖外部融资。在任何相对于收入的金融资产水平上,债务人可以依据其混合的金融资产来调整他的资产积累目标,或判断一个既定目标是过高、正好还是已被超越。当可供选择的债务混合的进一步变动不会刺激债务人相对于储蓄的投资,则债务人在利率既定的条件下已使债务的负效用达到最低了。当资产混合的进一步变动不会提高债权人的积累目标或使之更接近既定目标时,则债权人在各种选择的利率既定的条件下已实现了金融资产效用最大化。在实物、资金资源和收入、财富分配既定的条件下,当现存各种证券相对利率的进一步变动不再改变投资对收入的比例时,可以想到那就是社会上最佳的证券混合结构。那时,与储蓄投资之间分工一起存在的风险所造成的对增长的约束,就最大可能地缩小了。

任何时候,只要证券存量一定,债务人和债权人为达到他们所偏爱的债务和资产结构的协调一致而进行的讨价还价,就只反映在利率结构上。随着时间推移,债务人和债权人的相互适应性就不仅表现在利率上,而且还表现在发行型式和积累证券的型式上。这个适应过程永不会完成。这是因为,随着对风险的重新评价、证券投资规模的增大、债务和资产的新型式可供采纳,各个支出单位就会改变各自资产—债务的效用函数。另一个原因是,在效用函数不同的各支出单位之间,赤字和盈余的分布一直在发生变动。排在借款人前列的,时而是消费者,时而是企业,时而是政府或国外部门。这些部门在初级证券总发行量中轮流占据支配地位。

随着赤字和盈余在社会上轮转变动,会产生新的最佳债务、资产混合结构,这不仅因为支出单位之间资产—债务效用函数不同,而且还因为各种债务人不可能运用一切种类的证券,各种债权人也不可能得到一切种类的资产。佃农无法发行商业票据,农场主无法发行公司债券,工商企业也无法发行国库券。在债权人方面,一位州政府司库不可能去购买应收账户,制造业公司也很少投资于小额房产抵押贷款。随着赤字和盈余在这些或其他部门轮转变动,资产债务的最佳型式也必须改变,因为资产—债务契约要适应于财富种类和数量、收入的水平和稳定性以及在证券市场上活跃的部门的其他特征。

简言之,可以用一个共同的道理去解释对货币的需求,对其他金融资产的多样化需求,各种有差别的初级证券的提供,以及对混合型资产—债务状况的需求。这些都是在一个储蓄投资间分工形成债权债务存量的社会中,支出单位避免风险的策略。货币系统通过供应货币以满足多样化要求,从而减轻了经济增长的风险负担。公债管理机构以提供短期库券的办法来减少资产积累的风险,或以提供长期债券的方式来加重资产积累的风险,从而来控制增长的势头。政府对初级证券的保证和保险减少了私人在积累债务和资产时的风险。

历史—制度方面的情况

现在分析历史上和制度上证券差别化的一些例子。在现实世界中,存在着形形色色的初级证券——短期债券、长期债券、股票、抵押凭证等等。五个经济部门中的每一个——消费者、非金融性公司企业、联邦政府、州和地方政府以及国外——都发行一种或多种证券。所有部门都发行这种或那种形式的短期债券;例如,消费者债券、商业债券和国库券。除消费者外,所有部门都发行长期债券。股票主要来自国内和国外的公司企业。抵押债务基本上是消费者抵押凭证,但也有企业抵押债务。各种形式债务的相对重要性随时间而变化显著。

初级证券的构成随各时期实际经济活动的速度和结构的变化而变化;所谓时期,既可以是整整一个世纪,也可以是一年中的某个季度。有几十年,政府机构可能在经济活动中发挥了很大的作用,以致联邦、州和地方政府在证券市场的发行中占了主导地位。在其他很长时期中,公司企业部门可能借得最大份额的可贷资金,以致公司债券、股票和短期企业债券占了优先地位。在建筑业周期的上升阶段,抵押债务大量发行,而当建筑活动落入低潮,抵押活动便趋于干涸。

在经济周期的较短时期中,初级证券构成的变动似乎颇有规则。在复苏的初期阶段,证券发行流量大多是企业短期借款,长期证券发行以债券为主,而不是股票。在上升的后期阶段,公司债券发行量可能下降,而股票大量出现。衰退和萧条时期,私人短期债券发行最少;长期债券筹资变得更吸引人;而联邦政府在证券市场上往往追随州和地方政府之后。战争与和平的间歇中,外国净投资期与负投资期之间,也都会发生初级证券构成的变动。

实际产出总量构成和实际收入总额分配的每一项变动,都会引起初级证券发行结构发生相应的变动。证券市场分成若干部门,与商品市场的部门会有相同的边界。确实,离开实际经济发展的来龙去脉,金融发展是难以被理解的。商品市场和证券(包括货币)市场同时都是媒介体,支出单位通过这些媒介体来寻求收入与支出、净值与财富的最佳调整。对本期产出品的超额需求,不论是正数还是负数,必定就是对证券的超额供应,而上述超额需求在部门间的分布部分地决定了将发行的初级证券的类型。实际经济与金融同属一个世界。

金融手段的发展也会影响初级发行的构成。在不发达社会,可贷资金的交易是在极不完善的市场里由最终贷款人与最终借款人面对面的磋商完成的。在较成熟的社会里,这种分割成细小部分的市场上的个人贷款只是全部发行量的较小部分。金融技术的发展创造了替代面对面贷款的方法,从而借款人和贷款人或者双方都能从可贷资金的交易中获得利益。

金融手段主要有两种。分配手段提高市场效率,在这个市场上,最终借款人出售、最终贷款人购买初级证券。中介手段把金融机构带进初级证券的买卖中,并在最终贷款人的资产构成里用间接金融资产替代初级证券。在决定初级证券的结构时,两种手段都发挥重要作用。

分配手段包括向借款人报告关于贷款人资产偏好的信息,向贷款人报告关于借款人发行证券的信息。其中包括能克服地域市场障碍的广泛的通讯网络。为迅速签约与结算贷款交易服务的证券交易所,使证券市场愈加类似于竞争性的商品交易所。其他人所周知的分配手段,包括证券经纪商、对新证券的市场支持与时机安排、证券交易商存货、期货及即期交易等便利设施。

分配手段提高了进入证券市场的自由度。它们有助于打碎广度非常有限的"顾客市场",而代之以"开放"市场,在这样的市场上,借款人、贷款人或借贷双方,就单个人说,对整个市场的交易量都是相对很不重要的。它们促进证券价格的弹性;它们使供求对价格变动能作出更多的反应。简言之,它们增强了证券市场的竞争性并使各类证券发行趋于标准化。

分配手段在扩展证券市场方面的效果是，使各借款人和贷款人能比以前得到更大程度上的债务或金融资产多样化。结果，证券的差别缩小了，但各支出单位得到了更大范围的借贷选择。如果只想投资于初级证券，各最终贷款人也可以把他的购置金融资产的预算扩展到比在地方市场所能得到的更多的债权种类上。他可以得到不同程度的流动性、安全性、价格上升前景、或参与管理甚至免税。他从"消费"于初级证券上的边际美元价值中，获得丰富的实际利益。有效的分配手段有助于降低投资人对某些初级证券替代品如货币的或非货币的对中介机构的债权的需求。尤其是，有效的分配手段有助于降低对货币的需求。

由此可见，有效的分配手段增加了可贷资金的市场广度，结果提高了资金分配的效率。它们向各储蓄者提供资产多样化的机会，从而增加了既定数量下净金融资产的边际实际报酬。但是它们也有显而易见的缺点。因为它们依赖于规模经济，分配手段对初级证券的大规模发行者与小规模发行者、成熟行业的借款人与边缘发展行业的借款人、初级证券的大规模购置者与小规模购置者并非提供相等的利益。而且，开放市场上有助于可贷资金较有效配置的价格弹性，也使这些市场较易于受看涨看跌浪潮的影响，这种浪潮会使稳定的实际经济增长受阻。对资产持有人来说，价格的易于变动增加了市场损失的风险。分配手段向仅投资于初级证券的储蓄者提供了资产多样化的机会，从而减少了对货币和货币替代品的需求，但与此同时，也在资产持有的其他风险上又加上了市场损失的危险，从而刺激了对间接金融资产的需求。

金融中介的发展对于初级证券构成也有深远影响。总起来看,结果是形成更为同质的债务结构、更富竞争性的市场、更大的利率弹性。中介机构发现和开拓了消费者信用和抵押信用、农场主贷款、商业票据以及其他形式初级证券的规模经济。它们能够把小额借款人发行的异质证券转化成同质的、标准的证券,并且可以在借款人所在地区市场之外销售。中介机构还能够在不同证券市场间作相当规模的套利活动,从而导致初级证券和利率的地区差异显著减小。利用规模经济和套利机会,中介机构就能够在向初级借款人收取既定利息成本水平的同时,为它们自己的债务人增加报酬,并提高自己债务的吸引力。

分配手段与中介手段有助于在各种形式证券的内部产生同质性。但是,不论初级证券的种类组成如何,也总是要求某些证券市场和中介机构而不是其他的证券市场和中间机构发展和成长;因此,同样可以看到分配和中介的结构也要适应证券的发行状况。初级证券构成与分配和中介的市场,双方相互适应。

例如,南北战争和两次世界大战时期,美国政府债券居全部初级发行的支配地位,这些债券的分配手段也发展很快。公司股票和债券的分配手段主要是在19世纪后叶这些证券大量发行时才得以完善的。在初级证券的一定构成条件下,某些中介机构的环境有利而其他机构则不利。19世纪80年代住宅建设高涨时期,储蓄贷款协会发展特别迅猛,发行了大量的抵押贷款。出于同样缘故,第一次世界大战之前、20世纪20年代以及现在的战后阶段,它再度处于领先地位。而在这些高速增长阶段的空隙中,这些协会与建筑活动一起萎靡不振。互助储蓄银行在较小程度上也有非常相同的表现。一次大战前的十年中，消费者债务大幅度增加，这成为为消费者服务的中介机构——信贷协会、销售金融公司和个人贷款公司——应运而生的强大动力。近来随着消费者分期付款债务的大量增加，销售金融公司表现出特别快的增长率。20年代和50年代，当公司股票大量发行，市场活动特别有利于这种初级证券时，投资公司独占鳌头。1915年以后，政府贷款机构蓬勃发展，为农业抵押债务提供中介业务，就在这时期农业抵押票据攀到高峰。

证券差别化与对货币的需求

一个社会中各经济单位在收入的支出和取得、储蓄和投资诸方面有专业分工，那么，债务和金融资产的积聚就是该社会一个必不可少的部分。但是，这种积聚使支出单位在产出和收入的增长与分配的不稳定性以及在劳力、商品和债券价格的波动性上又增加了脆弱性。应该使债务负担最小化，使资产安全。

初级证券差别化是赤字支出者对付债务负担的一道防线。对各债务人来说，把他的全部发行分散于他可采取的各种形式里，以使所有发行的债务负担的边际增量相同，这大概是明智的。金融资产多样化是储蓄者对付资产实际价值下降的一道防线，我们假定，各储蓄者把他的资产分散在能得到的各种资产上，以致在考虑到风险后，所有资产的边际收益都是相同。尽管借贷双方的谈判是在不完善竞争市场上，但趋向于某个限度，即各种金融资产的相对贷款条件既反映债务人边际债务负担，又反映债权人的预期边际收益。

储蓄者所持有的证券中，货币没有其他资产的一些风险，但货币并非毫无风险。持有货币余额,使债务人负债的一些风险得以消除,并减轻任何实际资本和外部筹资水平上的边际债务负担。货币系统通过供应名义货币,可以为经济增长新的融资活动减少累积的债务和资产负担。在一个货币不是中性的世界里,名义货币扩张通过利率和实际储蓄投资的速度,使过去对现在的束缚得以松懈,并能自己解决问题。

如果不扩张名义货币,也可以增加实际货币量,即价格水平下降可以"创造"实际货币。但是,在降低价格创造货币和货币系统创造货币之间的选择,通常有实质性的内容。后者在利率既定情况下满足货币需求多样化要求,当然前者也可能做到这点。但是,当货币不是中性时,也许倾向于选择货币的名义增长,这不仅是出于短期考虑的缘故,而且还因为从长远来看,货币的名义增长会影响支出单位金融资产的实际构成。

下一章讨论初级证券差别化对每个金融资产持有者对货币的需求的影响,不管他总算起来是债务人还是债权人。第6章将讨论间接债券差别化对货币需求的影响。在增长过程中,经济制度一直在摸索如何缓和风险对一些部门储蓄和另一些部门投资的限制性影响。货币扩张是一个办法;初级证券差别化是另一个办法;非货币中介机构的差别化和扩张是第三个办法。此外还有其他办法,包括公债管理、债务保险和保证及税收措施等。

小结

在我们的第二种经济模型中,私人部门的实际金融资产和实际负债持有量随实际产出而增长。当产出增长时期价格水平稳定,金融资产和初级债务的名义数量也扩大。本章集中于金融资产和初级债务增长的决定因素。既考察金融增长的数量也考察金融资产差别的发展。

首先,假定在物价稳定的经济里存在平衡增长,而且只有消费者取得金融资产。在各个财政时期,企业发行的初级证券相等于消费者得到的金融资产(债券和货币)。平衡增长时期,初级证券发行量(或金融资产累积量)与国民收入的比率取决于两个私人部门之间的支出分配与收入分配的对比。部门之间对收入的支出和取得——储蓄和投资——的专门化程度,这样或那样地依赖于第二经济中的所有变量和相互关系。

但是,发行额—收入比率可与四个变量相关联:产出的平衡增长率、实际租金率、资本—产出比率以及企业债券利率。假定产出增长率高于实际租金率,后者又超过利率,那么,平衡增长时期产出增长率水平较高,资本—产出比率较高,利率较高,则发行额—收入比率也较高。然而,实际租金率水平较高时,发行额—收入比率较低。因为初级证券发行相等于消费者积累的金融资产,所以,这些关系也适用于消费者得到的金融资产与国民收入的比率。

平衡增长过程中的任何时候,初级证券的存量都是过去初级证券发行的累积额。这个存量对国民收入的比率等于 $\frac{1}{n}$ 乘发行额—收入比率,这里 n 是产出的平衡增长率。决定发行额—收入比率的因素,也决定初级证券存量对国民收入的比率。提高前者的因素,也提高后者。平衡增长时期,两个比率都为常数。

　　但是,当增长过程以初级证券存量和金融资产为零(或相对很小)发轫时,两个比率在产出增长时期先是上升,其后最终滞留在较高的稳定水平。也就是说,初级证券的发行量和这些证券的存量相对于国民收入迅速地增加起来,但最终建立起稳定的关系。如果消费者希望在产出增长时期保持固定比例的货币余额作为金融资产,那么,货币对国民收入的比率在增长的初期阶段攀高,然后最终趋于平稳。

　　我们曾假定各部门有单纯型资产—债务状况——或者持债,或者持金融资产,不兼持两者。但金融资产日益多样化的结构会降低这种状况的可能性;各部门同时既负债,又持有金融资产,从而出现一个混合型资产—债务状况,这对于各部门来说日益合理。结果,在各种国民收入水平上,金融资产差异的发展有助于壮大初级证券发行和金融资产获取的规模。

　　到这点为止,我们还是假定产出是稳定地增长。但是,当国民产出受周期波动影响时,预算赤字和盈余趋向于在各支出单位部门间轮转,各部门一时有盈余,随后又有赤字。赤字轮转妨碍了初级证券和金融资产的增长,因为它在连续的财政时期内降低了各部门在收入的支出和取得方面的专业化程度。

　　支出单位在收入的支出和取得、储蓄和投资方面实现专业分工的经济里,债务和金融资产的积聚是必不可少的。但是,这种积聚在产出和收入的增长与分配的不稳定性以及劳力、当期产出、债务的价格的不稳定中,增大了支出单位的脆弱性。从这个观点看,借款人使初级证券有差异、贷款人使持有的金融资产多样化,都是合情合理的。在储蓄和投资间存在分工的社会里,这两者都是避免风险的策略。

　　实际经济活动的速度和型式在长至一个世纪短到一个季度的时期中都发生变化，初级证券构成也随之变化。初级证券构成还受金融技术发展——分配和中介手段的发展——的影响。前者提高初级证券买卖市场的效率。后者把初级证券挤出市场而代之以间接证券。尽管这些手段在初级证券的各大类内产生同质性，但是，它们使各支出单位得以进行更大范围的借贷选择。

5

复杂金融结构中的货币

这一章里，我们回到货币市场——回到货币需求、货币存量、货币均衡以及货币政策。自从我们上次涉足这一市场以来，第四章的分析已经为研究货币提供了一个比较现实的背景，指出了增长进程包含支出单位对初级证券和金融资产的积累。这种金融积累是沿着一条与实际收入和有形财富增长趋势相关的路线前进的，不仅是金融规模增长，而且债务和资产的性质也日益复杂多样化。现在我们要在非货币的金融发展这一背景之下探索货币增长问题。

货币系统仍然是政府政策局和银行局。银行局根据来自政策局的指令操纵名义货币量。在大部分情况下，银行局通过公开市场上初级证券业务来改变名义货币量，但是，我们将简略地考察一下如果银行局可用货币发行来弥补政府赤字的结果。货币创造出来就被消费者和企业作为金融资产所吸收，从而满足他们在充满危险的世界里预防风险的需求。在一个趋向成熟的经济中，金融发展引发消费者和企业对货币的需求的增长，因为货币是多样化金融资产中的一个组成部分。政策局对各种满足货币需求增长的途径的选择,会影响实际收入和财富增长的轮廓。

下面第一节回顾第 3 章中关于"内在"货币与"外在"货币——以银行局资产中私人国内初级债务为基础所创造的货币和以消费者和企业对政府和国外部门净债权为基础所创造的货币——之间的区别。常常有人认为,内在货币和其他与私人国内债务相对应的金融资产都可以与它们的对应物合并起来因而互相抵消,在总量分析中不必考虑也不影响分析结果。我们认为金融分析不能仅仅囿于浓缩后剩下的对外的债权,这一节的目的就是解释我们的理由。

其后四节中要论述当经济中只有一种非货币的金融资产时的货币需求的理论,存在多种初级证券时必要的修正,存在多种证券时货币政策对实际经济变量的影响,以及过去一个多世纪影响我国货币—收入比率的若干因素。最后一节讨论,作为满足对货币的实际需求增长的一个手段,扩张名义货币还是降低价格,何者为宜。

货币和金融:两种不同的分析方法

货币理论的一种分析方法是,在集中力量分析货币市场供求之前舍象掉所有私人国内债权和债务。这是"净额货币论"。另一种分析方法——我们运用的——避免金融账户上的这种归并。可称之为"总额货币论"。二者以不同方式计算货币存量。这是下面要讨论的第一点。这两种方法在衡量对货币的需求时也不一致。这是提出的第二个课题。最后将解释按照净额货币论进行金融分析，必将有什么含意；并指出在说明货币市场的行为时为什么采用总额货币论而不采用净额货币论。

货币存量

我们把劳务、当期产出和初级证券市场上普遍接受为支付工具的货币系统任何债务都视作货币。例如，我们认为美国的名义货币量是，支出单位持有的通货加上可开取支票的活期存款，剔除虽已开出但尚未从存款账户付款的支票。[①]

净额货币论在较窄范围计量货币。以表 5.1 中合并的部分资产负债表为例，我们说货币存量为 200，其中活期存款 170，通货 30，它们为货币系统所欠、私人国内部门所拥有。货币总额 200 中包括：内在货币 120，以货币系统金融资产中私人国内初级证券为基础；外在货币 80，以货币系统持有的黄金、外国债券和政府债券为基础。净额货币论只承认外在货币 80，把内在货币与其所对应的私人国内初级债务合并计算因而抵消了。

由此，从表 5.1，可以用下列两种方法计量外在货币：
(1) 外在货币余额＝货币总额－货币系统的私人国内初级证券

$$(80)=(200)-(120)$$

或者

---

① 人们还运用各种别的衡量货币的方法。有些范围比我们的要广泛，实际上是把任何冠有"存款"名称的间接金融资产都计入货币存量，包括商业银行的定期和活期存款，互助储蓄银行的存款和邮政储蓄存款。这样计入货币的各项目，在第 6 章中将视作货币替代品进行考察。

(2) 外在货币余额＝货币系统的黄金＋货币系统的外国债券
　　　　　　＋货币系统的政府债券

$$(80)＝(20)＋(10)＋(50)$$

　　根据净额货币论，一部分外在货币余额是私人国内经济中积累的储蓄额超过私人国内对有形资产的累积投资额的差额，另一部分是外在部门——政府和外国——发行的债券。参考表 5.1 可知，私人国内经济的金融资产净额由外在货币余额(80)、外国债券(20)和政府债券(30)组成。合并计算使所有私人国内金融资产消失，私人国内初级债务也相应抵消。合并之后，社会的资产平衡表就如表 5.2 所示。

表 5.1　货币系统和私人国内经济合并的部分资产平衡表

货币系统		私人国内经济	
资　产	负　债	资　产	负　债
黄金　　　　20	活期存款　170	货币　　　　200	初级债务　170
外国债券　　10	通货　　　　30	外国债券　　20	非货币间
政府债券　　50		政府债券　　30	接债务　　40
私人国内初级证券　120		私人国内初级证券　50	
		非货币的间接金融资产　40	

表 5.2　根据净额货币论合并的部分资产平衡表

货币系统		私人国内经济	
资　产	负　债	资　产	负　债
黄金　　　　20	外在货币　80	外在货币　80	
外国债券　　10		外国债券　20	
政府债券　　50		政府债券　30	

当净额货币论合并私人国内账户,却没有毫无保留地把合并贯彻下去,而是保留了一个截留下来的"外在"部门;这里"外在"即解释为既包括政府,又包括真正在政治疆界另一边的经济社会。当然,它必须这样做方能避免完全回复到物物交换社会的经济分析中去,在那里既无货币亦无对货币的需求,既无债券又无对债券的需求。但是,如果会有金融市场的话,必然有人不在合并过程之中。在完全的合并过程中,所有金融资产和债务都抵消了,因而金融领域也就没有什么可以分析的了。

货币需求

净额货币论用一种方法衡量货币存量,我们用另一方法。净额货币论对货币需求函数也作了扭曲的解释。它会认为,对货币的实际需求依赖于实际收入、包括私人部门持有的外在债券和外在货币在内的实际财富的数量和收益、以及债券利率。它会否认对货币的实际总需求取决于私人国内证券的积累。短期除外,这些证券存量的增长被认为与对货币的总需求不相干,正如把货币系统中这些证券持有量的增长看作与(外在)货币存量不相干一样。

另一种分析方法是用总量来计量货币存量,既包括内在货币,也包括外在货币,并且把对货币的需求看作对现存全部内在和外在货币合在一起的需求。在需求的决定因素中,既有储蓄者的私人国内初级证券资产,又有投资者的初级债务。

在第 3 章的基本模型中,不存在外在货币和外在证券——只有内在货币和私人国内初级证券(企业债券)。在这情形中,我们说过,支出单位的对货币的实际需求取决于它们的金融资产——分为货币和企业债券——的实际持有量、实际收入水平、债券利率、实际租金率以及投资者初级债务与它们有形资产的关系（债务负担）。可是，在同样情形中，净额货币论就要从货币需求函数中删去所有金融变量，把债务与支出单位和银行局持有的债券合并计算而抵消。照净额货币论看来，这种经济是没有货币和没有债券的经济。只是有形财富、收入、租金率和利率等实际变量仍然保留在需求函数中。然而，必须指出，总额货币论和净额货币论都把实际外在货币和实际外在债券——如果它们存在——包括在货币需求函数中，把它们计作社会财富的一个部分。

如果不是对增长时期的均衡作分析而仅仅是对短期的分析，净额货币论也不应合并内部债权和债务。在短期内，某一个或所有市场上的实际总需求会因私人国内债权人和债务人之间此长彼落的收入和财富的意外损益而受到影响。比如，价格水平的变动可能会对实际需求发生分配效应；它不对称地影响债权人和债务人，从而可能把实际需求暂时推离原来的长期趋势。但是，净额货币论强行采用新古典主义的规则，认为经济会及时地消除与私人国内债务人—债权人关系相关联的分配效应。长期中的假设是，债务对实际需求的负效应与债权人地位上的正效应正相抵消。

在净额货币论中，存在着私人国内证券市场，这市场的利率确实进入所有总需求函数。这项利率的任何上升都会降低对货币的需求，任何下降都会提高对货币的需求。在解释总量行为时，删去了私人国内债券本身的因素，但是，这些债券的市场价格被看作是一个实际经济现象，可能影响所有市场上行为的一种相对价格。

净额货币论的含义

净额货币论对于金融分析来说是含义深远的。包括公司股票在内的初级证券，只是在支出单位之间对私人国内经济的实际财富净值进行分配的工具。这些证券使一系列支出单位得以积累实际财富，使另一系列支出单位得以积累储蓄。但是，它们不改变实际财富总量。净额货币论认为，决定各种市场包括货币市场上实际需求的，是私人国内经济的实际财富总量，而不是其中的大量股票。由此得出结论，为分析市场行为，私人国内债务与对应的货币和非货币形式的私人国内金融资产互相抵消。可是，政府债务和政府债务管理确实是影响市场行为的。但是，根据这种论点，私人国内债务的数量和质量变化与总量分析无关。

在净额货币分析中，金融机构就像变魔术似地失踪了。储蓄贷款协会的股份与该协会的借款者的抵押债务抵消了。保险公司的保险储备金与公司资产中的诸如企业债券相抵消。商业银行中大部分活期和定期存款与银行在诸如市政债券、工商企业定期贷款及消费信贷等国内证券上的投资相抵消。在所有的金融和金融机构的虚空物体中，互相抵消后剩下的只是有实际经济内容的东西——与政府债务和其他外在债务相对应的净额资产。由此推论，我们把初级证券和金融机构的增长强调为实际增长的重要方面的观点，就会被说成是一种近视病，分不清金融虚空现象和它所掩盖着的经济现实。

净额货币与总额货币之间的选择

总额货币论可以作何种回答？它得出的结论是，应该把货币放在一个分成部门的社会环境中进行研究,分立是货币理论的本质。货币的供应和需求只是在一个分部门的社会中才发生。它是协调支出单位活动的许许多多现象中的一个金融现象。它是各个独立支出单位间交往的工具,也是各个支出单位在一个风险四伏的世界中自我保护的一个手段。把支出单位合并成铁板一块,其结果必然是从总量经济分析中撤去了货币,也撤去了其他金融现象。

如果把合并推到极端,那么,所有市场都会消失,经济学也就变成鲁宾逊·克鲁索的个人账户的研究了。合并可能无需达到这一极限而采取以物易物的形式,在这样的社会里,支出单位之间的协调几乎如同它们是单个人一样的有效,无形之手操纵相对价格有效地配置资源和分配产品。但这就是萨伊法则的世界,在那里,对货币的超额需求恒等于零,对货币的绝对需求或者货币余额存量都是无法理解的。净额货币论并没有把所有支出单位都熔化为一。它也不是萨伊法则的翻版。但是,它相当接近于合并的上述极限。

反对净额货币论的第一个理由是,它随心所欲地合并和拆散社会账户;它占据了总额货币与无货币之间的一片荒唐的无人区。它分析总量行为时,默认一个私人国内证券市场的存在,并且保留了该市场的价格——债券利率。但是,它撤除了债券市场上根据债券利率交易的债券。也就是说,为了消除借款人和贷款人的债权债务,便把他们合并起来;为了让他们对这些不复存在的债券的价格争论不休,又把他们拆散开来。

净额货币论合并了私人国内支出单位,从而消除了它们的债务人—债权人关系。但是,随后它就转了180度的弯子,又把它们拆散以便合理地说明它们对货币的需求。净额货币论实际上是在说,鲁宾逊·克鲁索不可能向自己借款,对自己贷款,或者建立一家银行去购买自己开出的期票并向自己发行货币。但是,"克鲁"可能对"索"在各种市场上的行为吃不准,以致他希望有一定量的保护性货币余额。他可能会决定持有货币,因为他担心"索"会压低债券——它的存量为零——价格。他决定持有货币或者是因为他与"索"没有安排好在他们市场交易的收支中保持准确的一致性。"克鲁"和"索"有他们各自不同的想法——但只是在部分时候。

净额货币论的合并很足以消除一种金融资产。但既承认了对货币的需求,则它决不能使合并达到这样的程度,以致消除一切金融资产——因为货币存量必须存在。可见,净额货币论是让一个外部部门免于合并。这个外部部门——政府、国外经济,甚至于一个"舞台上神仙般的人物"——会向国内经济借款,以货币和非货币形式的证券证实这种借款。净额货币论无法回避这一基本原理。某种程度的经济分散是对货币的需求和货币存量的前提条件。但是,正如上述,净额货币论似乎是总额货币和无货币这两个极端之间的一个矛盾的折衷物。

上面说过,净额货币论把所有私人国内债务与它的货币形式和非货币形式的对应物抵消掉,从而,当一个经济社会没有外在货币或"外国"证券时,这个经济就变成没有货币和没有债券了。实际上这是一个物物交换的社会,不存在确定的价格水平。我们第二个反对意见,与这一结论有关。在第三章里,对这一点已经给予一定的注意。①我们论证过,即使在

---

① 见前文。

长期范围内，即使在新古典主义分析的基本原则之下，一个只有内在货币和私人国内初级债务的经济，也是一个有确定的价格水平、对货币的实际总需求和实际货币存量的货币经济。这样一种经济肯定不是一个实物交换的体系，所以把内在货币与私人国内初级债务合并是歪曲了行为型式。

为证明在这种经济中，名义内在货币既定，便存在一个确定的价格水平，我们可以再次作如下表述。假定所有市场最初处于均衡状态，然后使商品价格、货币工资率和名义债券扩大一倍，而名义货币量保持不变。这将使企业实际初级债务保持不变。但是，由于私人支出单位持有的金融资产中既有货币又有初级证券，也由于名义货币量不变，因此，它们资产中债券的实际价值将上升，货币的实际价值将下降。结果是在新的价格水平和最初利率上，创造出对货币的超额需求和债券的超额供应。①债券利率随债券的超额供应而上升，同时物价任意上涨；对此，经济体系肯定会抗拒，而且肯定恢复价格水平和利率最初的状态。只有一个价格水平是与普遍均衡相一致的。内在货币是私人部门对货币系统的债权，而私人部门对此的需求以实际价值量计算应被认为适合于它们自己资产构成均衡的要求。

---

① 如果名义货币量不变，货币创造机构的名义负债必然不变，这意味着它以名义初级证券为形式的资产也必然不变。这表明初级证券名义量的增量全部都集中于货币持有部门。由此可见，如果企业名义债务起初是 100，其中银行系统持有 30，消费者持有 70，随后总量达到 200 时，银行系统持有量仍为 30，消费者持有量必然从 70 上升到 170，它超过了价格水平的上升。

　　同样是解释上述关于价格水平的问题,净额货币论会认为,私人部门对货币系统的债权的实际价值降低了,私人部门对货币系统的债务也同样程度降低了,因而私人部门的实际净财富不受影响。由此可得出,价格水平变动对劳务、当期产出和债券的市场不会有任何实际影响,所以任何价格水平都可以与一般均衡相协调一致。因此,我们的经济便是物物交换经济而不是货币经济。

　　净额货币论没有看到的正是,私人债务人对于他们的债券在私人债权人和货币系统之间的分布是不在乎的,而私人债权人对他们资产在债券和货币之间的分布却不是漠不关心的。净额货币论忽视了金融资产构成均衡对实际经济行为的关系。

　　我们对净额货币论的第二条反对意见涉及它认为所有金融资产都是内在货币时价格水平便不确定的观点。我们第三项异议是针对净额货币论关于在新古典主义体系内,内在货币的名义量变动在长期内不可能影响经济的实际变量这一观点。第二项异议与价格水平的确定性有关,而第三项则与货币的中性问题有关。

　　我们在以前第 3 章中已经讨论过中性问题①。在那里,我们论证了,当存在内在货币与外在货币的组合时,内在货币的名义变动对经济有实际的影响。另一方面,在第 2 章和第 3 章的模型之内,如果经济中只有内在货币或只有外在货币,则名义货币变动不具实际影响。可见,净额货币论剔除了内在货币(和债务),即错过了内在货币和外在货币的组合中产

---

①　见前文。

生的对实际行为的影响。

　　这可以阐明如下。假定最初均衡状态下,私人国内支出单位的综合性资金状况如表 5.3 中资产负债平衡表 A 所示。全部货币存量都是外在货币,并且所有初级债务都在支出单位持有的金融资产之中。货币系统现在完全通过在公开市场购买私人国内初级债务使名义货币量扩大一倍。这把平衡表 A 转变为表中 5.3 也表示出来的资产负债平衡表 B。

表 5.3　　　　私人国内支出单位的综合资产负债表

资产负债表 A			
资　　产		负　　债	
外在货币	20	私人国内初级证券	50
私人国内初级证券	50	净值	45
资本货物	25		

资产负债表 B			
资　　产		负　　债	
外在货币	20	私人国内初级证券	50
内在货币	20	净值	45
私人国内初级证券	30		
资本货物	25		

资产负债表 C			
资　　产		负　　债	
外在货币	20	私人国内初级证券	100
内在货币	20	净值	70
私人国内初级证券	80		
资本货物	50		

　　公开市场购买业务的第一个结果是,债权人支出单位减少了初级证券持有量,增加了货币余额;货币中介过程改变了

债权人资产的结构。债务人支出单位则保持和原先同样的状况,有初级债务 50。初级证券向货币系统的转移不会影响债务人的实际需求。但是,对债权人的实际需求发生了作用,债权人的金融资产中初级证券少了,而货币多了。由于内在货币一定是外在货币的完全替代物,因此,在最初价格水平和利率既定条件下,现在债权人有了超额的货币存量。创造内在货币,引起超额货币存量以及劳务、当期产出和债券市场上的超额需求。

按照货币数量论,上述情形最终就会使商品价格、货币工资率和名义初级证券的水平提高一倍——利率不变——达到新的均衡。资产负债表 C 表示了货币数量论的答案。名义初级债务从 50 到 100 扩大一倍,增加 50 的债务进入债权人的资产之中,债权人现在持有名义证券 80。资本货物的名义价值也扩大一倍。但是,很显然,这种状况不会是新的均衡。尽管名义货币量扩大一倍没有更改债务人的实际状况,但是它更改了债权人的实际状况。他们遭受了实际初级证券上的资本损失,他们资产中货币与初级证券的比例从平衡表 A 的 40% 上升到负债表 C 的 50%。他们的反应将是需求较少的货币和当期产出,需求较多的初级证券。在新的均衡中,利率将比最初时低落;价格水平将比较高昂,但是不与货币扩张成比例;实际资本将变得更加丰富;而在同样的劳动力使用更多的资本时,实际收入将超过它最初水平。经过公开市场买卖私人国内初级证券而引起的仅仅是内在货币的扩张,并不像净额货币论所声称的那样是虚假姿态。相反,它刺激了实际资本和收入的增长。

这表明,依从净货币论而合并财务账户,掩盖了实际经济行为中的重要方面。净额货币理论有这样的观点：管理内在货币不能达到控制利率、实际金融和有形资产存量、或实际收入水平的目的。但这是错误的。内在货币和私人国内初级债务在债务人和债权人之间的实际影响是不相对称的，即使在新古典主义规定的一般均衡模型里也是一样。

进而言之，在承认短期影响，并承认某些竞争不完全、价格不灵活、货币幻觉、分配效应和不稳定价格预期的模型中，无视内在债权债务的净额货币理论在描述对货币政策的调整时，会导致严重的谬误。可见，储蓄和投资之间的分工、支出单位在债权人与债务人之间的划分，都变成了结构性特征，它们影响相对价格、相对收入和财富对内在货币、其他内在间接债务和私人国内初级债务增长率变动所能作出的反应。可见，内在金融存量和流量显然不是总量分析的累赘。

净额货币论认为，私人国内初级债务的数量及其在货币形式和非货币形式的金融资产中的对应物的数量，对货币实际总需求没有净影响。它认为初级债务增长所减少的债务人对货币的实际需求，与内在金融资产持有量增长所增加的债权人对货币的实际需求正好一样。因而，内在债权债务的积累不影响对货币实际总需求。净额货币论的这一观点引起我们第四项异议。

在第 3 章模型中，我们假定企业经理肯定希望达到最佳的资产负债状况，其中包括实际资本货物、货币和初级债务的最佳组合。企业试图使扣除风险因素后的资本货物边际租金率相等于货币的边际内在存款率和初级债务的利率，从而达到这一最佳状况。在这样的状况里，资本货物和实际货币余额的持有量都是正数，未清偿的初级债务水平也是正数。产出增长时期，企业希望扩大资本货物，并积累货币余额和初级债务以实现金融资产多样化。它们在资本货物各个水平上要求有一定水平的净额债务，即有正数的总额债务和货币持有量。

同时，消费者想把资产分布在初级证券和货币之间，以便当他们随产出增长而增加资产时，能增加对货币余额的实际需求。在增长进程中，引致消费者需求较多货币和初级证券来使资产多样化的因素，也刺激企业随资本量增长而承受较多债务和补充货币余额。

可见，增长进程中，对货币的实际总需求增长，部分是因为企业净额债务和消费者持有的金融资产的增长。这种金融增长又取决于两个部门间支出分配和收入分配的对比——取决于储蓄和投资之间的分工。随着这种分工的增强，初级债务和金融资产的增长变得更加迅速，并刺激对货币的实际总需求。我们认为，对货币的实际总需求并非独立于消费者和企业之间的债权债务数量。

虽然下列意见也适用于第2章和第3章的模型，我们对净额货币论的最后一项异议是，这种理论把私人国内部门和其他部门或者说是外在部门——后者包括政府和外国——区分得过分了。净额货币论认为，私人国内对国外部门的债权只有提高私人国内部门实际需求的作用，而决没有降低国外部门在国内经济的市场上实际需求的作用。这意味着政府和纳税人都不会力行节约以限制政府债务，外国经济社会也不会缩减对国内经济的出口品的需求，尽管它们对国内经济损失了黄金或蒙受了债务。由此推论，对国外部门的私人国内债权或债务是可以纳入私人国内需求函数的,而私人国内内在债权债务却排除在外。然而,内在债权和外在债权之间如此鲜明的鸿沟,是不完全真实的。

多样金融资产中对货币的需求

资产积累是增长进程的一个中心特征。有形资产体现为社会的储蓄,并且为生产和消费水准的提高提供了技术基础。还存在金融资产的积聚。为得到当期产出品或金融资产而需要资金的支出单位,向证券市场提供初级证券。支出单位使用其储蓄的或借入的资金,把等额的金融资产纳入其投资项目中。

支出单位间直接的交易中,存在着长期的初级证券超额供应量。当然,原因是贷款的支出单位希望有多样的资产。它们需求一种其他支出单位无法创造和供应的金融资产。这种资产就是货币,内在的或是外在的。

支出单位间直接交易中超额供应的初级证券可以、而且从长期看很可能被实际货币余额存量的增加所消除。当当期产出和劳务市场的降价提高一定量名义货币的实际价值时,这种货币扩张很可能发生。如果政策局偏爱稳定的价格水平,那么,在一定的利率下,名义货币的增长即可实现实际货币的扩张,而后者是初级证券扩张的必要补充。然后,银行局吸收超额供应的初级证券,并创造货币以填平支出单位金融资产构成中相应的缺口。

政府货币系统在增长进程中通过不断地增加自己持有的

初级证券来使初级证券市场供求相等。同时,在一定的利率和价格水平上,它靠发行货币来支付它购买证券的款项,满足支出单位为资产多样化所想要的货币,从而可能平衡货币市场的供求。除了提供有效的支付机制之外,货币系统在增长背景中的职能是使初级证券市场的超额供应和货币市场的超额需求都能解决。

内含存款利率

为什么支出单位想要多样化的金融资产——是要一些初级证券,也要一些货币吗?为什么实际货币增长是增长进程的一个通常、甚至必要的部分?为什么银行必须以实际的、通常是名义的规模增长?

为回答这些问题,假定各个支出单位经营其各种金融资产是为了尽可能使预期报酬率、扣除风险因素后能提高到支出单位计划的水平。支出单位密切注视着用一种较高收益的金融资产去替代另一种边际收益相对较低的金融资产的机会。资产选择政策的目标就是使各种资产的边际预期报酬率相等。

和其他资产一样,对货币也是根据其边际报酬来作出判断的。对一定量货币的需求意味着从这个货币量预期得到的边际报酬高出用一元货币去交换值一元的其他资产所能获得的报酬。持有货币的动机在于货币的边际报酬。这个报酬就是"存款利率"。

在目前的美国实践中,货币的"外在"存款利率是零。事实上,活期存款账户的手续费用相当于一个负的存款利率,它或许被银行各种"免费"服务所抵消,或许不会。那么,面对其他各种资产的正数利率和租金率,如何能有某种正数存款利率来引起对货币的需求呢?

考察一下货币的性质。货币的价格是用记账核算单位确定的。其他资产都无法做到这一点。于是,人们会从贷款人持有价格不固定的其他一些资产可能蒙受的损失和费用,计算货币的"内含"存款利率。

货币可以防止利率上升时的实际资本损失。允诺固定名义支付额的债券做不到这一点。持有货币余额而不持有债券,是因为货币的内含收入等于避免了的预期资本损失量。货币抵御了上升的利率,这种保护特性可以被看作是内含边际存款利率的一个要素。

货币同样可以防止商品价格下降时的资本损失。企业股票之类的初级证券做不到这一点。于是,人们认为货币余额会带来一种收益,它等于持有货币而不持有股票所避免的预期资本损失。当肯定利率要下降或商品价格要上升时,人们就不会持有货币这种资产。可见,货币也容易遭受实际价值上的资本损失。当货币余额资本损失的概率增大时,任何既定量货币余额的边际存款利率便降低。

除避免投资于其他资产的预期资本损失之外,存款利率还有其他内涵。其中一点是,用初级证券替代货币余额时所需的经纪费用和其他营业费用。另一点,维持一个坚实的现金头寸便可节约借款成本。还有一点是,要去贴现或有机会去任何市场急于购买便宜物品时,持有货币余额也会节省费用。

简言之,存在着可以算在货币名下的边际报酬,可以表示为货币的内含存款利率。对货币的需求,其基础就是把这个存款利率与储蓄起来的或借得的资金在其他用途上的报酬进行边际的比较。如果只考虑支出单位的资金财务安排,那么,在增长过程中,支出单位间交易中就存在初级证券的长期超额供应,因为仅有初级证券的资产组合的边际报酬低于由初级证券和货币共同组成的资产组合的边际报酬。货币凭借其内含存款利率,成为多样化的或平衡的资产组合中人们希望得到的一个部分。

货币与同质债券的比较

这一章的主要考察对象是初级证券差异对货币市场的影响。我们想要强调的是,这种差异影响了支出单位资产构成中对货币的需求。如果其他条件都相等的话,有些差异会降低对货币的需求,而有些则会增加这种需求。对货币的需求变化一般意味着对劳务、当期产出和初级证券的需求也变化,但是,我们将限于初级证券出现变异时对货币市场的部分均衡分析。当然,在分析证券差异对货币需求的影响之前,回顾一下如第 3 章第二种模型中所说的只有一种金融替代品即同质企业债券(永久债权)时,对货币需求起作用的一些因素,可能是很有帮助的。

在图 5.1 的例 A 中,一定的名义货币量由垂直线 M_S 表示。这一货币量由消费者和企业一起持有。"资产曲线"$\overline{AA'}$表示在各种利率情况下支出单位持有金融资产的名义现值,利率由纵轴表示。货币存量线与证券资产曲线之间的水平距离是消费者持有的企业债券的名义现值。

在例 B 中,引入了利率和当期产出价格的均衡水平概念。货币和企业债券以实际价值量表示。实际货币存量由

$\dfrac{Ms}{p}$ 表示。资产曲线 AA' 表示金融资产的实际价值,它在有形资产和国民收入实际价值既定时与当期产出和劳务市场的均衡相一致。均衡利率是 Oa,ac 是相应的金融资产实际价值。

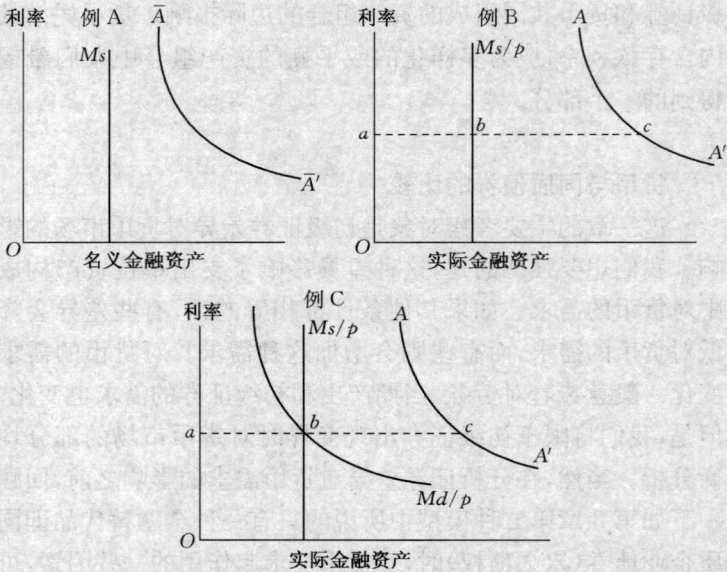

图 5.1 货币市场

  例 C 中增加一条对实际货币余额的需求曲线 $\dfrac{Md}{p}$。因为假定所有市场都处于均衡,所以,需求曲线必须在利率 Oa 处与货币存量线相交。在这一利率上,消费者和企业对实际货币的需求等于实际货币存量:货币市场处于均衡。在任何较高的利率上,都存在超额货币存量;在任何较低利率上,都存在对货币的超额需求。货币市场的超额存量或超额需求都与其他市场的供求均衡水平不相一致。

我们感兴趣的是货币需求曲线的一般形态,即使它只有一点与既定的普遍均衡状态有关。与曲线上各点相应的报酬率,不仅表示债券利率,而且还表示了这一货币余额量的边际存款利率。曲线表明货币余额的边际报酬与这些余额存量呈反向变化。假如支出单位估计货币具有较高的边际效用或存款利率却乐意缩小它们资产中货币的比例,它们一定是在较高的债券市场利率上取得报偿。假如支出单位乐于在资产中有较大比例的货币从而承受货币的较低边际效用,那么它们一定面临着较低的债券利率。货币余额需要量对金融资产总量的比率,与利率呈反向变化。

实际收入和实际资产存量既定的条件下,实际上存在着某个无法减小的实际货币余额最低水平,在这之下,对货币余额的需要不会随利率的无限上升而下降;某个最低量的流动性被认为是必不可少的。这意味着货币需求曲线在上部分呈垂直形态。在曲线的下端,支出单位也不会把资产全部换成货币从而牺牲所有的利息收入,实际上,我们对债券可能代替所有货币、或货币可能取代所有债券的那种神经质的经济制度并无兴趣。

需求曲线大致勾画了支出单位在实际货币与实际债券之间的偏好。当现行利率高昂时,对货币的实际需求相对较低,因为这意味着未来利率最有可能下降,而债券坐享资本收益。当现行利率低下时,对货币的实际需求相对较高,因为这种低利率意味着未来利率最有可能上升,而债券会蒙受资本损失。对于消费者和企业来说,债券便宜时保持货币持有额,债券昂贵时花掉货币持有额,这是合乎情理的。

货币是一种资产,其价格以计账单位表示是固定不变的。债券则有固定的名义收益。货币和债券都是对当期产出和劳务的价格预测和投机的工具。在实际财富、实际收入、名义货币和债券既定时,预期价格上涨就意味着较高的市场利率现在抑制了超额的当期产出需求,并阻止价格水平的迅即上升。人们预计利率上升会控制住需求从债券和货币向当期产出的移动。

但是,上面例 C 中 Oa 之上的利率怎么能与货币市场上均衡相一致呢?答案是企业借款人和消费者贷款人比以前更加警惕利率的进一步提高从而把偏好从债券移向货币。例 C 中资产曲线既定的条件下,货币需求曲线就右移与货币量线在更高处相交,所以压抑对当期产出需求的利率并不意味着出现超额货币存量。预期价格下降将有把需求从当期产出品转向金融资产和从货币转向债券的相反作用;均衡利率将会降低。可见,与实际货币余额的各个数量相关联的内含存款利率,部分取决于当期产出品和初级证券市场上的预期价格动态。

货币需求曲线表现了仅仅在一个实际收入水平上支出单位对货币和债券的偏好。当其他情况相同时,实际收入水平上升,则在各个利率上需求从债券移到货币,结果,对货币的需求曲线移向右边。实际收入上升会加强持有货币的交易动机,它对货币市场的直接结果是利率升高并压抑对货币的超额需求。在货币数量说描述的世界里,最终的结果会是:当期产出价格水平下降从而扩大了实际货币量,未清偿的债券名义量下降从而使货币余额现存量和需要量都可以与实际债券成比例地扩大。这样,增大了对货币的实际需求就解决了。①从长期看,如果货币中性,供应和需求曲线则都相对于新的 AA' 向右移动,并仍然在原先的利率 Oa 水平上相交。对货币的需求的增加,也许会缩短 bc 的距离。

从第 4 章知道,在一个发展中经济内,资产曲线 AA' 趋于稳定地向右移动,初级证券和金融资产的实际价值与有形财富和收入一起上升。我们的货币需求函数明确表明,资产曲线向右趋势吸引货币需求曲线也尾随其后,这反映了企业和消费者决定要保持多样性金融资产。实际货币存量既定,则需要量的增长就意味着债券有超额供应和利率上升。当然,如果货币是中性的,那么,超额债券供应和超额货币需求就可以通过价格下降来消除,后者使货币存量线右移,与货币需求曲线和资产曲线相同。另外一个解决办法是连续不断地增加名义货币。在任何一种情形中,货币均衡所需要的是,由于金融资产的积累加强了对货币余额的实际需求,货币系统要在实际价值上实行扩张。

初级证券的差别化和货币需求

金融增长并非只是数量上的增长,只是初级债务和金融

---

① 比较静态基础上的长期分析不考虑私人国内经济为适应价格水平变动而调整名义债券量时所运用的手段。对调整过程作短期分析,则可以说明:我们模式中的企业社会在价格下跌时会把折旧基金用于债务偿还,使实际资本增长率暂时下降到它的趋势之下。当它们的名义债务与较低的价格水平相适应时,企业会补救资本货物中的不足。当然,调整过程可能是杂乱无章的,企业亏损和倒闭缩小了名义债务。

资产的实际价值的增长。它也是质量上的增长。由支出单位流出的初级证券的混合体，随着社会增长的情况而不断变动——根据储蓄和投资在部门间的分配状况、根据实际增长和价格水平的稳定程度、根据金融契约和金融市场革新的势头等而变动。我们在第 4 章考察了证券差别化的演变格式，现在转向它们对货币需求和货币系统增长的影响。

没有一种简朴的分类方法能够充分说明初级证券在质上的差异。但为了我们的目的，只是根据五项区分标准，用一种简明的方法，也就可以了。第一项标准是到期期限。第二项标准是区分那些包括有内含或外含购买力条款——即考虑当期产出价格水平变动的条款——的证券与那些只承诺不随价格升降调整的名义支付额的证券。第三项标准则区分出具有内含或外含生产率条款的证券，有了这种条款，储蓄者就可以与投资者一起分享或分担有形资产的实际生产率的利得或损失。第四项标准是根据债务人履行契约的确定性程度来区分优质证券和非优质证券。第五项标准就是根据在市场销售的可能性来区分证券。

在这一节中，每一类证券都依次被看作是支出单位金融资产构成中的一部分。我们简约地考察一下它对货币的实际需求的影响，以及在政策局既定目标下对名义货币量的影响。我们继续对货币市场进行部分均衡分析。

期限

在一个金融成熟的经济里，可能实际上存在着一条不同期限的未清偿初级证券的连续曲线或系列，也存在着一条相应的收益曲线。为我们分析起见，在曲线上挑出两点就足够了：一是永久债券，一是短期债券。

首先假设所有初级证券是短期的而不是永久的。假定短期债券的总发行价格与先前模式中会存在的未曾清偿的长期债券的总价格相同。初级债务的这种变更并不影响货币的名义存量。由此产生的问题是，第4章中所说的支出单位的货币需求函数是否对这一变更作出反应，在早先使债券、当期产出和劳力市场供求平衡的利率、价格水平上，是否还有货币金融均衡？

回答当然是"否定"。当初级债务是工商企业的内部债务时，初级债务的短期化，即短期债券取代长期债券，可能会减少对货币的实际需求。另一方面，当债务是国库券或一些别的短期外在证券时，可以更加肯定，债务短期化会减少对货币的实际需求。两种情形中，短期化都减少贷款人的货币需求。虽然，在前一种情形中，由于短期化增加了借款人的货币需求，因此，鉴于借贷两方面情况，可以说短期化对总需求的净影响是含糊不清的。暂时把这一问题撇在一边，假定短期债务是外在的。

这种短期化对货币的内含存款利率有两种影响。首先，贷款方资产构成中由于短期债券相对频繁地交易，会引起管理费用。这增加了持有货币的好处，提高了货币的存款利率，从而刺激了对货币的需求。如果没有短期化但对长期债券征收相当于短期债券交易费用的税款，也会产生同样结果。

债务短期化的第二个影响是提高了确定性的程度，从而支出单位可据之预测现存资产的未来价值。已到期的短期债券的价值十分确定；即使在到期日之前，由于短期债券价格比较稳定，不确定性也得到降低。如果没有短期化而支出单位对长期债券利率的预期能钉住在较狭的限度内,也会产生同样结果。

短期替代长期的第二个影响,有助于在各个利率水平上减少对货币的需求,因为它缩小了利率任何上升可能引起的资本损失。另一方面,短期债券不像长期债券那样具有很大的获得资本收益的潜力。由于低利率时最可虑的是资本损失,高利率时最可期的是资本收益,因此债务短期化使货币需求曲线更加陡峭,并向左移动。在曲线顶端,对货币的需求降低相对很少,但在底部则降低显著。

归结起来,短期化有可能减少对货币的需求。如果这个经济的市场体系在短期债取代长期债之前是均衡的,那么,现在不再均衡。现在有超额货币量;利率越是较低于对将来利率的平均预期值,则超额货币量越大。短期化对这个经济的市场有膨胀性影响,这时价格水平上升以消除不需要的实际货币余额。如果用减少名义货币量来避免物价上涨,则短期化将会引起货币体系的实际规模和名义规模都收缩,俾能适合于收入、财富、金融资产的既定实际水平。发行短期债的财政部是货币系统的竞争者。

图 5.2 说明这一点,短期化使货币需求曲线从 D 向 D' 左移。如果当时货币当局希望在短期内把利率从 Oa 提高到 Ob,价格水平不变,则名义货币量必定要减少 CA。如果没有短期化,货币量只须减少 CB 就能达到同样目标。由此推论,如果短期化总是随利率上升而发生,长期化总是随利率下降而出现,则货币的"需求曲线"实际上就是虚线 D'';它比较有弹性。我们将在第 6 章表明,非货币的中介机构,诸如储蓄银行和人寿保险公司的活动,也会产生这样一条曲线。也就是

说,财政部进行的短期化活动类似于非货币的间接金融资产——对上述中介机构的债权——的增长。它类似于通过非货币的中介机构使债务短期化。

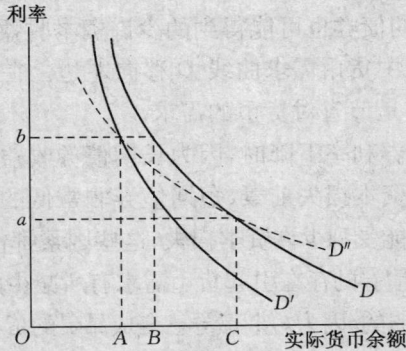

图 5.2   货币需求与债务短期化

当包括长短期债券以及货币在内的金融资产存量既定时,债务的部分短期化会使货币需求曲线趋于比较有弹性。现在存在两种利率,短期债券利率和长期债券利率。对于各个长期债券利率和支出单位对将来长期债券利率的各个预期格式,存在着一个能使长短期债券的预期收益相等的短期债券利率。如果预期的重心倾向于认为长期债券利率要下降,则短期债券利率会相对地高于现在的长期债券利率。如果预期长期债券利率很有可能上升,则短期债券利率就会相对低于长期债券利率。如果短期债券的额外管理费用恰好抵消预期长期债券利率的微升,则短期债券利率与长期债券利率相同。

在各个长期债券利率水平上,支出单位可以在货币、长期

债券和短期债券中选择——短期和长期债券的利率是相适应
的。当长期债券利率相对高于将来长期债券利率的平均预期
值时,则在所有的长期债券利率上,长期债券的高收益率、长
期债券资本收益的良好前景、高于长期债券利率的短期债券
利率、甚至短期债券也可能得到的少许资本收益,这些因素将
一起把图 5.2 中货币需求曲线 D 移向左边。在这些情况下,
普遍的倾向应是节省对货币的需求。

当长期债券利率下降时,因为长期债券收益率低、长期债
券比较明显的资本损失前景、短期债券非常低的收益率、甚至
短期债券也可能受到少许资本损失,这些因素都使需求转向货
币。如果短期债券的存在引起货币需求有所减少的话,那么,这
种减少也是微弱的,因为短期债券已变成昂贵的货币替代品。

货币需求曲线在其新形态下比图 5.2 中曲线 D 较有弹
性。高收益的短期债券把这条曲线在长期债券利率较高部位
左移较多。低收益的短期债券如果能起作用的话,也只把这
条曲线在长期债券较低的部位向左移较少。短期债券可节省
货币持有量,但当长期债券利率较高时其作用较大,而当长期
债券较低时其作用较弱。

货币需求曲线比较平坦或富有弹性,对于政策局和银行
局说来,只是一个小小的麻烦。所以说是麻烦,因为在其他情
况不变时,较有弹性的货币需求曲线意味着,要使利率有一定
的变动,需要名义货币量比较大的变动;长期债券市场在短期
内对货币政策较不敏感。这样,货币系统就必须比其他情况
下采取较为强烈的行动。对于不关心收入的政府货币系统说
来,这是不重要的。而对私人银行系统说来,如将在第 7 章讨
论的,则可能是重要问题。对短期的货币控制说来,当长期债

券利率高昂时,较有弹性的货币需求要求对银行资产严加抑制,而当长期债券利率低沉时,则要求银行资产增加较多。短期债券的收益提高时,很可与货币相竞争;当时,正值银行能从其可获取收入的资产上取得最高收益,而短期债券替代货币,则减少对货币的需求,从而对银行收入产生不利影响。

从特殊意义上说,公债管理是货币控制的一个手段。它并不是一种管制名义货币量的手段,而是一种影响货币需求的手段。因而它可以而且经常被用于管制货币市场上的超额供求。财政部使支出单位对货币的需求变动,从而达到货币系统改变货币存量所能达到的目的。财政部向支出单位供应短期债券,而这种金融资产价格比较稳定;财政部的竞争行动会影响任何既定静态均衡情况下的货币需求,最后影响货币系统的相应规模。

现在回到当支出单位既是货币持有人同时又有内在债务时调整初级债务期限的结果。是否有可能当短期化使债务人增加对货币的需求时,会使债权人以同样程度减少需求,从而整体上不存在净影响?

用短期债券取代长期债券似乎对债务人有两个方向相反的影响。其一,陷于短期债务的危险会增加债务人对货币的需求。其二,短期借款的机会可能是货币余额的部分替代品。所以,短期化对债务人货币需求的净影响似乎是含糊不清的。由于短期化对债权人的净影响是减少他们对货币的需求,因此,短期化很可能减少货币总需求,尽管这一点绝非确定无疑。

购买力条款

到目前为止,初级证券都是承诺支付固定的名义货币额的优质债券,名义长期债券或名义短期债券。支出单位资产中名义长期债券(永久债券)的实际价值可以表示为 $\frac{B-B_g}{ip}$,其中 B 是未清偿的长期债券的数量,每券承诺每年支付 1 元,Bg 是政府货币系统持有的这种债券数量,i 是利率,p 是当期产出的价格水平。因而 $B-B_g$ 是支出单位资产中长期债券的数量。

现在插进一项购买力条款来改变长期债券契约。长期债券成为承诺支付固定的实际货币额的实际长期债券,于是,支出单位资产中初级证券实际价值为 $\frac{p(B-B_g)}{ip}$,它在任何商品物价水平上都等于 $\frac{(B-B_g)}{i}$。不管价格水平怎样,初级证券的实际价值是不变的。我们先假定长期债券是外在性的。实际货币量仍是 $\frac{Ms}{p}$。

当名义长期债券被实际长期债券取代时,对货币需求和均衡条件下实际货币量有三种主要影响。首先,价格水平不确定时,长期债券契约中插入购买力条款,可能会在一定实际规模的金融资产积累中变更人们所希望的货币和长期债券的比例。第二,可能会改变人们所希望的金融资产积累的实际规模,从而也改变其中货币成分的规模。第三,货币政策对经济中实际变量的影响,取决于长期债券契约的性质。

当支出单位的资产限于货币和名义长期债券(与实际长期债券相区别)时,现行利率和价格水平下人们所希望的资产构成受任何预期利率变动——货币和名义长期债券的相对实际价值的变动——的影响。它不受预期价格水平变动的影响,除非支出单位认为价格不稳定时利率也不稳定。理由当然是,价格水平本身的升降对货币和名义长期债券的实际价值具有同比例的影响。可是,当资产分为货币和实际长期债券两种时,人们所希望的资产构成则受利率或预期价格水平任何预期变动的直接影响。那时,利率上升或价格水平下降都会降低长期债券相对于货币的实际价值,利率下降或价格水平上升都会提高长期债券相对于货币的实际价值。在这种情形中在长期债券和货币之间选择,就必须考虑长期债券和商品两种价格的前景。

鉴于价格水平的不确定性,支出单位可为积累货币和名义长期债券确立一个目标,并为积累货币和实际长期债券确立另一个目标。实际长期债券的预期报酬率不受价格水平上可能发生的变动的影响,而名义长期债券的实际报酬却为涨价所降低,为降价所提高。因此,可能的结果是,当实际长期债券取代名义长期债券时,如果预期涨价,人们所想要的金融资产的规模就会增大;如果降价,人们所想要的规模将会缩小。金融资产规模的任何变动,通常必将按同方向改变对货币的需求。

当支出单位可以得到名义的和实际的长期债券以及货币时,预期物价上涨会把对货币和名义长期债券的需求转向实际长期债券,预期物价下跌则会把需求从实际长期债券转向货币和名义长期债券。那时,为应付下降的价格水平,货币是可以起作用的,但名义长期债券也同样可以起保护作用;而在应付上升的价格水平时,货币不如实际长期债券那样能满足保护的要求。一般说来,初级证券的这种差异会减少对货币的需求,虽然这种差异在刺激储蓄和投资、借款和贷款以及金融资产积累方面的作用会加大人们所想保持的货币余额。

我们认为,引进实际长期债券会改变对货币的需求,一方面因为它影响在一定规模的资产中对货币和债券的选择,另一方面因为它可能会影响资产持有的规模。现在要指出一点:引进实际长期债券增加了货币政策在调节产出、收入及就业方面的能力,使货币能更有力地掌握现实经济活动。

假定货币和实际长期债券是仅有的金融资产,而且货币全是内在的,由银行局通过购买内在性质的实际长期债券而创造出来。最初处于普遍均衡状态,而名义货币余额增加一倍,假定价值水平也较前提高一倍,利率不变。结果并非在同样的实际产出和就业水平上达到新的普遍均衡;而是:对货币的实际需求下降,在实际货币量不变的条件下,会出现超额货币量和对债券、商品和劳力的超额需求。在新的普遍均衡状态中,利率较低,价格水平上升,但与货币扩张不成比例,产出增加了。

这种情形中,货币对实际变量的影响不是中性的,因为价格水平和未清偿的实际长期债券的名义量 $\dfrac{p(B)}{i}$ 都提高一倍时,银行局持有的实际长期债券的名义量 $\dfrac{p(B_g)}{i}$ 增加超过一倍。它的名义资产的增加既由于公开市场业务因而 B_g 增加,又由于接踵而至的价格上涨使 p 上升,所以,名义的得益不会因涨价而实际上全被抵消。由于银行局获得较大份额的实际长期债券,支出单位必然只保留较小份额。实际长期债券向货币系统净额转移,使私人资产中货币对长期债券的比例提高,使私人资产的实际价值降低。公开市场业务的结果使私人支出单位具有更多的流动性但财富减少。当它们要用掉超额的实际货币,着手恢复资产的实际价值时,经济体系中一切实际变量将受到影响。这种情形中货币政策不是无足轻重的,因为政策局能够调节实际货币量和所需要的货币量。

生产率条款

到目前为止所考察的各种初级证券,都提供一笔固定收益——或者是固定的名义额,或者是固定的实际额。债券可以是名义债券,具有名义收益 B 和实际收益 $\frac{B}{p}$,也可以是实际债券,具有名义收益 pB 和实际收益 B。现在考察一种不同形式的有生产率条款债券契约。这种契约规定债权人可得相当于企业收入中某个稳定比例的支付款。购买力条款和生产率条款是区分"股票"与"债券"的主要特征。

在一个市场处于完全竞争状态也没有不确定性的一般均衡模型里,名义债券、实际债券以及具有生产率条款的实际债券的收益率都一样。也不因为期限差别而使收益率有任何差异。各种债券间的任何区别,都是由于引起各种证券间交易费用差异的市场不完善性,也由于价格水平、利率和企业利润的不确定性。且把交易费用撇开不论,不同期限债券间交易的基础是利率的不确定性。名义债券和实际债券组合起来交易的基础是价格水平的不确定性。具有生产率条款的实际债券的交易,其基础是实际企业利润的不确定性。

对货币余额的需求是一个有摩擦和不确定性的世界所特有的。货币是对买卖初级证券时交易费用的防线,亦是对利率可能上升、价格水平可能下降的防线。当不持有货币就可以持有具有生产率条款的实际债券时，货币也可以是对企业利润下降的防线。反过来说，当初级证券交易变得便宜时，有利率下降、价格水平上升、企业利润增加的前景时，货币就处于不利地位。

当存在带有生产率条款的实际债券时，如果由于金融资产种类增多而提高了资产需要量，则财富效应可能会刺激对货币的需求。替代效应可能减少也可能增大对货币的需求，但这取决于对企业利润增减的预期。在金融资产的积累中，带有生产率条款的实际债券是一种更有可能替代货币的资产。

前面已经说过，高的短期债券利率——通常是增长迅猛时期或周期性繁荣时期的特征——会导致货币需求的减少，恰在这时，货币当局正试图使货币存量相对于对货币余额的需要量有所减少。如果加速增长和周期性繁荣使"股票"更具吸引力时，由于其生产率条款的缘故，对货币的需求会更加减少，而那时货币当局的目的却是创造对货币的超额需求。可见，较高的货币流通速度抵消了货币存量减缩对利率的影响，从这一意义上说，货币政策遭到了阻挠。

优质性和市场可售性

按照银行业和银行管理的现代水平，货币是第一流的金融资产。很少有别的形式的证券有如此坚实的防线来对付债务人的不履约。因而，在初级证券的各种利率水平上，货币的内含存款利率必须被看作是持货币而不是持初级证券所避免的不履约损失。这意味着在非优质证券的任何利率上对货币的需求和在"热门股票"同样利率上对货币的需求相比较，前者较后者要大。

货币是有高度市场可售性的资产。脱手货币的交易费用是零或可忽略不计。货币所有者可以用掉任何数额的货币而无需作出价格让步;他面临的是一条完全弹性的需求曲线。而一切初级证券却在不那么完全竞争性的市场上交易。政府债券可被看作是近似于货币的可销售资产,但是有许多证券是相当缺乏流动性的,这一方面是因为交易费用高昂,另一方面是因为市场狭窄,迅速出售或大量出售时就要在价格上作重大让步。在金融资产构成中可作为货币替代品的证券的可销售性发生变动,会影响对货币的需求。

金融发展改善了初级证券的可售性,减少了交易费用,增加了单个证券出售者面临的需求曲线的弹性。这导致在非优质证券上贷款人相对于优质证券所收取的升水的不断下降,并使狭窄的、地方性的市场得到开放,使之汇入有较强的竞争性的买卖激流之中。从货币分析角度讲,它的作用是降低了货币系统作为金融中介的相对重要性,使需求从货币转向初级证券。

资产平衡

增长过程促发初级证券和金融资产不断的积累。金融资产的积累刺激支出单位的货币需求,其动机是,扣除风险之后使金融资产构成的预期收益率最大化。在一个合理的资产构成配置或资产预算中,对货币的需求被压到一个限度,即:货币的边际内含存款利率(加上外含存款利率,如果有的话)恰好足以补偿选择货币后在初级证券上放弃的市场利率。

　　对于那些可能进入更危险用途的资源说来，货币是杰出的庇护所和天堂。货币的内含收益可以衡量支出单位对非货币的资产保持谨慎与怀疑的程度，具体说就是，他们怀疑市场利率能否精确表示非货币的资产可实现的净收益。

　　在金融资产存量及其差异型式既定的条件下，对货币的需求遵守边际效用递减的原理；边际存款利率随持有货币余额中每增加一美元而下降。在一定的收入和财富水平上，只有在货币的替代资产更加昂贵——市场利率下降以致不能那样充分地补偿投资者持有非货币的资产所冒的风险——时，资产积累中货币份额才会增加。

　　在一般均衡中，所有金融资产的现行价格符合这样一种格式，即：投资者不可能通过调整资产种类来使其全部资产的预期收益增加。货币站在不变价格的位置上，其他资产则按各自不同的现价对到期价格的贴水而排列成队，而这种贴水使这些资产的收益与货币的存款利率相等。货币的需求量并非仅仅取决于货币的流动性，还取决于比较价格不变的货币和处于各自价格上的其他资产的相对吸引力。

资产差别化和货币均衡

　　初级证券的差别化使支出单位在第 3 章第二种模型中所有的第一流债券和货币外，还可以持有各色各样的金融资产。其结果是使这一章中对货币的分析必然朝两个方向扩展。第一，对于实际财富和实际收入的各个水平说来，初级证券和金融资产的存量增大；这是因为差别化鼓励了资产—债务的混合型状况,也可能是因为承受预算赤字和盈余的倾向提高了。第二,在能够得到多种货币替代品的条件下,人们必然预计货币实际需要量在金融资产总量中的份额会下降。预期价格可能下跌时,人们可以持有长期债券,也持有货币;预期长期债券利率可能上升时,人们持有短期债券,也持有货币;预期价格或利润可能上升时,人们持有股票胜于持有货币。可以预计,资产差异对货币实际余额的需要水平具有财富(或规模)和替代效应。

差异的第二项结果就是本节的主题。可以非常简洁地作如下表述:当金融资产出现更加显著的差异时,货币很可能在更大程度上与经济制度中的实际变量"有关系"。在引入内在货币和外在货币的组合之前,在第一和第二种模型中货币都是中性的;名义货币变动在普遍均衡中对实际货币量、实际余额需要量或者利率都无影响。现在考虑到初级证券的差异,名义货币变动就可能导致实际货币现存量和需要量的新水平,也可能导致利率和产出的相应调整。名义货币差异的这种实际影响,即使不放松货币分析中的新古典主义基本规则也是会发生的。

在第一和第二种模型中,或者只有外在货币,或者只有内在货币,支出单位可以通过同比例变动价格水平——在第二模式中还可变动名义债券即改变债券数量——来抵消名义货币的变动。在内在货币和外在货币都存在的条件下,名义货币、价格水平和债券数量的同比例变动并不能恢复最初均衡的实际条件。货币当局通过购买内在债券,可以提高支出单位资产中实际货币对实际债券的均衡比率,同时降低这些资产的实际总值。货币当局通过变动支出单位金融资产的构成和规模,可以给利率施加向下的压力。

在这一章的前面一点,我们指出支出单位资产的构成和规模容易受到银行局对实际长期债券买卖的影响。如果在公开市场上购买实际债券增加了名义货币,价格水平和初级证券名义值的同比例增加,会使支出单位的实际货币存量不变和实际债券的实际存量缩小。实际上,货币系统是蒙骗支出单位去放弃一些东西(长期债券的实际价值),而得到的却是零(货币的名义价值)。其结果是利率下跌。

人们可以想出为数确实不少的金融资产组合——有或没有外在货币和包括政府债券在内的外在债券的各种情况——货币系统可以从中得到一个杠杆以操纵货币实际存量和实际需要量。比如,假设支出单位持有内在货币、内在短期票据和内在长期债券。如果货币当局通过购买债券使名义货币增大一倍,并提高了其自身资产中债券对票据的比例。那么,价格水平、名义短期票据和名义长期债券都增大一倍也无法恢复最初一般均衡的实际条件。在所有名义量都同比例上升的情况下,货币体系比以前持有较大比例的长期债券,较少比例的短期票据,而支出单位则有较少比例的未清偿长期债券,较大比例的短期票据。在上升一倍的价格水平上实际货币余额保持原样,但是它们已经处于超额供应,因为支出单位资产中短期票据替代长期债券从而减低了对实际货币余额的需要水平。货币当局延长了自身资产的平均期限,因而降低了支出单位资产的平均期限,置换了对货币的需求。在这一情形中,货币管理原来就是债务管理,因为它使私人持有的初级证券从长期变为短期。它的影响是压低利率。

如果货币当局仅仅在其资产中增加短期票据,降低其本身能取得收入的资产的平均期限,结果会造成私人资产中初级证券实际上的长期化。当价格水平与名义货币同比例增长时,支出单位就不满足于它们原先的实际货币余额而要扩大需求,因为它们的资产中长期债券与短期票据和货币相比占了较大比重。于是,存在超额的货币需求。在这种情况下,货币当局仅仅买进短期债券的政策,会提高利率并抑制实际增长。

再考察银行局在货币管理中另一种可能的做法。在最初的均衡中,支出单位持有以银行局拥有的(内在)短期债券为基础的内在货币,它们的资产中也有内在短期债券和长期债券。设想名义货币增加一倍,不是因为银行局购买证券,而是因为弥补政府赤字支出的货币发行。于是,价格水平上涨一倍使银行局资产中短期债券的实际价值降低一半,支出单位持有的短期债券的实际价值却在名义短期债券和长期债券随价格水平而增长一倍之后有了相应的增加。短期债券的实际价值增加,在两方面改变了支出单位的财务状况:这是一笔资本收益,有助于增加对货币的实际需求;这使短期债券比货币和长期债券的合计数相对增大,从而有助于减少对货币的实际需求。可以预料,对货币的实际需求会有某种净影响,同时利率和价格水平也有相应变动。

与净额货币论以及传统的货币数量说公式相反,内在债务和金融资产的数量和结构不仅与实际货币余额的需求函数有关,而且还与货币当局对利率、收入、就业和财富等实际变量施加影响的能力有关。把内在债权债务合并抵消,歪曲了实际变量和金融变量之间的关系,掩盖了可能表明货币非中性的为数众多的情形。经济体系中金融资产总额和债务总额的结构,在任何普遍均衡状态中都是有可能影响产出和财富的一个因素,也是任何平衡发展进程中有可能影响产出和财富增长率的一个因素。

历史上货币需求的增长

在整个 19 世纪的美国,实际货币余额对实际国民收入的比例一直在增大,但 20 世纪初期之后,它便在一个高水平上徘徊。也就是说,货币(活期存款和通货)的收入流通速度下降了,然后在一个看来较为稳定的标准上下运动。货币—收入比例长达一个世纪的上升,原因之一是货币需求的收入弹性大于 1——货币可列为一种奢侈商品。

这也许是正确的解释,但在它能成为金融增长的一条法则之前,还有其他一些方面须得检验。货币—收入比例上升时期,支出单位资产中金融资产对国民收入的比例亦上升。货币—收入比例稳定时期,金融资产对收入的比例亦大体稳定。如果金融资产的增长确实有我们所说的对货币需求的影响,那么,金融资产—收入比例的发展趋势就可以被用来解释观察到的货币—收入关系和流通速度的变动。也就是说,1900 年以前货币对收入的比例上升是因为金融资产积累快于收入增长从而刺激了对货币的需求,而过去半个世纪是货币—收入比例趋于稳定,也许是因为金融资产积累大致与收入水平成比例的缘故。

但是,还得考虑其他因素。近几十年里,初级证券的差别化使货币需求相对于收入有所减少。联邦的和其他的政府债券已经成为金融资产中较前大得多的部分,所以初级证券的存量变得更加优质。政府对私人初级证券的担保,货币政策缓和了某些证券价格的短期波动,这些也提高了证券的优质性。

而且,19 世纪后叶价格水平的持续下降让位于 20 世纪的持续上涨。1900 年以来,商品价格以每年约 2.25% 的速度上升。其影响肯定是人们越来越在资产构成中少要货币,相对转向那些以某种购买力条款避免购买力损失的证券。

另一方面,过去几十年里,由于市场利率的长期下降,货币需求相对于收入趋于上升。利率的持续下降使债券的货币价格更加高昂,从而使投资人偏好从债券转向货币。还有其他因素会促成货币的收入流速的历史趋势,其中包括我们将在第 6 章讨论的非货币的金融中介机构的发展。

货币需求增长的政策问题

在增长过程中,货币余额市场不断受到各种干扰的冲击,这些干扰既影响市场的需求方面,也影响供应方面。货币实际存量随货币名义存量或价格水平的变化而变化。由于人口、实际收入和实际资产的增长,或由于下降的利率提高了其他金融资产以货币计算的成本,对实际余额的需要量会趋于增加。由于支付机制的效率提高,或由于金融资产逐渐的分化降低了货币作为一种保护性资产的边际效用,对实际余额的需要量会趋于下降。在增长过程中,货币市场的平衡不断地被打破,必然要寻求新的均衡位置。

货币政策的本质问题是要解决增长过程特有的对货币的超额需求,决定用扩张名义货币的办法,还是用降低物价的办法,抑或用各种调整实际经济活动以控制货币需求增长的办法——提高利率、减缓产出和就业的增长,或抑制资产增长。在经济增长的背景下,政策局应该采取扩张名义货币,还是应该依赖"自然力量"通过降价来增加实际余额,或通过限制商品、劳动力和债券的增长来抑制对货币的需求呢?

货币数量说的解决办法

根据经济活动的一个模型——"数量说"模型,政策局的决策对实际经济活动没有什么严重影响。决策不牵涉任何实际经济的规模,诸如产出量的增长率等。增长过程所遭遇的超额货币需求是一种"纯货币的"现象,可以通过降低价格水平或增加名义货币量来消除,至于选择哪一种方法,则是任意的、偶然的。没有什么增长的法则可以用来确定名义货币和货币系统的名义规模。

在这个模型里,实际货币需求的增长率和满足这种需求的方式,不影响劳力、资本和产出品市场增长的任何条件。因而,初级债券和金融资产的积累是一种纯金融的现象,它与使储蓄和投资相等的利率、总产量或任何别的实际变量都无关。即使金融积累竟然会刺激实际货币需求的增长,从而要求名义货币更迅速地增长或价格水平更迅速地下降,它也不会有什么别的实际影响。计算货币时把内在余额抵消掉或是计算总额;在货币需求函数里引进金融方面的决定因子或把它们撤除;都只涉及到货币市场。

没有人坚持说数量说的世界就是现实世界,货币政策只影响价格水平所以是无关紧要的。在数量说的世界中,商品和劳动力价格是完全灵活的,即:对货币的超额需求和超额存量会无迟滞地作出调整,变动名义货币从而尽可能迅速地恢复货币均衡。一切初级债务都是高度地可调整的,所以把变动价格水平与变动名义货币相比,并不会在债务人和债权人之间产生更严重的分配效应。支出单位懂得变动价格水平或利率的目的,因而不会把任何升或降看作是会继续发展的物价上涨和物价下跌的第一步;商品、劳力和债券市场上的价格预期弹性是1。支出单位不受货币幻觉的欺骗;这一意义是说,实际货币余额的调整是由名义货币还是由价格水平的调整而发生,这种行为是无关紧要的。但是,没有人认为现实世界就是如此模样的。

修正的数量说办法

在增长的背景下,数量说对货币市场均衡的解决办法是为新古典主义世界所设计的。但是,作一些小的修补,看来也许能使之适合于现实世界。其中之一就是承认价格和工资水平在短期内缺乏弹性;价格水平的变化实际上并没有像货币系统调整名义货币那样迅速。还要承认:价格水平的变动在一定时期里具有分配效应,对价格水平和利率的不稳定预期也会给货币市场带来不稳定影响。可能还存在一定程度的货币幻觉,所以,当变动名义货币(不是变动价格水平)从而引起货币实际存量调整时,支出单位终究会有不同的反应。

当然有人也许会说,现实世界的这种神经过敏现象使它偏离于数量说的世界,但还是可以修补的。物价在长期内是有弹性的,它们对超额货币需求的敏感性可以通过摧毁价格结构中的垄断因素来提高。对总体经济活动来说，分配效应也许是不重要的，它们的不平等可用购买力条款来纠正。可以告诉支出单位用实际尺度来考虑问题。存在结构改革，可以使现实世界如此接近于数量说想像的世界，因而作为一种维持货币市场均衡的方法，变动名义货币并不比变动价格水平好多少。

但是，在这些改革发生之前，货币政策对实际经济增长确是有作用的。价格缩减对货币市场以外的其他市场有不佳的短期影响，因此，扩张名义货币是解决对货币的实际需求增长的有效办法。扩张名义货币躲开了价格缺乏弹性、价格水平变动所引起的分配效应、不稳定价格预期、或存在货币幻觉等对实际经济的不利影响。

在结构改革还没有发生之前，正确的货币政策开始尽可能使现实世界与数量说想像的世界一致起来。扫清货币市场的超额需求，使这些超额需求不会反馈到其他市场上并阻碍产量的增长，从而为实际增长作出贡献。货币政策以降价这种"人为"力量去替代物价下跌的"自然力量"，不让对货币的需求增长去阻挠实际经济的发展。

按照上述修正了的数量说观点，诱发一次价格水平上涨害多利少。物价上涨可能暂时把收入从消费者转移到投资者，把财富从储蓄者转移到企业，从而加强资本积累。但是，以强迫性储蓄为基础的投资很可能是暂时的，时间将会扭转分配效应的方向。从长期来看，名义货币增长率高于对货币的实际需求增长率，只会引致物价上涨，对实际经济没有什么好的或坏的影响。可见，持续的物价上涨对公平和效率会有不幸的直接结果，但在长时期里其影响只是中性的。在一个与数量说描述颇为不同的世界里,稳定价格可能是明智的方针;降价最终也许是可行的另一种办法;涨价可能只有虚假的好处。最糟的政策选择要算是货币当局飘忽不定的干预。它对货币市场的损害妨碍了对相对价格的理性反应,并促使绝对价格水平如此变幻莫测,以致使最佳的实际增长及其成功的公平分配都成为泡影。

凯恩斯主义或持续停滞论

货币政策在一个持续停滞论的模型里,可能和在数量说模型中一样是无关紧要的,但有着不同的缘故。成熟社会里储积了如此多的有形财富,以致足以维持充分就业的新投资的边际租金确实很低。除非名义货币的扩张规模庞大到这样地步以至于货币当局实际上垄断了债券的持有。通过扩张名义货币无法使债券利率也达到与上述边际租金同样低的水平,因为债券上损失的风险使边际内含存款利率总高于边际租金。通过降价来扩张实际货币也不能招致充分就业的投资水平。这里的理由是,物价具有刚性,或者,降价引起进一步降价的预期,从而相对于边际租金和充分就业条件下的利率,会把边际内含存款利率提得更高。

根据这一论点,充分就业时存在着长期的超额货币需求,单单货币政策是没有办法可以满足这种超额需求。这种超额需求可用失业来消除。政府投资或特别刺激私人支出,从而抵消由有形财富的低收益引起的对增长的障碍,也可以消除超额需求。从长期来看,把这种对商品和劳务实际需求的引致与名义货币的充分扩张结合起来以保证持续的物价上涨,有着巨大的好处。在预期物价上涨情况下,货币的内含存款利率降低了,对货币的需求可以减少,有待于特别的加速增长方案来解决的对货币的超额需求也就较少。一旦物价上涨进程开始,它的发展就会受到不完全竞争的物价和工资率"推动"的左右,于是,货币系统的责任就是适当地增加名义货币以使实际货币余额不落后于对它们的需求。

对持续停滞论者来说,货币是无足轻重的,但并非由于货币是中性的。中性这个词并不恰当,因为价格结构充满着刚性,关于价格水平和利率的预期是不稳定的。物价变动的分配效应可能对增长关系重大,以及货币幻觉是普遍现象。但在一个成熟社会充分就业时,单靠货币扩张不能满足超额货币需求,从这个意义上说,货币是无足轻重的。如果货币政策容忍价格下跌,这是不利于公共福利的,并会减缓增长。适宜于某种低物价上涨率的货币政策并非无足轻重,它符合社会利益,因为它可能会引致私人部门对产出的有效需求的某种增长,否则的话只能由政府去做。

肯定名义货币增长的理由

在任何增长模型里,看来都存在着超额货币需求。数量说模型用价格下降或扩张名义货币的方法来解决这种超额需求,而又不延缓或阻碍实际增长。在这个模型里,两者的选择并无差别。修正了的数量说模型则适用于受刚性和非理性制约的经济体系,它宁愿用增长名义货币而不用价格下降的方法来满足对货币需求的增长,因为后者会阻碍实际经济发展。停滞模型认为扩张名义货币或降低物价都不能前后一贯地解决超额货币需求。第一、三种模型否定了货币在增长过程中的重要作用,而第二种承认在经济中可以实施结构改革之前,货币政策可以有所行为。三种模型中没有一种可以说是提高货币当局自尊性的。

我们自己的关于增长过程中货币政策的观点,与三种模型都不同。我们反对数量说关于货币是中性的基本前提,即使在新古典主义基本分析规则所适用的经济中也是反对的。反对的理由是:根据我们的证明,政策局通过控制名义货币,可把永久性的资本损益强加给支出单位,并能影响支出单位资产的构成或平衡,进而能掌握经济行为的实际方面。作为一种金融中介机构的货币系统,能干预证券在从借款人到贷款人之间的流动,能在一定程度上调节私人金融资产积累的速度和型式以及实际货币量和实际余额需要量,因而能调节对商品和劳力的任何需求——这种需求对金融变量的实际价值是敏感的。数量说低估了货币政策在长期中的实际影响。

即使有人与我们不同而认为货币在长期是中性的,仍然可以说,价格下降作为一种使实际货币适应于其需求的方法是有害无益的。我们确知,没有可行的结构改革能把现实世界变革成数量说所描绘的世界。这意味着在调整实际余额使与其需要额相适应时,如果不是扩张名义货币而让物价下降的话,会遇到特殊的掣肘——刚性物价、不稳定预期、分配效应以及货币幻觉。

增长过程中对货币的实际需求增加时,名义货币亦应随之增加。从理想的货币政策来要求,这还不完善,因为在比较稳定的价格水平上对货币的实际需求的增长,在一定程度上本身受到货币系统"信用政策"的影响,也就是说,受到货币系统为自身资产结构去选择初级证券的影响。货币系统的中介对象是短期债券还是长期债券,是名义债券还是实际债券,内在证券还是外在证券,公开市场证券还是债券市场上竞争性不那么强的证券,这对于实际货币余额需求的增长会有不同的影响。在决定名义货币增长的正确速度时,理想的货币系统把稳定的价格水平作为根据,并且还把调整自身资产的构成从而对实际货币需求施加影响作为实际的目标。在对货币需求函数有更多认识之前,货币当局眼下把目光就放在价格水平稳定上也许是明智的。但我们设想对货币需求函数的研究并不会给货币系统透露什么在长期内对利率以及资本和产出的增长速度发挥显著的实际影响的机会;对此,无论数量说还是持续停滞论都没有说出什么道理。

小结

前一章考察了初级证券在数量上和质量上的增长,为本章讨论非货币的金融的上述发展如何影响货币增长作好了准备。但是,有一种货币理论的观点认为非货币的金融的发展对实际经济总体行为、特别是对货币市场的分析毫不相干。那就是净额货币论。我们的观点则可称为总额货币论。

净额货币论把私人国内账户合并起来,于是,私人国内债务与对等数额的货币形式和非货币形式的私人国内金融资产两相抵消。留在总量分析中唯一的金融资产是私人部门持有的对外部世界——即对政府和外国的——的净债权。因而,货币作为这种外在金融债权的一部分,本身就完全是外在的。根据净额货币论,私人国内债务和它的对应物——内在债务和金融资产——的数量和质量,与总量分析、具体说与货币需求和货币存量都无关。

对净额货币论有五点异议。其一，它任性地合并和拆散社会账户；它把私人国内支出单位合并起来以消除它们的债权和对应债权，但随后又拆散它们，以便它们可以对并不存在的证券的价格进行争议——因为利率是实际需求的一个决定因素。其二，净额货币论包含着这样的观点：当经济中只有内在货币和证券时，价格水平是不确定的，但第 3 章已证明了这种观点的虚假性。其三，该理论假设，在新古典主义体系里，名义内在货币的变动在长期里不会影响经济中的实际变量；这一点也不是真实的。其四，净额货币论认为内在债务的和它在金融资产中对应物的数量对货币实际总需求没有净影响，但这忽视了企业和消费者需要多样性金融的愿望。最后，该理论过于严格地区分了私人国内部门行为与国外部门的行为。

积聚金融资产是支出单位在一个争斗性的经济社会中的防御措施，好比积聚武器是国家在一个敌对争斗的世界里的防卫措施。在上述两种情况下，存量的多样化一般都使人得益。支出单位把货币作为许多金融资产中的一种，它对货币的需求部分地取决于其他金融资产上不可避免的摩擦性和不确定性的类型。

在持有货币和持有长期债券之间选择时，货币可防御债券利率的上升。以货币代替承诺支付固定实际货币额的实际债券时，货币是可以从价格水平下降中获益的一种手段。以货币代替具有生产率条款的实际债券——规定支付等于企业收入某个稳定比例时，货币是对付企业利润下降的防线。以货币代替非优质债券时，可避免支付违约。最后，以货币代替市场销路差的债券时,可避免高昂的交易费用和市场狭窄等形式的不流动性。

根据新古典主义体系,在我们初始的和第二种经济里,货币对实际变量的作用是中性的,迄止引进内在和外在货币的组合。现在考虑了初级证券的差异性,那么,即使所有货币都是内在性的,名义货币的变动也可能会引起利率、产量和财富的变动。理由是,货币系统可以只买卖几种未清偿证券中的一种从而改变支出单位资产的构成。例如,如果持有长期债券和短期债券的货币系统只购买长期债券来创造名义货币,它即可降低支出单位资产的平均期限,从而改变它们对实际货币余额的需求。

货币政策的本质问题是决定:用扩张名义货币,还是用价格下降,或者是用提高利率和减缓产量增长,来解决产出增长时发展起来的超额货币需求。数量说模型中消除超额货币需求的办法是降低价格或扩大名义货币,两者的选择无关紧要。修正了的数量说模型应用于受刚性和非理性掣肘的经济,它的办法是通过扩大名义货币而不是降价来满足超额货币需求,因为后者会阻碍实际发展。在持续停滞论看来,充分就业时存在长期的超额货币需求,没有单独一种货币政策措施有可能满足这种超额需求。第一、三种模型否认了货币在增长过程中的显著作用,而第二种模型承认货币政策能起作用,直至可以对经济实行结构改革。

6

非货币的金融中介机构

到目前为止,我们考察了在金融机构最少的情况下经济活动的金融方面。在这背景下,金融资产由初级证券和货币所组成,前者由非金融性支出单位创造,后者由政府货币系统创造。这个货币系统是前几章的分析中唯一的金融机构。本章保留这种唯一的金融机构,以便推迟考察那些反映私人银行制度中利润动机的决定货币供应的因素以及中央银行对其成员银行使用的控制网络;这种形式的货币体系将在下一章中引出。现在的目标是考察通常称为非银行的中介机构的那些金融机构的活动。但是,我们将称它们为"非货币的"中介机构,以表示即使它们中有一些称为银行但也不创造货币。

下面第一节讨论中介过程的一些要素。后两节分析非货币的间接资产市场,包括货币体系定期存款市场,非货币的中介机构的活动干扰货币和初级证券市场均衡的各种途径,政府金融活动对金融市场的影响,以及对非货币的中介机构成长有利和不利的环境。然后在一般均衡框架中考察存在非货币的中介机构时货币中性的条件,最后考察存在这些中介机构时货币政策的有效性。

中介要素

对于金融机构在经济活动中的作用,经济学家莫衷一是。这些机构在储蓄—投资过程中究竟起什么作用?怎样区别非货币的中介机构与商业银行或货币系统?从何种意义上讲,商业银行发挥了中介机构作用?下面几页探讨这些和类似的问题。

中介机构的职能和类型

金融中介机构的主要职能是从最终借款人那里买进初级证券,并为最终贷款人持有资产而发行间接债券。虽然初级证券是它们的主要资产,但金融中介机构也持有其他中介机构的间接债务,也拥有有形资产。

金融中介机构可以分成两大类:货币系统和非货币的中介机构。货币系统作为中介机制,购买初级证券和创造货币。货币系统充当支付机制的管理者时,在账户上于支出单位间转移存款。与之相比,非货币的中介机构只履行购买初级证券和创造对自身的非货币的债权的中介作用,这种债权采取储蓄存款、股份、普通股票和其他债券形式。这些债权是非货币的间接债务还是金融资产,取决于是从发行者角度还是从持有者角度看待它们。

划分非货币的金融中介机构有多种标准。有些中介机构是私人的,另一些是政府的。前者包括互助储蓄银行、储蓄贷款协会、私人人寿保险公司以及信用社等等。后者有联邦土地银行、邮政储蓄系统以及政府保险和养老基金等等。私人中介机构中有些是为股东利润而组成的公司,另一些是互助性的或合作性的。大多数机构只购买某几种初级证券——抵押票据,或公司股票,或政府债券;但也有几个机构购买多种证券。许多中介机构只发行少数几种间接债券,但其他机构,诸如人寿保险公司,却发行令人眼花缭乱的一套套的债券。少数中介机构,主要是销售金融公司,很大程度上倚仗于其他中介机构购买它们的间接债券。

中介作用的产品是间接金融资产,这种资产以初级证券为基础而创造出来,但自身具有各种效用。中介作用的报酬来自中介机构持有初级证券的收益率与它们在间接债务上支付的利率或股利率的差额。间接金融资产提供的效用也存在明显差异。这些效用在市场上有售价,可为中介作用带来利润。货币是支付手段;对人寿保险公司的权益对不幸事件是一种保障;互助基金的股份为资产多样化和资本收益提供了机会;信用社股份和互助储蓄银行存款提供了便利,也许提供了互助友爱精神;储蓄贷款协会的股份可能为将来得到抵押资金提供了途径,诸如此类,不一而足。然而各种间接金融资产也有显著的相似之处。其中大多数资产具备固定的或确定的偿还价值,投资费用低,契约可分为从小到大的票面值单位。有了这些或别的特征,间接金融资产就构成单独一类,区别于大量的初级证券,而这种初级证券则成为中介过程的原料。

金融中介机构利用了借贷款中规模经济的好处。从贷款方面看，中介机构从事投资或经营初级证券投资，其单位成本可以远远低于大多数个人贷款者的投资。仅就其资产规模而言，就可以通过多样化大大降低风险。它可以调整期限结构，从而最大限度地缩小了流动性危机的可能性。有时互助机构或合作机构还可得到税收好处，而这是个别储蓄者所无法得到的。从借款方面看，有着大量存款人的中介机构可以正常地预测偿付要求的情况，即使流动性比较小的资产结构也可以应付裕如。中介机构吸引无数债权债务人从事大规模借贷活动的好处，可以优惠贷款条件的形式分到债务人身上，可以利息支付和其他利益形式分到债权人身上，也可以用优厚红利的形式分到股东身上以吸引更多的资本。

由于规模经济的重要性，中介机构的资产和负债是高度专业化的。在资产方面，储蓄贷款协会以及在较小程度上也包括互助储蓄银行专门从事抵押放款，销售金融公司和信用社从事消费贷款，投资公司从事公司股票，而人寿保险公司在较大程度上从事公司和政府债券。在负债方面，许多中介机构只吸收短期存款。少数只出售股票，某些只出售年金股票。在既定的初级证券发行环境中，中介机构的专业化有助于增加它们生存的机会。但当环境变化时，这种专业化也许对它们产生不利作用。建筑活动的减少，会突然降低储蓄贷款协会的增长率。耐用消费品购买下跌时，销售金融公司即趋冷落。农业萧条时，土地银行也告衰落。更为普遍的是，由于多数非货币的中介机构专门从事私人的而不是政府的初级证券，因此，当战时私人借款实际上消失，政府债券大量骤增并按钉死的高价销售，非货币的金融机构的发展大为减慢。

金融中介机构的成长也与外部经济有关。对货币系统而言,外部经济特别明显而又特别重要。有效的货币系统是社会的实际经济增长的基本条件。但在社会和私人保险、甚至在抵押以及消费金融方面,外部经济也是重要的。因此,由于这方面或其他方面的原因,社会对中介机构寄予特别的关注,实施了异常严格的管制,着重确保潜在的外部经济得以实现。

储蓄—投资过程中的中介机构

中介手段有助于提高储蓄和投资水平和在各种可能的投资机会之间更有效地分配稀缺的储蓄。它们在储蓄—投资过程中的作用很像早先已考察过的其他手段的作用,下面将只作简要的回顾。

一个经济社会中如果没有金融资产,则各支出单位不管其当期收入中哪一部分未被消费,都要投资于新的有形资产——假定对现存有形资产没有交易。没有一个单位的投资会超过其储蓄,因为超额支出无法筹资弥补。也没有一个单位的投资会少于其储蓄,因为不存在投放超额储蓄的金融资产。各支出单位被迫保持平衡预算,即储蓄等于投资。这种状况很可能导致投资和储蓄水平较低,从而导致较低的产出增长率。

而且,没有金融资产,会引起资源的无效率分配。由预期收益率产生的投资机会有序化,几乎总是要求一些支出单位的投资超过其储蓄(即赤字),另一些单位的投资少于其储蓄(即盈余)。但是如果没有金融资产,这种投资的有效次序常常无法实现。比较差劣的投资项目得以开工,而许多优质项目却遭冷遇,这仅仅是因为在支出单位之间没有一种有效方式按照不同于储蓄分配的状况来分配投资项目。

正如我们在第二章所指出的,货币余额的存在使局面得以改观,因为这些余额使一些具有前途可观的投资机会的支出单位能使投资支出超出它们的储蓄,并使那些没有这种机会的支出单位通过积累货币使储蓄超过它们的实际投资。由于支出单位在投资和储蓄中可以有某种专业化,货币就为整个经济开创了更有效地有序安排投资的可能性。其他金融技术,诸如组成合伙企业、持有奖券和转移现存有形资产等也可有同样效果。

通过发行初级证券来发展外部融资,由于各种分配和中介手段的发展,有可能使情况进一步改观。分配手段通过类如经纪人和证券交易所等便利,使初级证券有效地从借款人分配到贷款人,并从一个贷款人分配到另一个贷款人。分配手段提高了贷款人金融资产中最后一元钱的边际效用,减小了借款人债务中最后一元钱的边际负效用,从而有助于提高投资和储蓄的水平。同时,分配手段让更多的投资项目相互竞争以供贷款人审核,从而会提高资源配置的效率。

中介手段为了最终贷款人的持有资产的需要而把初级证券转变为间接证券。中介手段使贷款人能够得到特别适应他们需要的品种繁多的金融资产,也使借款人无需去发行不适合自身企业的那些种类的证券。金融中介机构也能在许多方面改进分配手段的效率。它们在储蓄—投资过程中的作用很类似分配手段、抽彩给奖或土地出售等的作用。它们能使支出单位躲开平衡预算的禁锢,更有效地安排支出。

中介机构和金融资产的创造

所有金融中介机构都创造金融资产。货币系统购买初级证券时，创造货币。其他中介机构购买货币时，则创造各种形式的非货币的间接资产。而且，非金融的支出单位通过购买货币也能创造初级证券。很明显，各种金融资产都是由某个机构创造的。

可见，货币系统和非货币的中介机构在这方面的区别，并不在于哪个创造了和哪个没创造，而在于各自创造了独特形式的债务。非金融的支出单位和金融中介机构在这方面的区别，是前者创造初级证券而后者创造间接证券。当然，这些都是区别，但在这些创造过程中并没有什么理由让我们看重一类而忽视另一类。在各种情形下，金融资产因购买别种金融资产而被创造出来——或在某些情形下，因购买有形资产而创造金融资产。

政府货币系统的银行局可以购买各种形式的初级证券。所以，它可以创造相当于它持有任何一种初级证券的某个倍数的货币。如果为了某种原因，政策局指示银行局持有某种形式的初级证券，其数额与它货币负债的某一部分相等，银行局就能根据这些"法定储备"的某个倍数来创造货币。非货币的中介机构创造非货币间接证券时，最初是买进通货和活期存款。接着，这些中介机构亦可以用同样方法，依据它们通货或存款余额的某个倍数来创造负债。并且由于中介机构还能出售货币换得初级证券，因此它们亦可依据它们持有的任何一种资产的某种倍数来创造负债。如果中介机构受到数量上控制的话，它们也就依据它们"法定储备"的某个倍数——要求它们持有的一种资产的某个倍数——来创造负债。

货币不像其他金融资产，因为货币是支付手段。公司股票也不同于其他金融资产，因为股票带有公司的所有权。保险公司的投保人权益证书也不同,因为它与某些保险特征有关。事实上,整个经济中的金融资产都有差异。

中介过程:间接金融

当支出单位的收入分配与支出分配恰好相同时,所有单位的收入和产出账户上预算收支平衡。在这种情况下,用于当期产出的一切支出都是靠内部筹资的。但是,当收入和支出的分配不相同时,事后,一些支出单位就有盈余,而另一些单位则有同样数额的赤字。盈余单位提供购买当期产出的权利,金额相等于它们的盈余;相应地取得等额的净金融资产——即,金融资产减去发生的债务和发行的股票。赤字单位接受并运用上述购买权,用增加它们的净债务和股本(除去收入盈余)的方法来支付。预算收支的上述不平衡通常会导致初级证券的净发行和金融资产的净积累。

初级证券的发行可以通过三条渠道。其一,和以前一样,这些证券可直接出售给其他非金融性支出单位。其二,亦和以前一样,也可出售给货币体系,在这种情况下,最终贷款人得到货币而不是初级证券。第三种新的方法是,初级证券可出售给非货币的金融中介机构,最终贷款人得到非货币的间接资产而不是初级证券或货币。第一种是直接金融;后两种是间接金融,即金融中介的情形。

如果我们细心考察三种情形中各自的外部融资方法,即可清楚地看到非货币的中介机构在这个过程中的作用。为简便起见,假定有赤字的支出单位发行数额相等于其赤字的初级证券,盈余单位得到对应数额的金融资产。当外部融资直接进行时,赤字单位向盈余单位出售初级证券,得到的是货币系统里早已创造的活期存款。随后这些存款被赤字单位花在当期产出品上——否则它们就不会是赤字单位了——最后这些存款又回到盈余单位。后者现在有了较多的金融资产——同样数额的货币但较多的金融资产——代表这些单位在收入和产品账户上的盈余。

当由货币系统充作中介时,赤字单位向货币系统出售初级证券,得到新创造的活期存款。随后这些存款被赤字单位用于当期产出上。盈余单位最终得到这些存款,它代表盈余单位让给赤字单位购买当期产出的权利的金额。在这些交易中,赤字单位创造了初级证券,货币系统创造了货币,而盈余单位则得到金融资产作为没有在当期产出市场支出的报答。通过货币系统的中介,未开支的收入从盈余单位转移到了赤字单位。

最后考察一下通过非货币的中介机构的间接金融过程。盈余单位签发它们在货币系统的活期存款上的支票,把这些支票交给非货币的中介过程。作为报答,它们得到对这些中介机构的债权——即非货币的间接资产。中介机构对支票作了背书并交给货币系统,得到盈余单位所放弃的活期存款。然后,中介机构用这些存款从赤字单位购买初级证券。[①]后者现在有了活期存款。这些存款随后被赤字单位花在当期产出上,最终为盈余单位得到。盈余单位最后得到的活期存款与它们最初开始时一样多,但现在它们有更多的非货币的间接资产,它代表了它们转移到赤字单位的未支出的收入。

在这些交易里,赤字单位再次创造了初级证券,非货币的

---

① 我们忽略了中介机构通常保留微小百分比的活期存款。这将在下面讨论。

中介机构创造了非货币的间接资产,盈余单位得到了金融资产作为没有在当期产出品市场上支用它们的收入的奖励。从资产或负债衡量的货币系统的名义规模,并没有改变:整个交易过程中未清偿的活期存款额保持不变。存款从盈余单位转向非货币的中介机构,然后转向赤字单位,最后又回到盈余单位。货币系统并没有发挥中介作用;它的作用只是管理支付机制,在账上转移存款。

所以,货币系统和非货币的中介机构都能在把未支用的收入从盈余单位转移到赤字单位方面,发挥中介作用。这些金融机构本身在收入和产品账户上没有不平衡,正是在这意义上,它们是中介机构。上述不平衡只存在于非金融的支出单位中。①

货币系统与非货币的中介机构有许多共同点,而且共同点比区别更为重要。这两类金融机构都创造金融债权;它们都可以根据持有的某类资产而创造出成倍的特定负债。它们在未支用的收入从盈余单位转移到赤字单位方面都扮演中介角色。而且,正如以后会说明的,它们都能创造可贷资金,引起超额货币量,并产生大于事先储蓄的超额事先投资。

非货币的间接资产的市场

前面几章中,从四个市场来探讨经济制度,即:劳务、当期

---

① 实际上,在较小范围内,金融中介机构也确实有收入产品账户上的交易,所以它们也会出现小额的不平衡。就此而言,它们是未支用的收入的原动者而不是中介者。

产出、货币和初级证券市场。当供求在各个市场上都相等时，经济处于一般均衡。现在有了非货币的中介机构，我们也要考察一下第五个市场，即非货币的间接金融资产（暂且不包括货币系统中的定期存款在内）的市场。这个市场和其他市场一样，可以由一个需求函数、一个供应函数和一个市场均衡方程式来描述。我们将顺序进行分析。

对非货币的间接资产的需求

支出单位对非货币的间接资产的实际需求，取决于实际收入水平、金融资产的实际持有量（包括数量和质量）、初级证券的"这一个"利率、以及货币系统或非货币的中介机构对它们间接债务支付的外含存款利率。这些同时也是支出单位对货币和初级证券的实际需求的决定因素。其他的决定因素还有资本货物的实际租金率、支出单位初级债务对有形资产的比率，但在以下的分析中不考虑这些方面。

如果其他条件不变，实际收入的上升对支出单位对非货币的间接资产的需求有相反作用。首先，实际收入的上升增加了支出单位对货币的需求，而为取得增加的货币余额，它们就减少了对其他金融资产的需求。可见，实际收入的上升会降低对非货币的间接资产的需求。其次，对诸如保险准备金、养老金股权等资产的需求，可能与实际收入水平保持正向的、尽管只是松散的联系。总起来说，我们认为实际收入的上升会稍微减少一点支出单位对非货币的间接资产的实际需求。

随着金融资产持有规模扩大，支出单位对非货币的间接资产的需求亦会增加。这种需求增大的程度，不仅取决于金融资产规模的绝对增长，而且还取决于这一增长的构成——

初级证券的构成。如果这些证券与中介机构的间接证券竞争激烈,则对非货币的间接资产的增量需求会受到抑制。反之,如果这些证券通常不为最终贷款者所接受,那么,对中介机构债权的增量需求就得到刺激。

初级证券利率较高会减少对非货币的间接资产的需求,因为这会使初级证券更加便宜,比货币和非货币的间接资产具有更大的吸引力,从而引诱人们从间接证券转向初级证券。货币系统支付较高的外含存款利率意味着货币变得比非货币的间接资产和初级证券更具吸引力,从而减少了对这些资产的需求。最后,非货币的中介机构支付较高的外含存款利率会增加对这些中介机构债权的需求,从而吸去原先对货币和初级证券的需求。

对非货币的间接资产的实际需求是汇总的,指经济中所有非金融的支出单位而言。因此,它受到这些单位之间金融资产分布的影响;非货币的间接资产在例如消费者这种单位的资产中的比例比在其他单位要大。这一因素不仅影响总需求,而且也影响对非货币的中介机构某类债权的需求。

非货币的间接资产的供应

非货币的中介机构供应对自身的债权的愿望,在实际量上取决于它们购买的初级证券的利率,取决于它们出售的非货币的间接债务的存款利率,取决于它们经营资产负债的可变费用,也取决于它们能得到的初级证券的类型。提高初级证券的利率,会提高它们供应非货币的间接资产的愿望。反之,它们的存款利率或其他可变费用提高,就会减少它们的愿望。当初级证券构成对它们活动不利时,它们也会减少供应对自身的债权。这些条件不变的话,它们对债权的实际供应在当期产出的任何价格水平上都不变。

短期内,在一定利率情况下,对非货币的间接资产的实际需求一提高就会降低均衡存款利率,因为这些资产的供应不是完全弹性的。但在长期内,现存企业会扩大,新企业会加入该行业,从而使供应增加到足以恢复早先的存款利率。这里假定在长期内该行业实际收益不变;采用这一假定是为了方便起见。

这种供应函数是汇总的,指所有非货币的中介机构而言的。由于中介机构各自专业从事不同类型的初级证券,所以利率在各类中介机构的供应函数中就不是作同样的形态运动。因而,相对利率的变动可能在中介机构之间产生赢利能力的相对变动。从总收入中牟取净收入的相对效率变动,也会使不同中介机构在各个存款利率上能够提供产出的相对规模发生变动。可见,在中介机构之间,随着利率结构和经营效率的调整,可以看到竞争优势在或多或少地频繁变化。

还必须指出,总供应函数中也还可以包括政府的非货币的中介机构提供的债权。如果这样,就必须考虑这样的可能性,即除去主宰私人间接债权供应的因素之外,还有其他因素影响这些债权的供应。

市场均衡

在一个竞争性环境中,非货币的中介机构支付的存款利率的均衡水平是由供求曲线相交决定的;如图 6.1 所示,纵轴计量存款利率,横轴计量实际的非货币的间接资产。图中均衡存款利率是 d_0'。短期需求曲线从左到右上升,因为这些资产的较高存款利率会使它们比货币和初级证券更具有吸引力。短期供应曲线从左到右下降,因为较低的存款利率增加了中介机构供应对自身的债权的愿望。这里假定,在许多因素中,利率、货币体系的存款利率、支出单位的实际金融资产持有量以及实际收入水平是既定的。

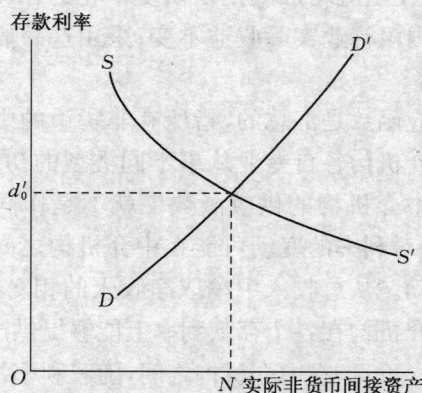

图 6.1　非货币间接资产市场的均衡

当存款利率低于 d_0' 时,这些资产的实际需求低于中介机构想要供应的数量。于是中介机构间的竞争就会促使存款利率上升到均衡水平。存款利率高于 d_0' 时,需求超过供应,于是存款利率趋于下降。

支出单位金融资产实际持有量的增加提高了它们对货币、初级证券和非货币的间接资产的实际需求。因而,金融资产持有量的增长使图 6.1 中需求曲线向右位移。短期供应曲线既定,则中介机构存款利率趋于下降,因为在原先的存款利率上,现在需求超过供应。在长期内,对非货币的间接资产的需求增长会吸引更多的企业进入该行业,从而使供应曲线向右位移。于是,存款利率会上升回到其原先水平上。由于现存企业的扩大规模和新企业的加入,该行业的产出得以扩大。

如果初级证券对中介机构债权的竞争性很强,上述需求曲线向右位移的程度就会小一点。同时,如果这些债权的发行不很适应于中介业务,则上述供应曲线会向左移。在短期内,这两个因素都阻碍中介机构的成长。初级证券的构成不同,对两条曲线的影响不同,对中介机构的增长率也有不同的影响。

假定在金融资产实际持有额不变的条件下,实际产出水平的提高会稍稍减少一些支出单位对非货币的间接资产的实际需求。短期供应曲线既定时,这种情况会提高中介机构的存款利率,并减少它们的产出。长期内,企业离开该行业,供应曲线向左位移,存款利率趋于返回最初水平。

货币系统存款利率的上升增加了支出单位对货币的实际需求,并减少它们对初级证券和非货币的间接资产的实际需求。这同样也引起中介机构存款利率在短期内上升。长期内,一些企业离开该行业使供应曲线向左位移,迫使存款利率回降。如果初级证券利率上升,支出单位减少它们对货币和非货币的间接资产的实际需求,对非货币的间接资产减少需求,会提高中介机构存款利率。但与此同时,初级证券的较高利率提高了中介机构供应对自身的债权的愿望——供应曲线向右位移。这造成了进一步对存款利率的向上压力,而这种压力又因新企业进入该行业而在长期内进一步加强。

最后,价格水平上升,包括非货币的间接资产在内的所有其他名义变量都随之而同比例变动,这使所有的实际需求和实际供应在长期内保持不变。这些名义变动也不会影响非货币的中介机构的实际规模和它们的存款利率。

非竞争因素

在一个高度竞争的环境里,非货币的中介机构的存款利率迅速升降以消除非货币的间接资产的超额存量和超额需求。在竞争较弱环境里,存款利率的反应会比较迟钝。中介机构起初会试图加强广告、对新存款人和股东提供红利和各种奖励来消除超额存量。它们起初也可能会降低广告支出、限制各个支出单位存入货币的数量、或把顾客推开,从而试图消除超额需求。但是,当超额需求和超额存量很大而且持续不衰时,存款利率终将作出反应。

货币系统的定期存款

到目前为止,我们承认政府货币系统只发行货币,其中包括活期存款和通货。非货币间接资产由其他金融中介机构所创造。现在考虑一种中间性情形,即:货币系统创造定期存款。定期存款不属货币存量范畴,因为它们不是支付手段。很明显,它们也不是经济中非金融的部门所发行的初级证券。它们恰好可归类于非货币的间接资产,"非货币"因为它们不是货币,"间接"是因为它们由金融中介机构发行。

先考察创造定期存款的要素,然后分析定期存款的市场。

创造定期存款的要素

假定政策局指示银行局向支出单位出售定期存款,这些存款具有政策局规定的一个正数的外含存款利率。

支出单位从银行局购买定期存款,使用的是货币,通常是用它们活期存款上的支票。设想有人用这种方法购买了 100 美元的定期存款。结果是货币系统的活期存款负债减少了 100 美元,而货币系统的定期存款负债则增加了同样数额。货币系统的总负债或总资产没有变化。然而,名义货币量减少了 100 美元。当用通货购买定期存款时结果也是一样,定期存款增加 100 美元,货币系统内的通货负债下降同样数额。同样,货币系统的总负债和总资产没有改变,名义货币量下降 100 美元。

把购买定期存款与购买对非货币的中介机构的债权进行比较,可以说明问题。当支出单位购买后者时,经济中的名义货币量——在支出单位和非货币的中介机构所持有的资产中——不变,而非货币的间接资产增加。因而,这种购买增加了经济中间接证券的总量。但是,购买定期存款则增加了一种间接证券,减少了另一种,结果间接证券总量不变。当然,这些只是政策局发布进一步指示之前的最初变动。

定期存款市场

银行局提供定期存款时,支出单位对货币和(其他)非货币的间接资产的实际需求不仅取决于已经讨论的那些因素,而且还取决于银行局对其定期存款支付的外含存款利率和这些存款在金融资产结构中的数量。如果其他情况不变,当这一存款利率上升,对货币和其他非货币的间接资产的实际需求会下降。

除去货币、初级证券和非货币的间接资产的金融市场之外,现在又有了定期存款市场。对定期存款的实际需求取决于支出单位的金融资产实际持有量(包括数量和质量)、实际收入水平、利率以及三种存款利率——活期存款、非货币的间接资产和定期存款。

这一实际需求随支出单位的金融资产实际持有量和定期存款利率的上升而上升。当初级证券利率和其他两种存款利率上升时,它下降。最后,我们假定实际收入的增加会稍微降低对定期存款的实际需求,因为支出单位把需求从定期存款转移到实际货币余额。

政策局给银行局的指示中已规定了定期存款的名义存量。这些指示也许授权银行局在政策局规定的存款利率上供应支出单位所需要任何数量的定期存款,也许它们还授予其他权限。当对定期存款的需求与其存量相等时,定期存款市场处于均衡状态。

非货币的中介机构和货币需求

现在集中考察非货币的中介机构的活动如何影响对货币的需求,或者从更广泛意义上说,如何扰乱金融市场。在这里主要不是考察这些干扰对实际市场的馈入,或者从实际市场到金融市场的反馈。我们先简单描绘一下货币市场的均衡状态。

货币市场上的均衡

当对货币的实际需求与其实际存量相等时,货币市场处于均衡状态。我们假定支出单位的对货币的实际需求取决于它们实际持有的金融资产的数量和质量、实际收入水平、利率以及外含存款利率。我们忽略了另外两项决定因素——资本货物的实际租金率和初级债务占资本货物的比率。支出单位持有的金融资产可以包括货币、初级证券和非货币的间接资产(定期存款在外,容后考察)。货币余额的外含存款利率由政策局规定。

名义货币量来自于银行局,作为它持有的初级证券的对应物。在实际货币需求既定,政策局规定价格水平时,只有一个名义货币量符合要求。

图 6.2 表示货币市场上的均衡。纵轴计量初级证券的利率(或较为确切地说,这种利率的平均数),横轴表示实际货币余额。货币需求曲线 DD' 是在假定实际金融资产、实际收入

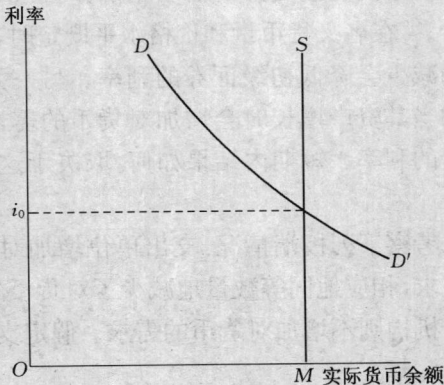

图 6.2　货币市场上的均衡

和存款利率水平既定情况下描绘出来的。DD'曲线向右下方倾斜,表明在初级证券利率较低时,支出单位愿持有更多的货币余额作为金融资产。支出单位的金融资产增加使曲线向右位移,实际收入增加或银行局的存款利率上升时也有同样影响。另一方面,非货币的中介机构支付的存款利率上升使曲线向左位移,因为非货币的间接资产变得相对更有吸引力了。垂直线 MS 表示实际货币存量。在政策局寻求的价格水平既定时,我们可以由此推断出名义货币量。假定均衡利率为 i_0,需求曲线和供应曲线在这点相交。

货币市场均衡的失调

假定上述均衡是在没有非货币的中介机构的情况下建立的——即假定没有支出单位对非货币的间接资产的需求。现在引进这些资产,但货币系统的定期存款在外。这实际上意味着这些资产的存款利率从零上升到一个正数水平。这使支出单位对非货币的间接资产的需求增加,对货币和初级证券的需求减少。[①]在名义货币量和价格水平既定时,支出单位对货币需求的减少会降低初级证券的利率。另一方面,非货币的中介机构当其资产增长时会增加对货币的需求,这又会提高初级证券的利率。短期内结果如何,取决于这两种因素的相对比重。

值得先考察下列极端情况:支出单位增加对非货币的间接资产的需求,相应地同等数量地减少了对货币的需求,而非货币的中介机构则不增加对货币的需求。假定支出单位想要

① 这里假定支出单位对当期产出品的需求不变。

减少 100 美元货币余额,并增加持有同额的非货币的间接资产。他们从货币系统的活期存款上签发支票,把支票支付给非货币的中介机构,得到相应数额的对这些机构的债权作为报偿。这些中介机构用这笔钱去购买 100 美元的初级证券。这些证券只能是从支出单位购买来的,因为假定货币系统保持它的初级证券以便在整个交易过程中使名义货币量不变。但是,在现行利率下,支出单位希望减少它们的货币余额而不是初级证券持有额。它们想要较少的货币,保持原来数额的初级证券,以及较多的非货币的间接资产。所以,为吸引支出单位放弃初级证券,中介机构就抬高这些证券的价格,这意味着利率下降,迄至支出单位乐意于持有与开始时相同数额的货币,较少的初级证券以及较多的非货币间接资产。当然这是短期结果。由此会形成对商品价格和货币工资率的向上压力,这种压力在名义货币量既定时反过来又给利率造成向上的压力。一般说来,经过长期调整,价格水平会更高,利率会更低。

　　短期结果如图 6.3 所示。非货币的中介机构的存款利率上升引致支出单位增加对非货币的间接资产的需求,并减少相同数额的对货币的需求。结果,货币需求曲线向左移动,以便使对货币的需求在利率 i_0 时的减少额 $M'M$ 相等于非货币的间接的资产购买额。在名义货币量不变和价格水平既定时,利率从 i_0 下降到 $i_1$①。应该指出,上述需求曲线仍然是指

---

① 利率下降使非货币的间接资产的供应曲线向左位移,这些资产的需求曲线向右位移(如图 6.3 所示)。这会降低非货币的中介机构所支付的存款利率,并可能改变它们的产出规模,引起货币市场进一步的反应;我们对此不再追溯。

支出单位对货币的需求,货币存量线是指支出单位拥有的实际货币数额。当非货币中介机构暂时得到支出单位存入的货币时,支出单位手头的实际货币量只是 OM'。但是,当中介机构支用这些货币来购买初级证券的时候,货币量线便右移回到其原先位置 OM。[①]

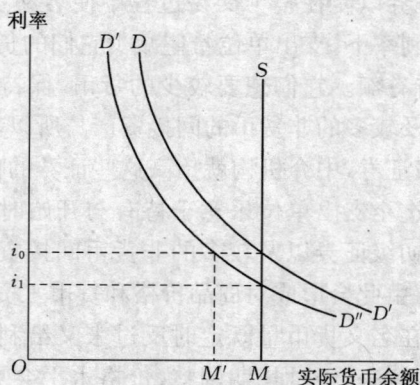

图 6.3 非货币中介机构引起的均衡失调

  还应该指出,这些交易对利率的影响类似于第五章讨论过的把长期债券变为短期票据的业务。[②]在这两种情形中,支出单位都把流动性相对小的资产换成流动性大的资产,于是减少了它们对货币的需求。债务短期化和金融中介作用是达

---

  ① 或者说,上述需求曲线可以反映支出单位和非货币中介机构两者对货币的需求,而货币量线可以反映两者拥有的货币量。从这一观点考虑,中介机构暂时有货币时,两条曲线不一定发生变化。当它们把货币用于初级证券时,需求曲线会向左位移,最终到 $D'D''$ 位置。当然,从这两种观点都得到相同的最后结果。

  ② 见前文。

到同一目标的两种途径。

　　现在我们转向另一个极端,假定支出单位增加对非货币的间接资产的需求时完全不减少对货币的需求,并且,非货币的中介机构提高对货币的需求,其程度完全与它们资产增加一样。在这一情形中,图 6.3 原先的需求曲线不移动,而货币量线(支出单位持有的货币量)由于非货币的中介机构的资产增加而向左位移。结果,在商品价格既定时,初级证券利率上升。这是因为在现行初级证券利率上,当支出单位购买非货币的间接资产时,它们只打算放弃初级证券。但是,为购买这些资产它们又必须暂时放弃货币。于是它们试图通过出售初级证券来收回这些货币,但是这些出售只是在相互之间进行,因为非货币的中介机构不作任何购买,而仍然持有货币。所以,初级证券收益率上升,迄止支出单位满足于持有较少货币余额,同样数额的初级证券和较多非货币的间接资产。

　　这两个极端情况揭示出一般性结论。在既定的名义货币量和价格水平下,如果非货币的间接资产增长引致支出单位对货币的需求减少得多于中介机构所增加对货币的需求,则初级证券利率下降。当非货币的间接资产在支出单位资产中是货币的近似替代品时,这种情况最可能发生,因为中介过程的特殊性质决定了只要求中介机构持有少量货币。在相反情形中,则利率上升。当中介机构所增加的货币需求正好与支出单位减少的货币需求数额相同,则非货币中介机构的成长对利率不起作用。

　　假定非货币的间接资产是货币的近似替代品,那么,在商品价格水平既定条件下,非货币的中介机构的成长短期内很可能引起利率下降。这提高了支出单位对当期产出的实际需求,后者又可能会提高商品价格,并把利率拉回最初水平。经过这一过程,非货币的中介机构的成长产生了超额货币量,使事先投资超过事先储蓄。

初级证券市场均衡的失调

我们已经指出,支出单位对非货币的间接资产的需求增加,能在初级证券现行利率上创造出超额货币量或对货币的超额需求。超额货币量最初表现为对初级证券的超额需求,对货币的超额需求则表现为初级证券的超额存量。因此,非货币的中介机构干扰货币市场均衡的同时,也干扰初级证券市场均衡。

从初级证券市场的角度可以看出,非货币的中介机构有能力改变可贷资金的供应——具体说,能够增加这一供应量。这是指可贷资金的正统意义而言的。假定储蓄和投资是由不同组的支出单位进行的,则:

$$
可贷资金供应量 = \begin{cases} 支出单位的计划储蓄 \\ \quad + \\ 货币存量增加 \\ \quad - \\ 经济中对货币需求的增加(窖藏) \end{cases} \quad (1)
$$

支出单位的计划储蓄是它们对初级证券、货币和非货币的间接资产的需求增加,假定它们不偿还债务。经济中对货币需求的增量减去支出单位对货币需求的增量,就是非货币的中介机构对货币的增量需求。根据这些定义,公式(1)可以重新表述如下:

$$可贷资金供应量 = \begin{cases} 支出单位增加的对初级证券需求 \\ + \\ 支出单位增加的对非货币 \\ \quad 的间接资产需求 \\ + \\ 货币存量增加 \\ - \\ 非货币的中介机构增加的对货币需求 \end{cases} \quad (2)$$

最后指出,支出单位增加的对非货币的间接资产需求,等于非货币的中介机构增加的对货币和初级证券的需求;货币存量增加,等于货币系统增加的对初级证券的需求。这就是说:

$$可贷资金供应量 = \begin{cases} 支出单位增加的对初级证券的需求 \\ + \\ 非货币的中介机构增加的 \\ \quad 对初级证券的需求 \\ + \\ 货币系统增加的对初级证券的需求 \end{cases} \quad (3)$$

对可贷资金的(增量)需求是投资者增加的初级证券存量。因此,从一个均衡位置出发,初级证券市场保持均衡的条件是:

$$初级证券存量的增加 = \begin{cases} 支出单位、非货币的中 \\ 介机构和货币系统增 \\ 加的对初级证券的需求 \end{cases} \quad (4)$$

或者说,对可贷资金的(增量)需求等于可贷资金供应量。

所以,非货币的中介机构可以通过需求初级证券来增加可贷资金的供应量。假如非货币的中介机构的增量需求不为支出单位和货币系统的需求减少所抵消,则可贷资金的总供应量会增加。假设货币存量不变,则货币系统对初级证券的需求不减。

支出单位如何呢?一般说来,支出单位增加对非货币的间接资产需求的时候,这些单位相应地减少对货币——不是对初级证券——的需求越多,那么,由此引起的中介机构对初级证券需求的增加越是可能导致对这些证券的需求净额增加,伴随的支出单位货币需求而不是初级证券需求的下降也就愈大。当然,这正是我们已经考察过的同一事物的另一面:如果非货币的中介机构的成长导致超额货币存量,它也导致对初级证券的超额需求——可贷资金供应量的净额增加。

创造业务和转换业务

在利率、商品价格和实际收入的当期水平上,非货币的中介机构创造间接金融资产可能导致货币的超额存量和对初级证券的超额需求。这些机构变更支出单位持有的初级证券的构成,从而还可进一步影响支出单位对货币的需求。比如,假定非货币的中介机构向支出单位卖出政府债券,买进抵押债券。这一“转换业务”消除了支出单位持有资产中流动性比较小的证券,代之以高度流动性的证券。所以,支出单位得以减少持有货币余额,因而减少对货币的需求。在货币存量既定时,于是有货币超额存量和对初级证券的超额需求。如果非货币的中介机构反向转换,支出单位的流动性降低,因而增加对货币的需求。

非货币的中介机构通过转换业务或者采用创造间接债务的办法，可以减少支出单位对货币的需求，从而造成货币超额存量。货币系统通过转换和创造也能造成货币超额存量；第一种情况中减少对货币的需求，第二种情况中增加货币的绝对存量。事实上，金融中介机构的这些转换和创造业务是把一种证券赶出市场而发行另一种证券的双重方法。从这一方面来说，它们都是政府的债务管理手段。

定期存款和对货币的需求

前面说过，支出单位增加定期存款持有量时，直接的后果就是货币存量的等量减少。对货币的需求又发生什么变化呢？这取决于支出单位转向定期存款时愿意放弃什么金融资产。首先假定，它们购买 100 美元定期存款时愿意放弃同额的货币。假定政策局不采取什么措施，则货币需求和货币存量同额下降，货币市场维持了均衡。初级证券利率不受影响，因为支出单位没有增加提供初级证券，货币系统也没有增加对它们的需求。

或者，假定支出单位购买 100 美元定期存款时愿意放弃同额的初级证券。对货币的需求不变，假定政策局不采取行动，则货币存量下降 100 美元。现在存在着对货币超额需求，它是初级证券超额存量的对应物。在当时的利率下，支出单位想要增加 100 美元定期存款，维持原来数额的货币，减少100 美元初级证券。为达到这一位置，它们试图出售 100 美元的初级证券，以补回它们在购买定期存款时放弃的货币。但是，如果货币系统坚持不扩张，在现行利率下没有对初级证券增量需求；因而，在既定的价格水平上，供应增量提高了利率。利率上升迄止支出单位满足于持有较少的货币量。

最后,假定支出单位购买定期存款时,愿意放弃 100 美元(其他的)非货币的间接资产。第一步,它们从非货币的中介机构提取这一金额,后者放弃货币余额也减少等额的负债。支出单位现在少了 100 美元(其他的)非货币的间接资产但增加了 100 美元货币。然后它们用货币购买定期存款。在这个时候,支出单位在现行利率和价格水平上处于它们意愿的位置:较多定期存款,原额的货币和初级证券,较少非货币的间接资产。但是,非货币的中介机构则未必处于它们的意愿位置:它们少了 100 美元货币和同额的非货币的间接债务。如果这些中介机构希望在它们资产中货币的比例不变,现在就要出售初级证券以获取货币。在货币系统或支出单位没有增加对这些证券的需求时,价格水平既定,利率则上升。

概言之,如果政策局不主动采取行动,在支出单位增加对定期存款需求的同时,又全额减少其对货币的需求,那么,对定期存款需求增加不会使利率变化。如果支出单位不把其对货币的需求减少到这一程度,对初级证券的总需求必然会下降——或者因为支出单位减少了它们对这些证券的需求,或者因为它们减少了对非货币的中介机构的债权的需求,迫使后者降低了对初级证券的需求。初级证券需求的下降会在短期内提高利率。

另一方面,假定政策局指示银行局,保持货币存量不变,那么,对定期存款需求的增加不再减少货币存量。这样,对货币的需求的任何减低都会降低利率。这可能有两个途径:其一,支出单位购买定期存款时可能会降低对货币的需求。其二,支出单位降低对其他非货币的间接资产的需求,从而使中介机构因其资产总额下降而减少对货币的需求。

政府金融活动和金融市场

政府通过其金融活动,可以在几方面影响支出单位对货币和其他金融资产的实际需求。我们要考虑的金融活动如下:(1)发行政府证券;(2)对间接证券的保险;(3)对初级证券的保险或担保;(4)建立政府非货币的中介机构。

发行政府证券

当政府债券在一定总量的初级证券中占较大比重时,支出单位通常会增加对初级证券的实际需求,而减少对间接证券的实际需求。理由是:政府证券,尤其是储蓄债券和短期可流通债券,在与许多种间接证券竞争中,要比大多数私人初级证券活跃得多。具体说,政府债券相对重要性的加强,有助于降低支出单位对货币系统的债权的实际需求。在货币系统名义规模既定时,它在当期商品物价上形成了超额实际货币量,从而会降低初级证券的利率。这样,对价格水平造成上升压力,这种压力又会缩小货币系统的实际规模。①

---

① 不管支出单位是减少对货币的实际需求还是对定期存款的实际需求,这都会发生。前一种情况,货币需求下降,而货币存量不变。第二种情况,货币需求不变而货币存量上升——因为支出单位减少定期存款,增加货币余额,以便购买初级证券。

如果减少名义货币量以避免价格膨胀,货币系统的实际规模也将缩小。在任何情况下,政府证券都是货币系统的有力竞争对手。

政府证券相对重要性的加强,也会减少支出单位对私人非货币的间接资产的实际需求。同时,因为这些中介机构中大多数专门从事于各类私人初级证券的业务,这些证券的地位相对下降也降低了中介机构供应对自身的债权的愿望。这些债权的实际需求和实际存量都下降,从而非货币的中介机构的实际规模亦缩小。

间接证券的保险

政府可以为金融中介机构的某些或所有间接证券进行保险,这样做,使这些证券比其他金融资产对支出单位较有吸引力。尽管先前没有提到。确实我们必须想到政府货币系统的活期和定期存款是由政府保险的。这件事本身就使支出单位对这些资产的实际需求,比存款未经保险、因而仅是私人银行体系的负债时,要有所提高;所以,在货币系统名义规模和价格水平既定的状况下,为活期和定期存款保险会使利率提高。这会造成价格水平的向下压力,并且扩大货币系统的实际规模。同时,非货币的中介机构的实际规模趋于下降,因为保险的安排减少了对它们的负债的需求。

假如政府为所有间接证券保险,支出单位就会减少对初级证券的需求从而增加对这些间接证券的实际需求。这样的安排可能会扩大货币系统的实际规模。由于支出单位对私人非货币的间接资产的实际需求增加,也由于中介机构鉴于"挤兑"可能性减少从而愿意在各种利率上提供较多的这种资产,所以,保险安排也有助于扩大它们的实际规模。

初级证券的保险

政府可能为某种私人初级证券提供保险或担保。这一安排一般会增加支出单位对初级证券的实际需求,减少对间接证券的实际需求。因而,货币系统和私人非货币的中介机构的实际规模会在较高价格水平上趋于缩小。然而,如果私人中介机构现在由于购买保险过的初级证券,因而愿意供应较多的间接资产,那么,实际规模的缩小可能有所抵消。而且,支出单位可能增加对间接证券的需求,这些间接证券的后盾是保险过的初级证券。因此,总的说来,这些中介机构的实际规模不会由于上述安排而变化很多。

假如政府把保险过的初级证券的所有权限于金融中介机构之内,不允许支出单位拥有它们,则支出单位对以保险过的初级证券为后盾的间接证券的实际需求就会增加。同样,私人中介机构仍然愿意在各个利率水平上供应对自身的债权。正由于这些缘故,金融中介机构的实际规模趋于扩大。

建立政府非货币的中介机构

政府可以在其货币系统的定期存款部门之外,建立自己的非货币的中介机构——在美国通常称为联邦贷款机构。建立这些机构,是为了两个目的中的任何一个。其一,专门购买某些种类的不易在私人经济领域出售的私人初级证券。其二,专门向支出单位发行某些种类的别人不供应的间接证券。

政府的某些非货币中介机构可能要购买初级证券;为此目的,它们向支出单位出售各种类型的间接证券,诸如储蓄存款、债券、信用债券等等，以获取资金。这些证券可能在利息和本金方面受到政府的完全担保。其他中介机构可能向政府出售它们自己的间接证券以获得资金，而政府则再向支出单位出售政府债券。这样，政府中介机构可以购买私人初级证券，并且用它们自己的间接证券——也许是担保过的——或者用政府债券去替换支出单位的原有资产。

其影响之一是减少支出单位对货币系统和私人非货币的中介机构的债权的实际需求，这又会缩小私人中介机构在较高价格水平上的实际规模。如果与此同时政府中介机构又从初级证券发行上刮取了油水，私人中介机构则由于在这些证券中的选择更加狭窄而受到损失。所以，私人中介机构减少了供应间接资产的愿望，从而会更加缩小其实际规模。

非货币的中介机构的成长

非货币的中介机构是政府货币体系的竞争者，也就是说，非货币的中介机构的成长通常会减缓支出单位对货币的需求的增长；在既定的一系列政策目标的背景下，这会阻滞货币系统的适当扩张。如果货币系统有定期存款，这些债权的增长通常会降低所要求的货币存量的增长。

非货币的中介机构成长的良好环境是：国民产出的扩大主要基于私人支出（包括地方政府支出），而这些支出在很大程度上靠外部手段——发行初级证券——取得资金。在这样的环境中，支出单位之间收入的分配明显地不同于这些单位之间支出的分配，所以，相对于国民产出说来，预算的赤字和盈余都很大。私人部门中上述预算不平衡的所在位置也对金融中介有最大的刺激力。因而最终借款人发行的初级证券不仅数量庞大而且十分适合于中介机构的专门职能,同时最终贷款人不仅有大量金融资产的积累,而且倾向于积累间接证券而不是初级证券。

如果货币系统的存款利率被规定在低水平上,如果货币政策普遍是收缩性的,那么,私人非货币的中介机构就得以进一步地发展。那是因为,在货币非中性的假设下,初级证券利率上升会使私人中介机构为吸引对它们产品的增量需求而提高自己的存款利率。这些中介机构的成长还可能有其他有利因素,比如:政府为它们的间接债务保险,政府至少为它们所购买的一部分初级证券保险,没有政府贷款机构与它们竞争。

私人经济活动高涨期间,在现行价格水平上对当期产出的总需求很有可能超过供应,而政策局又试图维持这种价格水平,这时,上述许多有利因素很可能存在。但是,私人非货币的中介机构在短期高涨中也许没有时间去充分利用这种有利的形势。较长期的增长为中介机构提供了更多机会以便在适宜气候下扩张。这里有几条理由。其一,为对利率升高作出反应,中介机构只是在相当长的时滞之后才提高存款利率,虽然其他形式的销售努力可能滞后较少;这会在短期内阻碍它们的成长。其二,只有较长时期内,中介机构才有时间引进新型的间接金融资产、使现有办公设施现代化、开设新的分支机构、并且争取到对它们买卖的证券有较为宽松的控制规定。

而且,有利条件持续之时,新企业就有时间和动力来加入这一行业,其中一部分类似于现存企业,而其他则反映激进的变革。中介机构也有时间和动机从借款人那里引导出在期限、偿还条件等方面满足中介机构特殊要求的初级证券。使初级证券恰好适合中介机构的要求,这使中介机构能够通过低贷款利率、高存款利率和高额股利来分别惠及借款人、贷款人和持股人。另外还有不太重要的一点,在长期增长时期,私人非货币的中介机构也许会排挤政府贷款机构而得到成长,而在短期高涨中这也许不能在很大程度上发生。

　　详细讨论对非货币的中介机构成长的不利环境是没有必要的,因为不利条件一般就是上述有利因素的反面。但是,可以举出两个例子——战争时期和产出增长率急剧下降时期。战争时期,中介机构面临支出单位收入分配和支出分配之间有巨大差异的有利时机,它导致初级证券的大量发行和金融资产的积累。但更为重要的是,初级证券发行中比重最大的可能是政府证券,而且这些证券的利率被货币系统控制在低水平上。第一个因素会抑制支出单位对间接证券的增量需求,而第二个因素却有助于提高这种需求。但是,诚如上述,这两项因素都会降低中介机构供应对自身的债权的愿望,所以总起来讲,它们的成长受到阻碍。在长期的经济萧条中,支出单位为使预算趋向平衡,放慢初级证券发行和金融资产的积累,包括对中介机构债权的积累。如果数额不大的初级发行中政府证券又占据很大比重,而且银根又较松,那么,非货币的中介机构的成长则会进一步受阻。

非货币的中介机构和货币的中性

　　如何把非货币的中介机构放进我们第二种模型的一般均

衡框架呢？如前所述，在那个模型中存在着三个部门：消费者、非金融的工商企业和政府。在均衡时，消费者有着平衡的或盈余的预算；在后一种情况中，他们积累金融资产——货币和同质企业债券。工商企业有着平衡的或赤字的预算。它们发行债券以弥补赤字和获取货币余额。政府在收入和产品账户上没有收入和支出。然而，它经营着由政策局和银行局组成的货币系统，银行局根据政策局的命令购买债券并创造货币。

第 3 章和第 5 章表明，在新古典体系中，如果货币是内在性的——如果货币全部以私人国内债务为基础，比如国内企业债券，则货币对经济的实际变量是中性的①。也就是说，如果银行局购买企业债券以增加名义货币量，债券名义总量则以相同比例增加，商品价格和货币工资率也是一样。这个体系的实际变量，包括利率在内，在长期中不受这种名义货币扩张的影响。结果，消费者实际持有初级证券和货币不变；企业的实际负债和货币余额不变；货币系统持有实际债券份额也不受影响。

我们还知道，在新古典派体系中，当存在内在和外在货币的组合时——其中外在货币不是以国内私人债务为基础，而是以比如黄金或"外国"债券（包括政府债券）为基础的货币——货币则不是中性的。比如，假定货币系统以黄金和企业债券两者作为其货币负债的后盾，于是，货币系统购买企业债券从而增加名义货币量，就会使支出单位——在物价、货币工资率和名义债券以相同比例增加之后——相对较多地实际持有货币，相对较少地实际持有债券。货币系统持有较大份

---

① 见前文。

额的实际债券。因而,均衡利率更低了,货币对这个体系的实际变量具有了非中性的作用。

定期存款:静态均衡

现在引进定期存款。假定这些存款,只由消费者持有,并且是政府货币系统的负债。消费者持有初级证券、货币和定期存款,而工商企业有未清偿的债券并持有货币余额。再假定存在静态均衡,所以各部门都预算平衡,都对自己实际持有的金融资产和债务感到满意。从这一均衡位置出发,假定银行局购买足够多的企业债券从而使名义货币量(举例说)扩大一倍。然而,这并不代表货币系统的名义负债扩大一倍,因为它还有定期存款负债。假定最初情形中定期存款等于该系统的活期存款和通货,于是上述债券购买意味着该系统名义负债增加 50%。商品物价、货币工资率和名义债券同比例增加使支出单位处于和原来一样的实际位置,如果货币系统允许定期存款以相同比例增加的话——即,允许支出单位用货币余额交换定期存款。如果是这样的话,货币对于这个经济系统的实际变量就是中性的。

当存在着未清偿的定期存款,如果货币系统的任何一项负债以黄金或"外国"债券为后盾——即活期存款或通货或定期存款是外在性的——则货币就不是中性的。比如,假定货币存量全部是内在性的,而定期存款有部分是外在性的(假如货币系统的资产可以如此分开的话),那么,货币就不再是中性的了。这是因为货币系统为增加其负债而购买企业债券,使得它——在物价和名义债券同比例增加时——具有更大份额的实际债券。所以,利率更低,这又影响其他实际变量。

私人非货币的中介机构：静态均衡

现在撤下定期存款，引进对私人非货币的中介机构的债权。这些中介机构持有货币和企业债券；消费者持有初级证券，货币和非货币的间接资产；企业有未清偿的债务并持有货币。

仍然从一个静态均衡位置出发，假定货币和非货币的间接资产都是内在性的。现在假设名义货币量由于货币系统购买债券而扩大一倍。这引起物价和名义债券扩大一倍。这也导致消费者对非货币的间接资产的名义需求扩大一倍。由于中介机构愿意扩大它们持有的名义货币和债券一倍来增加供应这些资产，因此，货币仍能保持中性。于是，支出单位实际持有的债券、货币和非货币的间接资产以及债务都与以前一样。金融中介机构群体——货币系统和非货币的中介机构——保持了它的实际债券份额。

当货币有部分是外在性的，货币就不是中性了，因为名义货币量增加——物价和名义债券同比例增加——现在使金融中介机构群体具有较大份额的实际债券。支出单位具有相对较大的实际间接证券持有量和相对较小的初级证券持有量，这会降低均衡利率。

在同样的框架中，如果非货币的间接资产至少部分是外在性的，即使全部货币都是内在性的，货币也不再是中性了。在这一情形中，非货币的中介机构不仅持有货币和企业债券，而且还持有一些黄金或"外国"债券作为它们负债的后盾。名义货币量扩大一倍仍然引起非货币的间接资产名义量扩大一倍。但是，因为非货币的中介机构持有外在证券，所以非货币间接资产扩大一倍意味着这些中介机构的企业债券名义持有量将扩大一倍还多。因而,中介机构群体最终在价格水平提高一倍的情况下持有较大份额的实际企业债券;支出单位有相对较多的间接证券实际持有额和相对较少的初级证券实际持有额。即使我们假定非货币的中介机构供应实际间接债务的愿望不受它们债券资产中企业债券和外在证券之间构成的影响,上述状况也是存在的。

简言之,在新古典派体系中,如果经济中存在任何外部间接证券——如果任何金融中介机构,包括货币系统在内,持有黄金或"外国"债券作为其负债后盾——货币就不是中性的。当然,正如第 3 章所说的,如果新古典派规则中任何一条不被遵守的话,货币也就不是中性的了。

非货币的中介机构:平衡增长

最后,在新古典派体系内考察平衡增长的情况。所有间接证券都是内在性的。支出单位的企业债券和金融资产的实际价值和名义价值,都按相同的不变比率 n,随劳务、实际收入和资本存量增长。

在各个时期中,工商企业发行债券,消费者和企业购得金融资产。但是,在既定的债券利率上,支出单位通常会不接受一部分债券而愿意持有货币、定期存款和其他非货币间接资产。价格水平在下列条件下才是稳定的,即:如果货币系统购买足够多的企业债券从而供应支出单位在这一价格水平上所需求的货币和定期存款,如果私人非货币的中介机构也购买足够多的货币和企业债券从而供应支出单位在这一价格水平上所需求的间接资产。在物价稳定的平衡增长时期,金融中介机构的各种资产成分都按不变比率 n 增长。假设私人中介机构在长期中愿意在存款利率不变的条件下供应更多对自身的债权;也假设货币系统存款利率也保持不变。

在这些情况下,如果货币系统持有的债券以高于 n 的比率增长,则商品价格和货币工资率上升。如果货币系统的债券持有量以低于 n 的比率增长,则出现相反情况。在任何一种情况中,货币对经济的实际变量都是中性的。从更广泛意义上说,经过金融中介机构的间接金融的作用也是中性的。

另一方面,如果间接证券既有内在成分又有外在成分,那么,两个部分就必须按平衡增长率 n 增长以便金融中介过程能保持中性。这是因为,如果金融中介机构只购买企业债券从而来满足对间接证券增长的需求——它们的外在证券实际持有量不变——那么,它们就会不断地增大它们的实际债券份额,而使支出单位在现行债券利率上实际持有相对较少的债券。这将降低债券利率,经济中的其他实际变量也受到影响。

货币政策和非货币的中介机构

政策局对银行局买卖初级证券、创造和取消货币和定期存款、及其存款利率水平,发布指示。可见,政策局对货币系统的规模和活动,有完全的控制。但另一方面,政策局对私人非货币的中介机构的规模和活动却没有直接控制。为实现其一整套的政策目标,政策局可以把货币系统作为一个抗衡力量来抵消非货币的中介过程的任何不利影响。

对非货币的中介机构的货币控制与价格水平

当货币对经济中实际变量的影响是中性时,名义货币量的任何变动会在不影响初级证券利率的情况下同比例地改变商品价格和货币工资率。正如我们已经指出的,在这种情形下,私人非货币的中介机构的存在不会实际地对最终结果发生影响。比如,名义货币量的增加会同比例地增加这些中介机构的名义规模、物价、货币工资率和名义债券。中介机构支付的存款利率、利率以及其他实际变量,在新的均衡状态中不发生变化。

在一定名义货币量下,经济中存在着一个确定的价格水平;即使所有的金融资产——包括非货币的间接金融资产在内——是内在性的,也是如此。因而,政策局把名义货币量确定在一个合适水平上,就能得到它所期望的任何价格水平。

然而,政策局直接控制非货币的间接资产的名义数量以及这些资产的利率,而同时让银行局像竞争性的银行体系一样,不受限制地争取最大利润,也能够达到完全同样的目的。在这种情况下,当实际经济条件既定,与非货币的间接资产的各个名义量相对应的也各自只有一个价格水平。在这一价格水平上,在均衡存款利率和利率上,银行想要供应的名义货币量会等于支出单位对货币的需求量。

当控制非货币的间接金融资产的名义量而不是控制名义货币量时,存在着一个确定性价格水平。为说明这一点,假定人为地把价格水平从与普遍均衡相适合的那个水平提高。即使名义货币、名义债券和货币工资率同比例地增加,支出单位也将处于不均衡状态,因为较高的价格水平降低了一定名义量的非货币的间接资产的实际价值。支出单位将会实际持有相对较多的债券和相对较少的间接资产,将会持有较低的全部金融资产的实际价值。这种情形对利率造成向上的压力,而对价格水平造成向下的压力。经济最终会慢慢回到原先的均衡状态,利率、价格水平以及金融资产名义量不变。

在这种环境中,政策局提高非货币的间接资产的存款利率,推动这些资产名义量增加,从而能提高价格水平。这会增加支出单位对非货币的间接资产的实际需求,而相应减少对货币——我们暂作这样假设——的实际需求。可以设想非货币的中介机构因其负债上升而全额地增加对初级证券的需求,则政策局干预的结果就是在开始时的价格水平、利率和银行存款利率上存在着超额名义货币量。如果货币是中性的,继而会出现与超额名义货币量成比例的物价上涨,债券名义量也同一比例增加。在对非货币的中介机构的债权的名义价值有了适当调整之后,实际的结果为:货币余额实际减少,对非货币中介机构的债权实际增加,以及对非货币中介机构的债权的存款利率相对于不变的债券利率和银行存款利率而提高。这里假定银行业务的实际单位成本保持不变。

反之,如果政策局指令非货币的中介机构降低其支付的存款利率,则会引致对货币的超额需求以及商品和劳力市场上价格下跌。所以,政策局或者控制银行体系,或者控制非货币的中介机构,能够达到期望的价格水平。

货币政策和利率

现在假设政策局又控制了银行局;也假设货币不是中性的,因为一部分货币量属于外在性的。于是,银行局对私人国内证券的交易所引起的名义货币量任何变动,都会影响经济中的实际变量,包括利率在内。在这一情形中,如果不对私人非货币的中介机构进行直接控制,很可能会减低货币政策的有效作用,这是因为,名义货币量的一定变动对利率的影响会比有直接控制的情况下较小。情况也可能是:不受控制的中介机构的活动使得政策局有必要比有直接控制情形下增加或减少更多的货币量来实现利率的一定变动。

为了解上述情况如何发生,假定银行局受令出售私人国内证券以降低货币量和提高利率。当利率较高,支出单位对货币和非货币的间接资产的实际需求降低;中介机构总的实际规模减小了。但是,与此同时,不受控制的中介机构现在愿意在现在的存款利率上供应更多对自身的债权。在上述债权的存款利率与货币系统存款利率既定的条件下,能够达到较高的利率和较低的价格水平,在这点上,支出单位暂时满足于它们的金融资产实际持有量。要是非货币的中介机构没采取进一步行动的话,这个高利率则会"居高不下"。但在现在的存款利率下,会存在非货币间接资产的超额供应。这导致这种资产的存款利率上升,从而增加支出单位对非货币的间接资产的实际需求而减少对货币和初级证券的实际需求。短期影响将是使利率比有直接控制情况下下降较多,使价格水平提高。这样,货币政策的作用被不受控制的中介机构的活动所削弱。

通过类似的过程,不受控制的中介机构也会部分地削弱货币放松的政策。假定银行局增加名义货币量并降低利率。较低的利率增加了支出单位对货币和非货币的间接资产的实际需求,降低了这种不受控制的中介机构供应非货币的间接资产的愿望。在这种不受控制的支付机构现时所支付的存款利率上,上述情况会造成对非货币的间接资产的超额需求;只有上述存款利率的下降才能慢慢使这种超额需求消除。但是，这又会增加支出单位对货币的实际需求，因而把利率提高到原来水平之上。价格水平则从其较高的、暂时的水平下降。

政策局能够抵消这种不受控制的中介机构进行不适当行动的影响。比如，如果在产出增长时期，这些中介机构扩张迅猛，政策局只需限制货币系统的增长，其程度要比往常为实现某一套政策目标所必需的更大些。因而，私人非货币的中介机构的增长可能引致政策局加强对名义货币增长率的抑制。如果中介机构成长有点捉摸不定，政策局另外还得要对付时机选择问题。最后应当指出，政策局通过变动其存款利率能够从事抵消性行动，从而改变对货币的实际需求。

货币政策与资源配置

如果各个最终借款人可以向任意一家中介机构方便地推销初级证券，而且不管选择哪一家都可以的话，那么，这家中介机构的成长因其他中介机构不受控制的成长而受抑制，对于他就是无关紧要的。在任何利率上，无论政策局是否抑制这里的或那里的中介机构成长，最终借款人集团的构成总是一样的。然而，在上述条件不是普遍存在的情况下，为抵消其他不受控制的中介机构成长而抑制一部分金融中介机构，很可能会改变借款人的构成。一些人会感到融资更加困难或更加不便；其他人可能不受影响。因而，资源配置部分取决于政策局所控制的金融中介的具体领域。

货币政策和控制领域

政府货币系统的规模可以被缩小或扩大，可以推向这一方向或另一方向,也可以在一切方面受严密控制,但这个系统的运转可以不受任何不利影响。在前面的说明中,银行局确实就是做了要它做的事,不管它对这些行为是否"得心应手"。但是,当货币系统包含了以赢利为目标的私人商业银行之后,对这些银行活动的控制系统总有一天会给货币当局带来问题。这种控制可能会减少银行体系的利润和资本头寸,削弱其他方面的活力;当银行体系面临不受控制的中介机构的尖锐竞争因而难于对货币当局的愿望作出充分的反应的情况下,尤其如此。当政策局和银行局转换成中央银行和它的追逐利润的成员银行之后,上述控制问题和其他问题又将如何,下一章中将作考察。

小结

迄止目前,我们模型中唯一的金融机构还是政府货币系统,其中有政策局和银行局。本章引进了第二类金融机构——非货币的金融中介机构。这些中介机构从最终借款人手里买进初级证券,并为最终贷款人的投资而发行对自身的非货币的债权——非货币的间接资产。

这些机构的主要功能是在盈余单位把未支用的收入向赤字单位转移过程中发挥中介作用,在贯彻这一功能时,它们有助于提高储蓄和投资水平,并在可供选择的投资项目中最佳地配置稀缺的储蓄。政府货币系统也在未支用的收入的转移中发挥中介功能。这两类机构之间还有其他类似之处。它们都购买初级证券从而创造间接证券。它们都能创造可贷资金的超额供应量；它们都能创造超额货币量和大于储蓄的超额事先投资。但是，货币系统是支付机制的唯一一行政管理者。

支出单位对非货币的间接资产的实际需求，取决于它们的金融资产实际持有量、实际收入水平、利率以及货币系统和非货币的中介机构所支付的外含存款利率。且不说其他因素，非货币的中介机构供应间接资产的愿望，在实际价值上取决于利率和它们的存款利率。货币系统的定期存款也是非货币的间接资产。对它们的实际需求也取决于上述因素。它们的名义量由政策局指令决定。

从均衡位置出发，支出单位可能因爱好的变化或存款利率的变动而增加对非货币的中介机构债权的实际需求。假如非货币的中介机构随扩张而增加对货币的需求，但非货币的间接资产的增长引致支出单位更多地减少对货币的需求，那么，初级证券的利率开始时就会下降。当支出单位在其投资构成中把非货币的间接资产视作货币的近似替代品时，这很可能发生。假如非货币间接资产的增长引起对货币需求的净增加，则利率开始时就会上升。当对货币系统定期存款的需求增加时，如果政策局让名义货币量下降，则初级证券的利率上升，除非支出单位减少对货币的需求与定期存款增加的数量完全一样。另一方面，如果银行局受令保持名义货币量不变，对定期存款需求的增加就不会减少货币量。由此可见，支出单位由于均衡位置变化而对货币需求有任何减少，都会趋于降低利率。

当产出的增长主要以私人支出为基础，而这些支出在很大程度上又靠外部融资维持，那么，非货币的中介机构的成长就会得到很大刺激。刺激中介机构成长的另一些因素是，货币系统存款利率定在低水平上,货币政策通常是限制性的,非货币的间接资产受政府保险,中介机构所购买的初级证券中至少有一部分是政府保险过的,政府贷款机构很少对之竞争。

如果货币系统和非货币的中介机构发行货币和非货币的间接债务的后盾仅仅是持有私人国内债务(和货币),则在新古典模型中,货币政策对经济实际变量的影响就是中性的。于是,货币系统在公开市场购买私人国内债务从而增加名义货币,在物价和货币工资率以相同比例提高之后,支出单位仍在相同的实际位置上。但是,如果金融机构的任何货币的或非货币的负债是以"外在"证券为后盾,则货币政策在相同情形中对实际变量的影响就不是中性的。不仅仅是内在和外在货币的组合破坏了货币的中立性,而且内在和外在的非货币的间接资产的组合也起了同样作用。

在一定的名义货币量下,价格水平是确定的,即使一切金融资产,包括非货币的间接资产在内都是内在性的时候,也是如此。政策局可以通过直接控制名义货币量以达到希望的价格水平。但是,直接控制非货币的间接资产的名义量(和存款利率),而让商业银行不受约束地去追逐利润最大化的产出,也能达到同样目的。

当产出增长时,名义货币的一定量变化对利率和价格水平的影响比其他情况下较小,在这意义上,非货币的中介机构的扩张可能会降低货币政策的作用。经济凋敝时,不受控制的中介机构的活动也可能会削弱货币政策的作用。政策局可以通过比其他情况下更大幅度地增加或减少名义货币量来抵消这种行动。

政策局控制一个部门——货币系统——而让不受控制的

部门自由地扩张和收缩,从而调控金融中介机构集团的规模。所以,货币控制会改变资源的配置;这就是说,在中介机构集团中,控制的着力点不同,资源配置也不同;控制的着力点分布得平均与否,也对资源配置产生影响。但是,货币控制并不影响政府货币系统运行的效率,因为银行局总是在干要它所干的事。但是,当货币系统中包括了追逐利润的私人商业银行,那么,对它们的活动的控制系统总是会给货币当局带来问题;当银行面临不受控制的中介机构的有力竞争时,情况尤其如此。

7

货币控制的基本要素

在前面几章里，名义货币量的决定非常简单——由政策局向银行局下命令决定。政策局命令为购买当期产出或初级证券，或为转移性支付而发行货币，银行局则遵令行事。与货币需求、政策目标相适合的名义货币量得到确定，货币创造就不会有什么经济问题。

现代货币系统并不如此简单。货币存量中的某个部分——主要是硬币和纸币——是政府发行的。但较大部分是商业银行的产物。这些以赢利为目的的私人公司，在上述不适用于银行局的动机和限制的复杂背景下，能够而且确实创造了货币，甚至创造了非货币的债权，诸如定期存款。有了商业银行，政策局或中央银行只能在货币市场供求双方都有私人经济选择的背景之下去解决货币均衡问题。政策局也必须考虑私人银行机构的经济活力，以便维持银行体系作为金融中介和支付机制的行政管理者的效率。

如果选择私人企业银行体系而不是其他金融制度作为管理价格水平的工具，如果中央银行不能像主宰银行局那样靠简单的命令来控制商业银行,那么,本章的一个目的就是解释对私人企业银行体系必须施加什么限制。对限制银行储备、法定准备金、规定外含存款利率、法定资本额和银行检查以及现代货币控制手段的其他要素,究竟什么是必要的?

本章的第二个目的是阐释中央银行实施货币控制之后对银行利润和银行资本的后果。正如第 6 章指出过的,假如对其他一些金融机构进行足够的控制的话,就未必一定要把商业银行作为价格水平政策的手段。由于已经选择了商业银行作为金融控制的焦点,股东的实际投资和利润又会受到什么影响?银行利润和资本的变化趋势,对货币政策的效率又会有何种影响?

前述模型中的存款利率

以前假定,在初始经济和随后几个模型中,政策局规定外含存款利率为零。为便于后面分析,简要回顾一下这些经济模型,以便了解存款利率变动是如何影响这些模型中的均衡位置的。

初始经济

假定劳务市场总是处于均衡状态,此外,初始经济还有当期产出和货币的两个市场。如果其中一个市场处于均衡,另一个也就均衡。我们考察货币市场。均衡时,货币实际存量等于支出单位所需要的实际余额水平。不考虑实际财富和财富的实际租金率,支出单位所需要的实际货币余额正向依存于现存的实际余额$\left(\dfrac{M}{p}\right)$，实际收入（$Y$），以及银行局对其货币负债所支付的外含存款利率（$d$）。经济处于一般均衡的条件是：

$$\frac{M}{p} = L\left(\frac{M}{p}, Y, d\right) \tag{1}$$

如果政策局确定名义货币量的水平（M）和存款利率，那么，在实际收入既定时，当期产出的价格水平就确定了。只有一种价格水平能使等式（1）两边保持相等。任何较高的价格水平会使现存实际余额减少得比支出单位所需要的实际余额减少的更甚，以致使货币市场存在超额（增加的）需求，商品市场存在超额供应。任何较低的价格水平，会产生超额货币存量和对商品的超额需求。

假定现在政策局提高存款利率。结果是，相对于现存实际余额来说，加大了对它的需要量，引致对货币的（增加的）需求，降低对当期产出的实际需求。通过物价和货币工资率的下降可以恢复均衡，因为减价所增加的实际货币余额比它增加的对实际余额的需要量要来得多。在一定的名义货币量下，物价下降创造出更多的实际货币以满足对货币（增加的）需求。对当期产出的需求得到恢复，整个经济在降低的价格水平上达到一个新的均衡。相反，当存款利率下降，则在新的均衡状态下价格水平较高。随着政策局操纵存款利率，支出单位会修正它们所需要的实际货币量；由于价格水平的调整，也改变现存的实际货币存量；在等式（1）中，p 的变动抵消了 d 的变动。

在任何实际情况中，名义货币量既定，则与各个存款利率相对应的只有一个价格水平;政策局必须规定存款利率以达到它所期望的价格水平。政策局可以使用变动存款利率的方法以取代变动名义货币量的方法,达到它的价格水平目标。

第二种经济

在第二种经济中,除去劳务市场,还有三个市场——当期产出、货币以及企业债券(永久证券)的市场。工商企业发行债券以弥补赤字和积累货币余额;消费者把他们的预算盈余"投资于"货币和企业债券;银行局购买债券并创造货币。政府部门在收入和产出账户中没有交易。尽管所有金融资产都是内在性质的,但是如果政策局规定出名义货币量和存款利率,则价格水平就是确定的。新古典主义分析的基本规则仍然有效。

如果不考虑实际租金率和企业的实际债务负担,支出单位对当期产出的实际需求正向依存于债券和货币的现存实际资产构成和实际收入,而与债券利率(i)、存款利率成反向关系。所需要的实际货币量正向依存于债券和货币的现存实际资产构成、实际收入以及存款利率,但与债券利率成反向关系。所需要的债券实际量随债券与货币的现存实际资产构成、实际收入和债券利率的增加而增加,但因存款利率提高而减少。

当期产出市场和货币市场处于均衡时,经济处于一般均衡——因为在此时债券市场也处于均衡。当期产出(Y)市场的均衡可以描述如下:

$$Y = E\left(\frac{M}{p}, \frac{B - B_g}{ip}, Y, i, d\right) \qquad (2)$$

$\dfrac{B-B_g}{ip}$ 符号表示支出单位的债券实际持有量,其中 B 是未清偿债券数量,每券每年支付 1 元;B_g 是银行局持有的这种债券的数量。货币市场均衡的条件是:

$$\frac{M}{p} = L\left(\frac{M}{p}, \frac{B-B_g}{ip}, Y, i, d\right) \qquad (3)$$

银行局的债券实际持有量 $\left(\dfrac{B_g}{ip}\right)$ 等于它的实际货币负债 $\left(\dfrac{M}{p}\right)$。在新古典主义模型中,工商企业按价格水平来调整未清偿债券数量,从而在任何实际情况中都使 $\left(\dfrac{B}{p}\right)$ 保持不变。在名义货币量、存款利率和实际收入既定的情况下,经济体系就决定了价格水平、未清偿名义债券量和债券利率。

现在假定政策局提高存款利率从而打破了最初的一般均衡状态。这增加了支出单位所需要的实际货币余额,相对于现存余额说来由于增加了需要因而引致了对货币需求的增加,并减少了对债券和当期产出的实际需求。假定增加对货币的需求时相应减少对商品和债券的需求,但在商品需求和债券需求之间影响是中性的。在这种情形中,由存款利率上升引起的对货币的超额需求被价格水平、货币工资率和未清偿的名义债券量的同比例下降所解决,没有对利率、实际财富和实际收入产生长期影响。

在新的均衡中,支出单位具有较多的实际货币余额和较少的实际债券资产。它们的实际货币余额增加,是因为名义货币在较低的价格水平上保持不变。它们的债券实际持有量下降,是因为未清偿的债券的实际量不变而银行局增加了它的债券实际持有量——它的债券名义持有量在较低价格水平不变。相反地,在同一条件下,如果政策局降低存款利率,就会提高价格水平、货币工资率和未清偿的债券名义量,而长期中不影响利率。但是,假如增加的货币需求对商品和债券之间的影响不是中性的,则当变动存款利率时会影响利率和其他实际变量。

银行业的自由经营

经济学告诉我们,在竞争背景中的消费者和企业受相对价格引导来有效地使用稀缺资源。这一法则是否适用于生产货币的行业以及这一产品的消费者呢?能否把货币控制交托给市场,交托给看来是在指导私营企业经济的成本价格关系这一双看不见的手呢?

假定取消了政府货币系统,政策局关门大吉,并且没有任何的自动机制诸如金本位制来代替它。没有政策局来规定名义货币量或外含存款利率。银行局也不复存在。私人银行企业取而代之,并得以为所欲为地买卖企业债券,创造和消灭货币。这种私利的追求也引导它们去寻求"最好的"存款利率:存款利率是银行企业为从支出单位借款而支付的价格,支付的方式是货币发行;银行业寻求这样一个利率,即:借款的边际成本等于投资于企业债券的可贷资金的预期边际收入。假设银行企业为寻求利润从实际角度考虑问题,它们没有货币幻觉。银行只受一条规则约束,即:它们的债务应该像货币一样不断地为公众所接受。除这一条外,我们都是在第二模式的基本形态的背景下进行分析,也就是说,新古典主义全部规则都是起作用的。

在对其他金融部门没有控制的条件下,可以看到,这样的银行制度意味着名义货币、名义债券和价格水平的盲目变动。下面将逐步介绍把名义变量和货币价格固定在一定水平上的控制办法。

银行利润和实际货币存量

与以前说的一样,在当期产出市场和货币市场基本均衡时,这个有着"自由"银行制度的经济系统也处于一般均衡状态。但区别在于:名义货币量和存款利率不再由货币当局决定,而是由商业银行决定它们想要供应的实际货币量以及它们想要确定的存款利率,以追求最大的实际利润。

商业银行所要求的未收回的实际货币存量,至少取决于下列因素:债券利率、存款利率和实际工资率$\left(\frac{w}{p}\right)$。债券利率上升和存款利率、实际工资率的下降,会促进货币扩张。实际工资率等于劳动力的边际产品,并在劳务市场上被决定。商业银行所要求的未收回的实际货币存量也可能依赖于银行业务的预期风险以及作为风险缓冲器的银行净值的量。货币供应函数为:

$$\frac{M}{p} = S\left(\frac{B_g}{ip}, \ i, \ d, \ \frac{w}{p}\right) \qquad (4)$$

当支出单位所需要的实际货币余额等于银行想要提供的实际余额时,货币市场在某个实际货币量上达到均衡状态。

这种经济体系有着摆脱货币幻觉和追求最大实际利润的私人银行制度。它能决定所有的实际变量,诸如货币和债券的实际量以及存款利率和债券利率,但不决定名义货币量、债券数量、价格水平和货币工资率之类的名义变量。具体说,支出单位作为资产所需要的实际货币余额与银行作为负债所需要的实际余额相等,这决定了实际货币余额的唯一水平。但是这个实际量可以由许多种名义货币量与价格水平的组合所形成。"自由"银行业无法固定住名义数值。

与实际货币的均衡存量相对应,只有一个银行实际利润水平。这种利润代表了社会对银行业从事中介和行使支付机制的服务的奖励。银行利润与银行制度中实际债券量、债券利率以及银行在劳务利用方面的技术效率成正向变化。而与银行制度所欠的实际货币量、外含存款利率和实际工资率成反向变化。银行利润表示为银行净值上的收益,则与股东的资金在其他用途上的收益保持平衡。至于银行业实际单位利润(即每一元平均所得的利润)究竟是随经营规模的扩大而保持不变、递增还是递减,现在是无关紧要的。

假设商业银行处于实际利润均衡,经济中所有实际变量都处于均衡水平。现在再假定商业银行不管为何缘故买进了更多的名义债券,因而创造出更多的名义货币。名义货币量的增长同比例地提高了当期产出价格、货币工资率以及名义债券量。因为假定货币是中性的,债券利率和其他实际变量就不会因这一名义的扩张而变动。因而银行的名义收入、费用和利润与名义货币同比例地增加,但实际利润依然如故。银行的扩张不曾影响实际变量,包括支出单位所需要的实际货币量以及支出单位给银行的金融服务的报酬在内。商业银行的名义规模是偶然性的。

这就是说,名义货币量和价格水平是不确定的。任何人,包括银行在内,对名义货币量和价格水平的某个指数是1、100,或是1 000,都是无所谓的。名义货币量不受任何理性规则的支配,也不受任何看得见的或看不见的手的指导。价格可以在任何水平上,都能使名义货币量适合于所需要的实际货币量。

银行业的竞争和垄断

关于银行体系中单个银行的状况,后面再作论述。现在,假定不允许单个银行无限增加其对其他银行的票据交换上的债务;它的存款必须能与其他地方的存款平价交换。单个银行的实际规模给定于支出单位方面对其发行的实际需要。由于所有竞争者的存款利率都相同,所以银行规模的大小就反映出位置优势以及按实际价值计算利用劳力以生产货币的经营技巧的高低。

显然,如果在"自由"银行制度下名义货币和价格水平是不确定的话,那么,垄断制度取代竞争性银行制度时,它们依然不确定。在货币的某个实际存量和存款利率点上,垄断制度使其实际利润最大化,但是,这个实际存量可能是无数名义货币量和价格水平组合的算术产品。犹如我们已经设计的模式一样,银行垄断者对其资产负债的名义价值亦感到无差异的。

货币控制的要点

因为"自由"银行业无法产生确定性的价格水平,所以我们恢复穿着中央银行外衣的政策局,并考察如果这个中央银行要推行一定价格水平的政策,必须具备什么样的起码权力。以这样的情况为例:中央银行有权创造以对自身的存款要求权为形式的名义储备余额,商业银行需要实际储备,一方面是用于清偿票据交换所的结算差额,另一方面是对初级证券上的资本损失的保障。中央银行决定成员银行储备的名义存量,它购买初级证券以增加此存量,出售初级证券以减少此存量。在下述第一个范例中,商业银行从这种储备得到的收益率——"储备—余额"利率——由银行间竞争性出价来决定。第二个范例中,上述收益率由中央银行确定。两种情况中都没有法定储备要求:对于商业银行来说,流动性的偏好不是强制要求,而是自己的选择。

储备市场和货币市场

在当期产出、债券和货币的市场之外,现在又有一个储备市场。储备的名义存量(R)由中央银行规定,并等于中央银行的债券名义持有量。当然,储备的实际存量是按购买力标准经过折算后的名义量$\left(\dfrac{R}{p}\right)$。

正像支出单位需要实际货币一样,商业银行为资产多样化也需要实际储备。它们所需要的储备实际量与银行所欠实际货币量成正向变动,因而也与现金和债券形式的银行实际资产总额成正向变动。它也与商业银行在中央银行存款余额上所取得的储备——余额利率成正向变动。它与可提供收入的实际资产的预期收益成反向变动,而这些收益则取决于债券利率和资产管理的实际工资成本。由于付给支出单位的存款利率的提高会降低商业银行所需要的实际货币债务和实际资产的水平,所以,这也会减少所需要的储备量。实际储备的增量需求与银行已经拥有的实际储备成反向关系。

当未清偿的储备的实际存量等于商业银行想要持有的实际存量时,这一市场处于均衡状态,即,这时:

$$\frac{R}{p} = R\left(\frac{B_c^g}{ip}, \frac{B_a^g}{ip}, i, d, d', \frac{w}{p}\right) \qquad (5)$$

其中$\frac{B_c^g}{ip}$代表中央银行持有的债券,它等于成员银行的储备;$\frac{B_a^g}{ip}$是成员银行自己持有的债券量;d'是储备—余额利率。在中央银行确定名义储备量时,孤立考虑这一市场,它会通过降低d'以消除对储备的超额需求;甚至把d'降到负数水平,意思是商业银行要向中央银行支付利息以持有储备。

现在有了储备市场,银行的货币供应函数〔上述方程(4)〕必须作修改。或可表述如下:

$$\frac{M}{p} = S\left(\frac{B_c^g}{ip}, \frac{B_a^g}{ip}, i, d, d', \frac{w}{p}\right) \qquad (6)$$

实际储备和储备余额利率的提高会使银行所需要的货币债务实际量增大;而在银行的净值既定的条件下,考虑到风险因素,银行持有债券的实际价值提高则会产生相反效果。同前面一样,银行所需要的实际货币存量与债券利率成正向关系,而与存款利率和实际工资率成反向关系。

储备—余额利率的市场决定

在开头的两种经济模型中,货币当局通过规定名义货币量和存款利率来推行其价格水平政策。当取消了有这种特权的当局并用"自由"银行业来代替时,名义货币量和价格水平就漫无目标了。仅仅恢复货币当局规定商业银行名义储备的权力,而让这些储备的存款利率依然由银行间竞争性开价去决定,是否就足以再次把价格水平固定住呢?

设想所有的市场包括储备市场在内最初都处于均衡状态。支出单位和商业银行都对它们实际资产总量和现金资产与初级证券间的资产多样化感到满意。如果商业银行出于某种原因,从支出单位更多地买进初级证券,为支出单位创造了更多的名义货币量供其持有,从而打破了均衡的宁静。在货币中性时,价格水平上升,名义债券量与名义货币量成比例增加。支出单位回到它最初的实际位置。但是,商业银行与中央银行的实际资产负债表已经与以前不同。从中央银行到其成员银行有一个净额的债券实际转移:在方程式(5)和(6)中,B_c^g 不变,而 B_a^g 和 p 则增大。成员银行增加了实际债券量和收入,但是它们的实际储备则随货币购买力的减少而成比例地减少。当中央银行管住名义储备时,商业银行可以在实际储备上做它们想做的事。

从商业银行的观点看来,在最初的储备——余额利率上,较高的价格水平和减少的实际储备规模意味着储备的短缺,因而它们对储备有超额需求。如果银行对均衡被打破之前的资产平衡是满意的话,那么,现在它们的储备比率下降了,一定是感到不满意的。能否预期,在较高价格水平上这种对储备的超额需求会把价格水平推回最初位置吗?不能。理由之一是,商业银行从实际债券和实际利息收入由于价格上升而得到的好处,弥补了减少了的流动性。为此,中央银行是吃了亏的。实际储备每减少一元,债券上就实际增加一元,而且按债券利息率带来收入。价格上涨对银行收入还有第二个影响,因为银行是按最初储备—余额利率在减少了的实际储备总量上向中央银行收取利息或者支付利息。如果这两项变动在收入上的净余额恰好弥补了商业银行在流动性上的损失,则一般均衡就在较高价格水平上得到恢复,而储备—余额利率不变。这样,无论是商业银行还是支出单位都不会愿意去恢复最初的价格水平,而价格水平显然是不确定的了。

如果银行的收入变化补偿银行因实际储备量下降而引起的流动性不足后还有余或不够,那么,在较高价格水平上恢复一般均衡时,中央银行支付的储备—余额利率会分别上升或下降。因为现在的模式中储备—余额利率是自由决定的,所以商业银行在选择使它们满意的现金和债券资产混合结构时能抬高利率或压低利率。似乎没有什么理由可以肯定,商业银行会对它们扩大名义货币量的冒险举动感到遗憾,因而会退回到最初的名义货币量和最初的价格水平。结论就是,当中央银行只管住名义储备存量、不规定法定储备或存款利率、并支付由竞争决定的储备—余额利率时,名义货币量、名义债券量以及价格水平都是不确定的。中央银行用这种形式武装自己,确切地说是放弃武装,就不可能对社会推行其在价格水平方面的政策。

名义储备和储备—余额利率的管制

在我们第二个例子中,中央银行不仅规定商业银行的名义储备,而且还规定储备—余额利率。通过前面的讨论可能已经清楚,现在中央银行能够管住名义货币量的创造和价格水平。名义货币量、名义债券量以及商品和劳务的货币价格现在都是确定的。

再回到最初的均衡,然后设想商业银行购买初级证券和货币扩张打破了这种均衡,对名义债券量和价格水平也产生了数量说效应。在名义储备既定的条件下,商业银行的实际储备减少,商业银行的实际债券持有额以中央银行资产减少为代价而增加。由于货币的实际存量或债券利率都没有变化,因此,商业银行在中央银行规定的储备—余额利率上会感到实际储备短缺。但是,现在不能由储备—余额利率的市场调节去解决对储备的这一超额需求。商业银行遗憾地发现,能够恢复他们所要求的实际现金和实际债券之间资金构成平衡的唯一方法是减缩名义货币量。它们必须使价格水平回到原先位置,并且在这个过程中,恢复中央银行资产的实际价值。在中央银行既控制名义储备又控制储备—余额利率的条件下,它能够迫使其成员银行在任何实际背景中只要一个价格水平而不要其他的价格水平;只有一个价格水平与商业银行制度中资产平衡相适应。

即使中央银行具有规定名义储备和储备—余额利率这两项特权,但其作为货币当局仍然不如前几章所述的政策局那样强有力。第一,它对名义货币量的控制是间接的。在名义储备和储备—余额利率既定时,商业银行也可能改变对其资产构成中怎样才算是现金和债券间有了正确平衡的看法,并通过名义货币量的扩张或收缩来调整现有的平衡。当然,中央银行可以避免这类调整,并且可以通过适当变动名义储备和储备—余额利率来阻止成员银行利用价格水平作为增减它们实际储备的手段。如果成员银行不想要这样高的流动性,中央银行可以收缩名义储备,提高储备——余额利率,或者两者并举。如果成员银行想要更高的流动性,中央银行可以扩张名义储备,降低储备——余额利率,或者两者并举。但是这种管制名义货币量的方法与政策局的直接手段相比,则是一种迂回的方法。

政策局还具有我们现在的中央银行没有的、规定付给支出单位名义货币余额上的存款利率的权力。在我们现在的模式中,存款利率是由支出单位和商业银行竞争决定的市场价格。银行缩小实际资产和实际负债的规模,努力使利润最大化;这样造成的利率的任何下降都必然会减少支出单位所需要的实际货币量,并促成价格上涨。中央银行能够用变动名义储备和储备——余额利率那样的关系到银行的流动性的对抗措施来避免价格水平上的上述扰乱。中央银行减少名义储备和提高储备——余额利率,能避免存款利率的下降,而存款利率的下降通过物价上涨,本来会加剧银行实际储备的短缺。中央银行增加名义储备和降低储备——余额利率,能避免存款利率上升,而存款利率的上升通过物价下跌本来会加剧实际储备的过剩。中央银行确实有那些对抗措施可供采用,但是前几章中说的政策局处于更强有力的位置来直接管制存款利率。

现在我们知道,假定商业银行存款利率由市场决定,则对私人企业的银行制度进行货币控制,最起码要有哪些要素。中央银行必须管住银行储备的名义存量。中央银行也必须以储备——余额利率的形式来决定这些储备的价格。中央银行能自由运用这些手段,则可实施其价格水平方面的政策。具体说,它能阻挠其成员银行为调整它们的实际储备量而使名义货币和价格水平上升或下降的任何尝试。控制住商业银行自己的存款利率是中央银行一项方便的、尽管是可有可无的控制手段。通过管制存款利率,中央银行得以事先阻挠成员银行试图变动支出单位所需要的实际货币量,并阻挠它们试图通过随后价格水平的上升或下降去变动自身以实际资产和实际货币负债表示的规模。

货币控制的技术手段

私人企业在名义货币量问题上无能为力,不像它们在钢铁、棉花或者实际债券上可以干的那样——创立一个市场,用一定的供应量去对付一定的需求量,并得出由消费中的边际效用和生产中的边际成本这样的实际变量所确定的单位价值。在新古典模型中,把计量名义货币量的数字的小数点前后挪动,不会影响任何人的实际收入或任何人的实际成本以至于任何一个消费者或企业能够觉察到。如果货币单位的价值被固定在一个封闭社会中,那么,政府企业必须承担责任。

决定名义货币量和价格水平有许多方法。前面考察了两种一般的解决问题的办法:一个办法是由政策局和中央银行对一大批私人商业银行实施管制。第二种办法则运用各种可能的管制手段,使中央银行能掌握住银行储备名义量、储备一余额利率,以及商业银行的存款利率。本章不考察那些非常规的规定名义货币量的决定因素的手段。下面的讨论主要限于传统的控制手段。

公开市场业务

对于中央银行说来,供应名义储备的普通方法是以对自身的存款产权的形式出售储备,接受政府债券作为代价。经济体系中其他东西——商品、劳务、私人债券或者商业银行存款——都可以用作上述代价,如果中央银行有条件经营、使用或储藏这些东西的话。但是,政府债券却是储备市场典型的等价物。

如何使提供的名义储备量恰到好处,通常的问题是:中央银行可能受其他人的要求而必须支付存款或付回存款以交换诸如黄金、外汇票据、硬币、通货或在途托收款项。中央银行通过名义储备的信号,指示成员银行去扩张或减缩名义货币量。但是,储备未必是信息交流的理想媒介,因为储备会接受一堆混乱的信号。例如,黄金流动与公开市场业务会发生一样的信号。除非中央银行很警惕用冲销的业务来收回除自身信号外的其他一切信号,否则,名义货币量就会与中央银行的价格水平政策不相适应地扩张或减缩。

储备还由于另一原因而未必成为理想的信息交流媒介。即使假定一切银行都是银行系统的成员,储备余额变动信号也不可能同步到达所有商业银行。第一家得到消息的银行调整自己资产构成和货币债务,影响结算余额,从而把信号传递给其他银行。最终各个银行都在储备的变动中分得一份,这一份有多大,决定于支出单位宁愿在这家商业银行存款还是在其他商业银行存款的选择。储备像是一条多路电线,信号杂乱,从中央银行向商业银行传递信息时,并不同步,有时要耗费一段时间。

成员银行法定储备

由法律或规章来具体确定储备占商业银行资产或存款的最小比率,这并非决定和操纵名义货币量和价格水平的手段的必要组成部分。当储备——需求函数(流动性偏好函数)既定,银行在债券利率、储备——余额利率、存款利率和实际货币量的各种组合下如何在储备与初级证券间保持最佳的资产平衡也就确定了,那么,当中央银行确定名义储备和储备——余额利率时,则名义货币量和价格水平也就决定了。比如,当债券利率相对于存款利率和储备——余额利率上升时,最低储备比率对银行试图减少储备是一种抑制。规定一个最高储备比率对银行试图增加储备实施与上述类似的抑制,这种作法不被接受这也许是因为强迫私人企业违背意愿去冒风险是令人反感的。

图 7.1 表示货币市场在债券利率 i_0、实际货币余额 OM 时的均衡,也可能有助于论证为什么法定储备并非货币控制所不可缺少的手段。在一定的名义储备量、储备——余额利率和存款利率之下,银行愿意在债券利率较高时提供较多的实际货币余额,正如供应曲线 SS' 所示。当债券利率下降时,支出单位对货币的实际需求趋于增加,正如需求曲线 DD' 所示。在实际货币余额 OM 均衡水平上存在一个银行所供应的确定性名义货币量和一个确定性价格水平。理由是,在需要实际货币 OM 的支出单位可能接受的名义货币量和价格水平的各种组合中,只有在一种组合下实际储备与实际货币的比率是适合的,也就是说,在名义储备既定的条件下,只有这样的比率方能引致银行在债券利率 i_0 时供应实际货币量 OM。

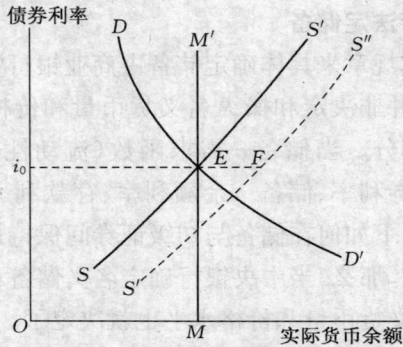

图 7.1　货币市场均衡

设想银行的流动性偏好下降了,它们愿意在原先的债券利率储备—余额利率和价格水平上减少实际储备,并增加实际债券资产。它们着手这样做的方法是创造较多的名义货币,即,如新供应曲线 $S'S''$ 所示,在原先的价格水平上创造较多的实际货币。于是存在超额实际货币供支出单位去持有;价格水平上升,使实际储备减少,并使供应曲线回到原来位置;在实际货币量为 OM、实际储备占银行资产份额减少的情况下,恢复均衡。当调整结束时,支出单位的实际金融状况不变,但是银行减少了实际流动性,增加了实际债券和实际收入,但中央银行的价格水平政策则受到损害。

在一定的储备—余额利率下,中央银行通过公开市场出售初级证券,减少名义储备量,从而可以满足银行偏好的上述变动;它可以在既定价格水平上通过减少名义储备去解除银行的超额流动性,而不是让银行通过价格上涨来减少实际流动性。这个策略会使图 7.1 中货币供应曲线稳定在原来位置 SS'。或者,可以用另外的办法,在既定的名义储备量下,中央银行提高储备—余额利率,从而使商业银行不想去减少储备而增加债券。这样也可以避免 SS' 的任何右移。

最低法定储备是中央银行减少名义储备和提高储备—余额利率这两项策略反应的替代品。强迫商业银行保持一个与它们所需要的资产平衡不一致的储备与初级证券的比例,这就成为对银行业务的"直接"控制。法律或规章所确定的储备比率强迫商业银行接受一个非平衡的资产构成——资产失衡——从而维持一定的名义货币量,并解除了中央银行对其成员银行对实际流动性的需求变动采取抵消行动的责任。由于实行法定储备,银行业在部分时候是一个"失衡的体系"。

因而在图 7.1 中,中央银行规定法定储备即可应付供应曲线的右移,也就是说,在一定的名义储备和价格水平上,法定储备的要求防止银行创造出超过 OM 的实际货币余额。垂直线 MM' 表示了这一最大货币量。银行本来想要创造出实际货币,其数量比需求大 EF。银行就被法定储备置于失衡位置上了。

可以这样辩解:最低法定储备使中央银行不必在模拟储备的自由市场方面那么费力气了;也可以这样说:假如对商业银行没有法定储备,中央银行在货币系统的实际收入总额中就得不到足够的份额。理由大概是,商业银行会在中央银行规定的名义货币量下,需要非常少量的储备,以致中央银行能得到的初级证券无法产生足够的收入以弥补其必要的费用。从这一观点出发,法定储备是在中央银行和成员银行间分配货币系统中实际债券总额与实际利润总额的一个手段。无论如何,中央银行和其成员银行在利润总额中的份额是可以用储备—余额利率来控制的。在储备供应方面中央银行是纯粹的垄断者,它可以在既定的名义货币量和价格水平上,调整储备的供应和价格,求得最大利润。无论这种利润是否丰厚,从中央银行作为政府机构的立场看来都是非常次要的。

在初级证券市场竞争不完全的情况下,最低法定储备也许是应当规定的。在一定的名义货币量和价格水平上,成员银行可能歧视某级的初级证券及其发行者。强迫成员银行持有超过它们需要量的储备——这些储备由中央银行通过买进受歧视的证券来提供——这样就可打破上述歧视。在这种情况中,选择法定储备作为一种工具,在信用的质量而不是数量方面抵消中央银行的活动对价格水平的影响。但问题仍然是,为抵消储备增加的影响,未必一定要迫使银行进入失衡的位置。相反,储备——余额利率的提高倒可以抵消这种影响。

经常流传着这种说法,银行总是自愿使储备对初级证券或存款的比例保持得很低,以致储备的任何微小变动都会对名义货币量产生相对是爆炸性的效果:为使名义货币量和价格水平有适当稳定性,"多倍扩张"可能过头。但是,如果银行在边际上的流动性偏好很低,以致稍微增加储备便会相应地使成员银行的资产有很大的增加以恢复资产构成平衡,那么,中央银行更敏捷地操纵储备或提高储备——余额利率以强化银行流动性偏好,就可以克服任何可能发生的危险。

我们的结论是,最低法定储备是货币控制机制中一个可有可无的要素。它替代人造的储备余额市场,该市场由中央银行供货和定价;中央银行可以操纵它把银行引入一般均衡体系。法定储备使商业银行成为经济体系中的一个失衡部门,与其他部门相区别,后者是由价格机制而不是直接控制所指导的。

再贴现和再贴现率

商业银行根据再贴现利率从中央银行借款。当中央银行希望强化银行的流动性偏好时,提高该利率;当中央银行希望放松它们的流动性偏好时,降低该利率。这种借款是走向均衡的货币控制系统的一个步骤。当商业银行再贴现时中央银行就在公开市场抛售,当银行偿还再贴现款时中央银行就在公开市场买进,在这样配合连用时再贴现手段使商业银行为保持大体不变的储备总量必须承担高低不同的边际费用。把中央银行主动的公开市场抛售(或买进)活动和商业银行主动的再贴现(或偿还再贴现)活动组合起来,可使银行储备余额在增减的边际上遇到一个可以变动的负数的储备—余额利率;但这是一种相当笨拙的方法。如果中央银行使银行储备不变,不穿插再贴现和公开市场业务,而对储备总量的一部分实施负的储备—余额利率,则亦可达到同样结果。

对商业银行的法定最低储备可以被看作是一个"份额比率",它确定了中央银行在货币系统持有的初级证券中的份额。再贴现等于是对上述份额比率的违背,因为商业银行由此获得了大于法定储备所确定的初级证券的份额。这种违背已成为大家接受的做法,但是它受到再贴现率、再贴现偏见(银行偏好流动性,而不喜欢欠中央银行的债)、贴现票据合格性规则以及道义劝告等的约束。在应用储备—余额利率的控制手段时,如果没有法定最低储备,在初级证券和收入的"份额"方面,或者在再贴现的"权利"与"特权"方面,不会出现什么问题。中央银行可简单地决定名义储备数额,然后变动储备—余额利率以影响商业银行在储备与初级证券之间的比较和选择。任何单一家银行,如果它的边际流动性偏好比竞争对手低的话,就不会从中央银行,而是从竞争对手,通过储备市场(联邦基金)借得储备。

硬币和通货

如果私人银行公司受权可以创造存款货币,那么,尤其当支出单位对存款货币的需求比对零星现钞的需求更大时,为什么它们不能受权创造硬币和通货呢?可以提出这样的理由:以硬币和通货为基础的资产是一个收入来源,而这种收入应归于货币当局。但是,在美国经验中,发行硬币和通货和对商业银行存款实行法定储备为货币当局带来的收入,远远超过其进行有效业务所需。

货币当局掌握硬币和通货发行权的第二条理由是,通货膨胀时期的"通货提取"会减弱商业银行储备,迫使银行再贴现,并为增大的储备余额份额支付日益增长的再贴现率。这个理由是缺乏说服力的,因为一个具有改变储备——余额利率特权的中央银行能够把银行的需求从初级证券移向储备,而勿需等待公众对钞票的需求把商业银行引向再贴现窗口。

第三个理由也许较有实质内容。似乎可以这样说:经济中不能没有一个可靠的支付手段,这种支付手段始终可以按平价被接受,而且可以通过一个有效的支付机制而进行交换。可以把压力施加于私人银行公司,如果它们要使自己的存款与政府本身发行的硬币和通货之间可以连续地按平价交换的话,必须保持存款的货币性。这种办法可以有力地防止过高的服务费或托收费,也可以防止银行可能采取牺牲使用货币的公众的利益以增加实际利润的其他手段。它使银行受制于货币市场供应者竞争的规则,使它们不能那么自由地降低服务质量或提高服务收费。这是一个"良币"可能驱逐"劣币"的例子。同时,这也是货币当局可以利用市场规则的有意义的例子。按原则行事,还是运用人为手段。

原理对手段

这一章中曾假设中央银行并非以限制某些非货币的金融资产——无论是对非货币的中介机构的债权、政府债务,还是私人初级证券——的名义规模的办法来实现一个确定性的价格水平,而是以控制名义货币量的办法来实现这一目标。我们也曾假设,货币系统中有一部分是私人银行企业。在上述假设的基础上,为使名义货币和价格水平得以确定,可以列出最低限度的各项具体要求。当然,这些要求是可以由各种控制手段来实现的;其中有一些手段对具有成熟的证券市场的经济是适当的,而另一些手段则适应于不那么发达的经济;有一些手段把本国经济与外部世界相连接,而另一些手段则适合封闭的经济;有一些手段最为适合于具有独立性的中央银行,另一些手段却在中央银行与财政部的共同目标都是稳定的金融增长时比较适当。

当然,一般要求中首先一个是,货币当局必须采取任何必要的措施以保持成员银行间接债务的货币性。这些措施可以包括法定资本额、存款担保、银行检查,以及中央银行自己掌握硬币和通货的发行。即使从种种尺度来看商业银行确是有资格充当货币发行者的,中央银行仍然应该如我们前面几个模式所说的,直接管住名义货币,或者如本章所讨论的,采用间接控制手段。在三种间接手段中——确定名义储备,规定储备—余额利率以及规定成员银行本身的存款利率——中央银行只要掌握任何两种，就能管住经济体系中的一切名义变量。

货币与政府债务

通观本书，很少提及有关"公债"，即财政部的有息非货币的证券的问题。我们主要考察了私人证券。这是一项严重的遗漏。大额的政府债务不仅对财政部，而且对中央银行、其成员银行以及支出单位都具有重要影响。它可能会影响到货币政策的目标、控制手段、商业银行对各种手段的反应以及货币系统的实际利润。在这一节里，我们要注意一下公债对商业银行储备需求以及支出单位货币需求的若干影响。我们理论上假设货币控制与公债管理合并，来论证我们得到的结论。一个有能力既管理名义货币量又管理公债的金融当局，也能在短期内掌握利率，在长期内掌握价格水平和实际变量，而这些是传统的中央银行所无能为力的。

政府债务作为二级储备

假如缺乏非常接近于储备的替代品以满足商业银行对流动性的需求，那么，当债券利率相对于存款利率和储备——余额利率变动时，银行所偏好的储备对初级证券比率就会出现很大波动。在债券利率相对高昂时，上述偏好的比率可能很低；在债券利率相对低落时，上述偏好的比率可能相当高。在规定有法定储备的条件下，当债券利率高昂时，储备与初级证券间偏好的平衡就无法达到；而债券利率低时，银行则可能会保持超过法定最低标准的储备。

相反,当存在接近于储备的替代品以满足银行对资产构成平衡的偏好时,虽然初级证券利率相对于存款和储备——余额利率发生变动,银行所需要的储备比率也只在较窄范围波动。债券利率下降时,对储备的需求可能转向短期政府证券,或许转向经纪人贷款,或者转向国外市场票据。也就是说,银行资产较少转移到在中央银行的储备余额,而较多转移到竞争性的资产,从而维持它们的资产平衡。债券利率上升时,银行会减少它们的资产的流动性,但不是放弃储备,而是出售替代流动性的东西——国库短期债券、经纪人贷款、或国外汇票。银行适当地买卖上述储备替代品,可以把它们所需要的储备比率与法定比率一致起来。在债券利率下降时替代品资产流入银行资产,债券利率上升时又流出,这种涨和落使银行所偏好的储备比率不致波动。

当银行出售二级储备资产时,必然有某个非银行的买主买进;当银行购买时,必然有某个非银行的卖主卖出。在封闭经济中,银行的交易伙伴可以是支出单位、中央银行或者是财政部。债券利率上升时,出售给支出单位——即银行的"转换"业务——用银行的二级储备资产去代替支出单位资产中的货币,用接近于货币的另一种东西供应给支出单位,并限制当名义国民收入增长时出现的债券利率短期上升。这就是说,现在有了一种资产,在低利率时可以满足银行对流动性的需求又能使它们消除超额储备,在利率上升时可以满足支出单位对流动性的需求又能使它们放弃货币。第 6 章①已经考

---

① 见前文。

察了货币政策这种转换业务的影响。

银行也可能把二级储备卖给中央银行。不附带回购条件的一次性出售有通货膨胀作用;当短期货币政策是紧缩性时,很有可能这样做。于是,中央银行的策略是,根据再贴现原则从成员银行接受政府债券,再用其自己资产进行公开市场出售以平衡再贴现业务,从而保持总储备大致不变。提高贴现率以惩罚自由储备负数量的增大;正如上述,这也就等于边际储备—余额利率的提高。当向支出单位出售资产时,银行资产中二级储备资产的减少有助于抑制对货币的需求,但是,当银行向中央银行出售资产时,可以看到这样的机会:通过再贴现手段,使银行对储备的需求相对于对初级证券的需求而增加了。由于支出单位对货币的需求受到限制,软化了中央银行短期限制性政策的冲击影响;然而,由于银行对储备的需求相对增加,因此符合中央银行的要求。

商业银行二级储备资产的第三个买主是财政部。如果财政部从银行买进票据,同时用向支出单位售出债券得来的资金付给银行,那么效果就是加强了支出单位对货币的需求并强化了限制性货币政策的力量。如果财政部从银行买进票据,并用预算盈余来偿还,那么,效果仍然是通货紧缩性的,并且与货币政策多半无悖,因为支出单位流动形式的金融资产净额减少了。在这种情形中,正与上述第二种情况一样,二级储备资产从银行中流出可以为反周期的金融政策提供机会,二级储备的流回银行,显然可以被中央银行或财政部利用来实行刺激商品劳力市场需求的反周期金融政策。

　　看来,有较大量的二级储备资产,对于大多数经济部门都是有利的。商业银行从中获得好处是因为,债券利率低时它替代超额储备,债券利率高时又是再贴现的方便工具。国库券形式的二级储备资产对财政部也是有利的,因为这种债务的平均利息成本在整个产业周期中都较低。至于私人支出单位,在有二级储备资产情况下,比只有货币的情况下,能较为节约地使资产达到平衡。当然,从中央银行角度观察,二级储备资产可能使货币控制复杂化,但是,中央银行确有对付这种情况的手段。

货币管理与政府债务管理的统一

　　上述一切,使我们可以假想一个统一货币管理与政府债务管理的例子。中央银行控制名义储备和储备——余额利率,或者控制名义政府债务量和其收益率,都可决定价格水平,但是,把这两者结合起来进行管制则对储备市场和货币市场具有最有力和最直接的效果。

　　设想把政府债务管理的责任转给中央银行,但财政部对债务利息和交易费用仍然负责。财政部直接从中央银行借款。随后,中央银行就成为债务人,其债务的形式包括商业银行的储备余额,各种长、中、短期债券。国会和财政部保留改变中央银行所承担的债务的数量——也就是"财政政策"——的责任区别于债务结构的变动,或者说"债务管理"的责任。再设想中央银行受命改变其债务从储备到长期债券的构成,以这种方式保持一个稳定的价格水平。还有必要作出另外一次指示,即在财政部和商业银行之间如何分配实行金融政策的费用和收入。

假设实际财富和实际收入的增加打乱了整个经济的最初均衡。直接的结果是支出单位对金融资产实际的一般需求增加,具体说,对包括货币在内的短期资产的需求也增加。为避免因对货币的实际需求增长而终于引起的跌价,也为避免利率和收入的短期混乱,中央银行可以在控制手段方面作出下列选择。其一,它可以降低储备——余额利率,引致银行购买初级证券并创造名义货币量。其二,中央银行自己可以购买初级证券,在储备——余额利率不变的条件下增加成员银行储备余额。其三,中央银行可以降低银行所支付的存款利率,从而减少支出单位对货币的需求。最后,它可以抛出公债,卖出短期库券,把长期债券收进自己资产构成中并向银行提供短期库券,从而使银行因自己的流动性增加而扩大名义货币量,或者向支出单位提供库券作为货币替代品。上述各种手段之间的选择,主要取决于财政部实际利息成本和银行体系实际利润方面的考虑。

从原理上讲,可以把政府债务加在中央银行所欠的储备余额上,并以此作为在货币当局所选定的价格水平上维持货币市场均衡的工具。可以把中央银行中的储备余额看作是一种政府债务,与财政部的直接债务相关联而成为金融控制的一个多用途工具。政府债务、银行储备和货币是金融资产总量中一个非常重要的部分,对这一部分的控制是管理金融资产总量在名义价值下的增长率的一个极其有力的杠杆。政府债务一头和货币系统债务另一头,各自都是金融资产总量的重要部分,因此,为不同目标而工作的不同当局分别对它们管理,对于财政部的实际利息成本、货币稳定、或者银行体系的实际收入必然是代价昂贵的。

银行利润与资本

当货币系统由一家政策局和一家银行局构成时，货币生产的成本和收益并不属于我们的考察范围。政策局只是向银行局发布有关买进多少初级证券和创造多少名义货币量的指示。银行局严格服从指示，而无须考虑有关的成本和收益。在现在的讨论中，这种"指示"是由中央银行通过变动名义储备、储备——余额利率和存款利率来发布的——在美国的经历中，是变动再贴现率和法定最低储备。在支出单位所需要的实际货币量和中央银行政策目标既定的条件下，假定私人银行制度对中央银行的"指示"作出反应，生产出合适的名义货币存量。

银行收益和成本在若干方面对货币控制有关。

第一，银行体系不会生产出会使它长期经营亏损的任何实际货币量。银行体系用各种办法，包括明显地或间接地变动存款利率，肯定会调节支出单位对货币的需求，从而在任何既定背景下把实际货币量调整到一个水平，只是这个水平上银行应能有某个正额的利润水平。简言之，银行收益和成本与实际货币量有关，因而也与中央银行价格水平目标所要求的名义货币量有关。

第二，收益和成本在中央银行刺激货币扩张时影响银行的反应。如果增加实际货币量看来会减少实际利润或增加实际亏损，银行就很可能漠视关于名义货币量扩张的信号。

第三，银行在扩张或收缩货币时对各种初级证券的选择是受利润的考虑所支配的。短期中，在不完全竞争的证券市场，这种"区别对待"可能使货币政策的不利的副作用加大。

第四，私人银行的利润状况会影响它们通过股份发行或保留收入来积累净值的能力。经营不利的记录会导致银行清偿能力的削弱，危害银行存款的货币性，以致要求对银行业务进行更加严密的监督，甚至有必要给予国家支助。

第五，银行业的利润状况与该行业的结构以及该行业在债券市场和货币市场的竞争性都有着极大关系。整个行业的经营不利会鼓励银行的非竞争性做法。

第六，私人银行利润状况会影响该行业为长期改善支付机制效率而实施技术发展的动力和财力。当利润前景暗淡时，该行业不会承受大量投资于银行业务所需资本资产的风险。

第七，银行会在几种不同的政府管辖体制之间选择对它们最有利的，而不论这样选择的结果是否有助于有效的货币政策。

银行利润的成分

商业银行主要从初级证券资产的利息中获得收入。它们的费用主要是给雇员的工资薪金和支付给存款人的利息。银行的毛利润是扣除证券资产的资本收益或资本损失之后，收入与费用之差。它们的净利润是总利润减去所得税。可以用名义单位或实际单位来计量它们的大小。以下主要考虑它们的实际价值，因为正如我们先前指出过的，存款和银行资产、银行收入和费用的纯粹名义变动在新古典模型中是无关于合理管理的。

　　商业银行毛利润的主要决定因素是货币量的大小。在一定的货币量下,银行收入取决于债券利率;它们直接随债券利率变动。至于以初级证券利息或股利形式的收入,银行有时也还增加此类辅助性收入,比如银行从信托活动可能获得。当然有时也会因倒账或市场跌价而遭损失,从利润中抵减。

　　在一定的货币量和债券利率条件下,银行收入取决于储备形式的资产在资产总量中的比重和中央银行支付的或索取的储备—余额利率。显然,随着储备占总资产的法定比率或所要求比率提高以及储备—余额利率降低,银行收入会减少。商业银行持有储备时,等于是把同量的初级证券让渡给中央银行,而它们收入的净减额则取决于返回给它们的中央银行收入的份额。

　　在计算银行毛利润时,要从总收入中扣除经营银行证券资产的费用。这些费用与单个银行和整个银行体系在选择、管理这些资产和从这些资产收款时的规模经济有关。和所有金融中介机构一样,商业银行能够把支出单位的需求从初级证券吸引到间接证券,根本上是因为它们具有下列优势,一是廉价地利用资产多样化,二是能采用大量生产法进行资产管理。小型银行成功的主要原因是,在当地不完善的初级证券和存款市场中获取非竞争性利润。

　　在总收入中,还应扣除维持存款账户和管理支付机制的费用。在较大规模上处理日常业务,也可节约结算、收款和簿记的费用;因而,在单个银行企业相对规模一定的条件下,当实际货币量增加时,上述费用的单位平均数会下降。如果货币当局允许支付存款利率,则其对银行毛利润的影响就取决于利率作为一个工具——把支出单位的需求从其他金融资产引导到货币——的使用状况，以及支出单位货币需求对存款利率的弹性。

这一系列因素组成了衡量银行毛利润时的主要项目。从中再扣除所得税即为净利润。这些利润将与总资产总额相比得一个收益百分比率和银行净值相比而得另一个收益百分比率。

货币政策和银行利润

中央银行或者货币当局，通过控制任何一项金融资产——货币、企业债券、储蓄贷款协会股份、消费者债务或者政府证券——的名义量即能决定价格水平。减少受控金融资产的名义量则能降低价格水平；扩大前者则能提高价格水平。在大多数情形中，选择作为价格水平政策工具的金融资产的发行者在利润方面总处于相对不利地位。金融体系中几乎总是被选择在决定和稳定价格水平时发挥关键作用的部分，是私人银行体系，因而可能被置于一个利润不佳的境地。

下列理由可说明这点。第一，在其他名义金融资产量和货币当局所要求的价格和利率水平既定时，受控银行体系的名义资产负债量一般比不受控制时要小。商业银行被置于非均衡位置，除非债券利率很低时，商业银行本愿生产出比现在受控时更多的货币产品。银行无法平衡实际边际收益与边际成本，从而也无法实现利润最大化。

第二，控制机制可能明确规定银行在中央银行按低的或者零的储备—余额利率持有储备余额的数额。如果这样，银行利润会减少，这不仅因为它们资产规模较小，而且因为有些利润通过法定储备规定从银行转移到中央银行。

第三,银行主要在债券利率相对低时积聚初级证券资产。货币政策在短期内为提高利率的目的而阻止商业银行的扩张,在短期内为降低利率的目的而刺激银行扩张。结果,具有反周期目标的货币政策内在地决定了,银行不应在高利率时大量增加初级证券,而应在低利率时慷慨增加初级证券持有量。资产周转确实使商业银行有机会从紧缩银根中获得利益,但是,利率上升到资产周转,中间存在时差,它阻碍了银行资产收益率和净值收益率的改善。

财政部根据名义国民收入和价格水平积极运用政府债务管理作为反周期政策,这时它在利息成本方面的处境与商业银行在利润方面的处境相同。财政部为推行这一政策,在周期高涨时,出售长期债券以抬高利率并支付高利率。在衰退时抛售短期证券以高昂市场价格收回长期债券。因此,它以低价出售长期债券而以高价买进,其中损失无法由短期库券的资本收益补足。

第四,由于其他金融资产的发行者,包括非货币的中介机构在内,对高涨期间抽紧银根的政策作出反应,短期货币政策对银行酿成的代价进一步扩大。货币紧缩引起的债券利率上升使其他发行者有动机并有机会把对货币的需求转向竞争性金融资产。例如,如第六章所解释的,当政策要求对货币的需求相对于其存量而增长时,非货币的中介机构可能提高它们的存款利率而恰好把需求从货币方面引开。为保持债券利率上升,货币当局有必要进一步约束供应以及约束银行在高债券利率时的资产增加,从而抵消非货币的中介作用对货币需求的影响。如果紧缩的银根促进了非货币的金融的革新,这时候发生的需求从货币向其他金融资产的移动可能多少是永

244

久性的了,这种需求再也不会回到银行了。不用说,如果银行存在其他办法,比如定期存款部,允许它们从事非货币的中介业务,它们会感到日子好过得多。

假定由于对银行资产和对银行资产的每美元平均收益率有上述特别限制,使银行对中央银行的控制手段变得不那么敏感,那么,在控制机制尚未严厉到危及银行清偿力和支付机制效率时,上述情况是否使中央银行更加难于推行货币政策?当初级证券上的边际收入下降时,银行可能不急于作出反应以增加储备。但是,如果银行在储备与初级证券之间更喜欢前者,中央银行只得把初级证券纳入自己的资产中,供应银行喜欢的储备,并且同时提供支出单位在既定价格水平所需要的名义货币量。而如果银行能够获得有吸引力的二级储备资产如国库券时,就可能克服对现金储备的偏好。

如果实际货币余额增长率跌到一般金融增长率之下,货币政策的效率是否遭到损害?显然不会。从原理上说,在总的增长过程中,实际货币量可能确实下降,降到一个非常小的正数,然而名义货币量变动仍然可以决定和管住价格水平。任何正的名义货币量都可以为决定实际货币量和价格水平提供一个必要的杠杆。

银行资本理论

与私人公司一样,商业银行通过股票发行来吸取投资基金,并通过从股利中保留净利润来积累资本。它们通过发行股票与其他初级证券发行者争揽支出单位的储蓄,而最终的保留利润与新的股票发行一样要受相对收益率的甄别。

银行资本的增长可以预计达到多大数额,这决定于在这

数额上银行资本上净利润的预期收益可以与风险相近的其他
金融投资的收益相等。只有当银行资产净利润的收益率与
在股东资金非银行用途上的市场收益率保持一个不变比
例,银行资本才可能与银行资产保持同样速度增长。如果
相对于银行净值上投资的机会成本说来,资产的收益率上
升,那么,相对于竞争性证券收益率说来,在一定的银行股票
市场价格上银行股票的收益率也会上升。于是,市场开价抬
高银行股票的价格,银行通过增加股票发行和少发放红利来
努力积累资本。

另一方面,如果银行资产的收益率相对于银行投资的机
会成本而下降,资本—资产比率也会下降,从而银行资本的报
酬可能上升到与其他地方的投资报酬保持一致。股东资本的
部分抽走,比如说,由于特许权的丧失或由于亏损,都会引起
资本—资产比率下降。但是,银行股票发行的减少,资产和存
款增加时期红利相对于净利润的增加,更可能引起这一比率
的下降。通常就听任银行资产和存款增长得比股东投资较
快;资产和存款相对高速增长时,超过投资的程度更大。

从美国历史上看,商业银行净利润相对于它们资产来说
是长期下降的。因此可以预计,资本—资产比率的长期趋势
也是下降的。资本—资产比率下降使银行净利润—资本比率
能与公司债券利率的主要指数保持一个大致稳定的关系。银
行美元资产的赢利能力多年来一直下降,结果吸引美元资产
上股东投资的能力也一直下降。

资本—资产比率不断下降的纠正办法

选择私人银行制度作为金融控制的焦点,可能会削弱银

行的利润状况,尤其是如果非货币的金融高度活跃的话;而这又会引起银行资本—资产比率的下降。纯利润—资产比率和资本—资产比率的持续下降很可能使银行更加无力抵御潜在的困境,并危及银行存款要保持的平价和支付机制的效率。这也会使银行在购买初级证券时更加保守,对储备增加的反应更加迟钝,并且减退创新的劲头。

货币当局可以试图通过一系列专门措施以抵消这些比率持续下降可能的不利影响。政府可以投资于银行股份。可以为银行存款保险,可以向银行资产投资规定更严格的限制,并强化对银行的检查程序。可以使财政部债券更适合银行口胃。可以禁止或限制银行支付外含存款利率,限制新银行的成立。通过这些办法,货币当局能够使实际的资本—资产比率达到适当水平。应该指出,在这些情况下,假如递减的资本—资产比率是因,而纠正性的措施是果,那么,如果说由于实行了这些措施,银行就需要较少的资本,那是错误的。

除上述措施之外,从长期来看,还有许多办法可以解决银行净利润—资产比率和资本—资产比率的下降。降低法定储备也能提高银行体系的赢利能力和其吸引股东投资的能力。这样的话,中央银行只能获得货币体系净利润中较小份额,而商业银行获得较大份额。也许在货币控制的技术效率达到较高水平时,对商业银行在中央银行的余额采取正数的、弹性的储备—余额比率也能实现同样效果。进而言之,如果银行体系由许多小规模而且效率低的银行企业组成,如果这些企业在规模较大时能够实现规模经济性,那么,可以禁止新企业进入这一行业,现存企业则可以合并。可以把银行业看作是一个公用事业,采取措施预防垄断作法,又保证合理投资的正当收益。可以把实际货币存量看作类同于水电设施的社会资本，而生产名义货币的行业则可以如公用事业一样，成为政府企业与私人企业之间的折衷体。

另一种解决办法是100％的储备——没有初级证券的商业银行业。这一办法把货币发行所依据的全部初级证券都转向一个政府机构即中央银行，并把私人银行机构限于从事管理支付机制。在这一情形中，社会对货币系统资产中初级证券应与政府公债管理方案中的政府债券一样，按照与私人企业赢利目标不完全一致的时机和价格买进和卖出。社会承认，决定名义货币量与价格水平要有实际费用，并把它看作社会费用。

同样的考虑还可提出更加激进的解决办法——银行体系国有化。因为受利润动机驱使的私人企业无法通过通常的市场过程来决定名义货币量和价格水平，还因为为管理货币和物价的目的而受控的私人企业，其赢利能力受到特别的制约，所以，维持一个货币存量并保持其价值的责任与负担只能落在社会肩上。如果银行资产报酬率持续下降，资本—资产比率也随同持续下降，最终总要提出这样一个问题：相对于资产和货币量说来，私人投资于银行业是否足以证明私人所有权和私人经营的正确性。

当然也还有其他解决途径，因为银行体系并非是唯一可能的决定价格水平的手段。前文的考察也可能表明，对银行体系的控制应该放松，政府债务应该成为决定价格水平的手段。原则上说，财政政策和债务管理有能力取代货币管理。进一步说，也有可能把控制范围扩大到私人非货币的金融，从而让控制的负担更均匀地分布于金融资产的发行者之间。例如,控制可以扩展到非货币的金融中介机构。也可以扩展到非金融的支出单位,初级证券的发行者,诸如消费信贷管理规定,或者私人资本发行限制规定。

各种解决办法的相对可行性,取决于一定的政治、社会和经济背景,也取决于受控的金融领域中利润、资本的地位被削弱到什么程度。但是,在大多数状况下,最佳解决办法大概不是采取那些措施,专门用来支持被选为金融控制焦点的金融领域。

单一银行企业

对单一银行企业有关而对整个行业并不适合的事,可说者很少。除了短期内银行企业可以向中央银行借款也可以向其他商业银行借款这点之外,单一银行与全行业都一样,以实际资产衡量的规模取决于从存款者借款的能力,也就是取决于支出单位对银行企业的存款负债的实际需求。而在长期内,在一个竞争性的数量说模型中,单家银行的规模将决定于实际货币总量和在竞争性的资本报酬率上单家银行在上述总量中能够生产的份额。

在其成本收入函数既定情况下,单一银行随银行体系发展而发展,并与全体系保持同样速度来吸引对存款的追加需求。法定储备或单家银行对流动性比率的偏好既定,单一银行与全体系保持同样速度,相对于储备,增加初级证券。在普遍均衡模型中,单一银行的增长是全行业增长的缩小的拷贝。

多倍扩张

银行理论非常注重该体系中一个储备总额向另一个不同的总额指标作动态调整时,单家银行和全体系的相对名义增长率。在银行原先已调整到法定储备情况下,储备的增加意味着银行业的超额流动性,推动初级证券投资的扩张达到恢复资产平衡乃止。这种分析把各个银行在储备、初级证券和存款总额中在均衡条件下所占份额都视作不变,并且假设储备的增加最初以随机形式分布于银行;它表明没有一家银行可以得到和保留比储备、初级证券和存款总额中的既定份额相对更大的一部分储备、初级证券和存款的增量。这并不是一个很能说明问题的结论,因为它实际上只是说,一个稳定的平均份额意味着边际份额等于平均份额。

这一多倍扩张的运动通常表示为一个渐聚过程,在这一过程中,银行体系通过单家银行的初级证券和存款的扩张来恢复由法定储备所确定的资产平衡。到这一过程末尾,银行体系创造的存款是它保留的储备增量的一个倍数。当然,对于各家银行也是如此:单家银行创造的存款是其在储备增量中最终份额的倍数。单家银行是银行体系的缩影。

和用以解释货币创造以及清算和托收过程的局部分析一样,前面从形式上对倍数扩张过程的分析在教学上也有作用的。但是,作为一种方法用以解释储备和货币市场如何由于银行支用储备和公众支用货币而消除超额供应,那是有缺点的,而这种缺点引出了这样的问题:这种分析在银行业务分析中是否占据了过于中心的地位。这与对投资多倍数在名义数量上作机械式的分析是类似的。差别在于:在投资倍数的分析中,对倍数的算术方面的先入之见,还没有十分地转移对实际消费函数的注意力,而在银行多倍扩张的分析中,对扩张倍数的先入之见,却在较大程度上转移了对货币需求函数和货币均衡一般条件的注意力。

对我们说来,把多倍扩张描述得较少机械性而更多行为性,或许更有利一些。进而言之,如果把所有市场对储备市场最初冲击的调整都看作是动态的,则这个分析就更有意思了。本节以下就将论证这一一般均衡方法。

设想储备增加干扰了商业银行名义储备、银行的初级证券资产和名义货币量之间原先的稳定关系。储备增加对于商业银行说来是一个信号,表示中央银行在货币系统持有资产总量的计划增量中已经占有了它的份额,并且期望商业银行也这样做。最初,超额储备量只影响不多几家商业银行。在储备、债券持有量和货币债务之间的边际替代率既定——或许由法定储备所决定——情况下,这少数几家银行增加它们的债券资产和货币债务来减少超额储备。银行增加的货币债务超过支出单位增加的货币需求,因而等于它们货币创造的相当部分的储备流到其他银行去了。随着越来越多的银行被卷入扩大资产和货币债务以消除超额储备的进程,整个银行体系对储备的需求接近于增加了的储备量。当每家银行的债券资产和货币债务都与其储备状况相适应时,当储备、债券和货币在银行间的分布与支出单位所要求的它们的货币余额在银行间的分布相符时,储备市场就出现了新的均衡。

在储备市场受最初干扰之后,在数量更大的储备和相应更高水平的储备需求的条件下恢复均衡,同时所有其他市场也均衡。除非银行的货币创造向支出单位提供超额货币余额从而增加后者对债券、商品和劳务的需求,银行体系的倍数扩张就不会有渐聚过程。储备市场的局部失衡不会因多倍扩张而消失,除非这种局部失衡导致普遍失衡——在这情况下,存在超额储备量和超额货币量,也就是说,存在对债券、商品和劳力的超额需求。

银行储备不必要的增加激发起货币创造,后者又不必要地增加了支出单位的货币余额。具有超额货币余额的支出单位则提高在债券、商品和劳力市场上的花钱的速度。所有的支出单位合在一起,在因它们加紧支出而引起的收入增加额中,它们自身只获得相对较小的份额,因而收支预算亏损,结果把它们超额货币余额的大部分都用于弥补亏损了。引发扩张的银行经受储备的"漏出",引发名义国民收入上升的支出单位则经受货币"漏出"。随着越来越多的支出单位卷入抬高名义国民收入和非货币的金融资产名义量以消除超额货币的进程,整个社会的支出单位对货币的需求接近于银行所希望承担的货币存量。

当所有银行所需要的储备量等于现存储备量,所有支出单位对货币的需要量等于银行体系所提供的余额量,所有市场——储备、货币、债券、商品和劳力的市场——同时达到新的均衡。假如有一个统一的法定储备,则各家银行在新的均衡中增加各自的赢利资产和存款,其增加额相对于储备增量是成倍的;而这倍数对于每一个银行还是银行体系都是一样的。假如有一个统一的货币—需求函数,则各个支出单位增加各自的金融资产和收支额相对于货币增量是成倍的,而这倍数对于每一个支出单位却是一样的。

把货币多倍扩张的渐聚过程改而解释成为对超额储备进行多项市场调整的运动,还有一些有利之处。其一是对储备变动进行调整的时滞比较容易辨别。如果银行对储备增加不甚敏感，或者如果储备市场失衡没有扩大到其他市场，银行体系内的渐聚过程就消退了，而调整的时滞则无限长。如果银行和支出单位都对流动性的超额存量迅速作出反应，在债券、商品和劳务市场上强化需求，则时滞较短。人们在影响银行对超额储备的反应速度的因素上，在影响支出单位对超额货币量和对债券、商品和劳力的超额需求的反应速度的因素上，寻找对时滞的解释。

用一般均衡分析替代货币扩张的局部均衡分析的另一优点是，一般分析能解释银行间货币增长的分配份额，而局部分析则不能。银行分享扩张以及扩张在银行间的最终划分的进程并不像传统模型所显示的那样神秘。相反，这是由支出单位因超额货币而进行调整的路线和支出单位对各家商业银行存款债务的相对需求所决定的。扩张是银行和支出单位一起推进的，而不是单靠银行；如果不考虑货币市场的需求方面，无法说明新的均衡有什么格式。

最后，一般分析的另一优点是，消除了人们认为银行和银行扩张具有的某种"独特性"。扩张过程既包括了一切市场和支出单位，也包括银行。它开端于储备市场的超额供应量，银行在这一过程中的作用是通过存款和债券资产的成倍增长来恢复现存储备量与储备需要量之间的相等。它扩展成货币市场的超额供应量，而支出单位在这一过程中的作用是通过对商品和劳务的支出的成倍增长以及初级证券现存量和需要量的成倍增长来恢复现存货币量与货币需要量之间的相等。银行的"独特性"在于：它们买卖储备而支出单位不干此事，它们供应货币而支出单位需求货币。银行债务相对于银行流动性的成倍扩张，没有什么独特的地方，因为支出单位在收入和初级债务上也相对于它们货币形式的流动性而实现了成倍扩张。

报酬递增和合并

单家银行理论上使人感兴趣的主要问题是关于单家银行在全行业中的相对规模，以及该银行作为完全或非完全竞争者的市场行为。这可以从显而易见的道理开始论述：银行企业以资产和货币债务衡量的实际规模，取决于支出单位根据银行存款契约的条件所需要的这家银行的货币产品的实际数量。银行企业可以向存款提供的条件不应与一定的每美元资产的报酬率相矛盾，而上述条件可以随银行规模扩大而变得对存款人愈加优厚；这看来是合乎情理的假想。银行业在到达高于美国银行业平均水平的某个经营规模之前，处于报酬递增的状况。或者可以这样说，在竞争者数目受限制的情况下，在提供给存款人的条件既定时，资产报酬率是可以提高的。

银行企业在经营其存款债务和资产时，可以实现报酬递增或者单位成本递减。银行向存款人提供的服务可以是机械性的。具有存款总额庞大、账户众多的银行能够如此精确地预测存款行为，因而能最大限度地减少银行资产中低数收益的流动性资产的储备。资产管理的许多阶段——从资信分析到簿记到收款——都是日常业务，规模越大，费用越低。为数很多的贷款契约，条件相同；对这些契约的费用和可能遭受的损失，可以作概率估算；随银行企业规模扩大，这种估算能使其经营效率提高。银行业与保险业颇有共通之处，使银行业具有重要的规模经济效益。

人们因而预计,银行业有一条下降的单位成本曲线。同时,银行参加买卖的市场——货币、债券和劳务市场——上也许有足够的手段以防止大型银行企业操纵市场以图利。一方面,银行存放款之间相对高度的替代性,另一方面,从非银行来源提供给支出单位的金融资产和信用之间的相对高度替代性,意味着银行业难以在其市场上获取垄断利益。对银行加强监督是防止银行对存款人或借款人垄断谋利的另一层保证。

如果银行业成本递减,银行业务的市场上需求函数比较具有弹性,政府机构对银行业又严密管理,那么,银行业的合并可能有一个合理的基础。在银行业实施反垄断规定之前,重要的是弄清合并运动是否因节约银行业务费用和增强银行对货币控制的反应而增进公共福利。

小结

在第 2 章到第 6 章的叙述中,名义货币都是由政府的银行局所创造的。它的数量和它的外含存款利率则是由政策局规定。在本章中,一个私人商业银行体系替代了银行局,一个中央银行替代了政策局。中央银行不规定名义货币量,而是规定名义储备量和储备——余额利率,有时候也规定存款利率。中央银行并不一定要为了达到一个确定的价格水平和名义货币量而对商业银行要求最低法定储备。

由于中央银行是通过私人银行企业的作用来贯彻它对名

义货币量的要求,所以它也被卷入这样一个问题:私人企业不完全适合于创造货币的作用。银行要起这样的作用,就必然要遵令买卖资产、借贷资金,其时机和条件都与利润动机不完全一致。银行活动的社会效益——稳定价格水平、管理支付机制以及充当金融中介机构——未必在收入方面带来许多实惠。结果,其资本状况趋于恶化,而在控制轨道之外发展起来的非货币的金融又加速了这种恶化。解决银行业资本短缺的办法许许多多,其中较大程度上依赖于通过政府债务管理来进行金融控制,或者把控制扩展到非货币的中介机构和支出单位的名义债务发行。

数学附录

货币、债务和经济增长的新古典模型

阿兰·G. 恩索文

引言

过去 20 年里,人们遵循凯恩斯主义的传统从形式上对经济增长过程进行了很多的探讨,这种探讨以固定的价格和不变的投入产出系数这样的假设为依据。[①]一般说来,这些分析都追随罗伊·哈罗德爵士的思路,把注意力集中于收入增长在需求方面的因素。哈罗德模型建立在一个固定的边际资本—产出比率和一个固定的储蓄率的假设上。在这样的条件下,如果储蓄要在任何时候都等于投资,收入就必须按一个不变的相对(即指数的)比率增长。但是,这样的均衡增长道路从两层意思上说是不稳定的。其一,假如收入增长率暂时偏离了它的均衡路线,各种使之进一步朝同一方向偏离的力量就将形成。[②]其二,没有力量会促使资本和收入的增长率与劳动力的增长率双方相等。如果增长率各自不同,则由于固定不变的边际资本—产出比率,这个或那个要素会变得过剩。

最近,经济增长理论循新古典路线出现了一些重要的进展。詹姆斯·托宾和罗伯特·M.索洛的著作指出了,在一个生产要素可以替代、决策单位对资产有选择偏好的经济社会中,较充分地分析经济增长过程的方法。③新古典的观点基于下列一般假设之上:价格机制发挥作用,生产要素可以替代并处于递减边际报酬的状况下,市场稳定。因而,例如,如果资本量开始增长得快于劳动力供给,资本边际产出将下降,而投资率也将降低。经济在一个平稳道路上前进;它不是在刀刃上的平衡。

新古典货币理论最近经唐·帕廷金之手得以广泛地发展。④帕廷金假定存在对实际现金余额的需求、实际现金余额对商品需求的效应和可变动的物价,但不存在货币幻觉,对价格水平和利率持静态预期,在上述前提下,他试图论证新古典派关于货币中性的看法(例如,货币存量扩大一倍会使均衡货币价格水平提高一倍,而所有相对价格不变)。但是,帕廷金模型不包含一个货币系统或一个持有私人发行的证券的中央银行。⑤在没有政府债务的条件下,上述情况可以看作是中央银行不能经营任何债务。结果,除去引进政府债务的特殊情况之外,货币量的变动对利率便不起作用。帕廷金认为,正是政府证券的引入才摧毁了货币的中性。但在帕廷金的分析中,这一看法之所以发生只是因为政府债券的引入与中央银行经营任何债券的能力有内在关联。事实上,只要中央银行购买了任何债券,政府的或私人发行的,那么,除去很特殊的情况外,货币量变动的作用都将不是中性的。因而,对于分析中央银行或货币体系影响资源配置的能力,帕廷金模型还是不够的。

进而言之,帕廷金体系是静态的、无时间因素的。在他的整个分析中,把资本存量和劳动力供应曲线视作不变的参数。存在正数的净额投资,但没有资本积累。或许,货币变量的调节速度相对于资本存量的变动来说快得足以忽略资本存量变动对货币变量的反馈。当然,这也是凯恩斯在《通论》中所作的假设。但是,这确实意味着,在帕廷金体系中货币变量对经济增长缺乏影响力只是一个假设,而不是一个结论。因而,对于分析在新古典的经济体系中货币发展对经济增长的影响,该模型是不适合的。

本文分析的目的是展示正在增长的货币经济中的一个新古典的模型。同哈罗德模型一样,在这一模型中收入和资本存量可以在均衡条件下按一个不变的相对比率增长。但是,与哈罗德模型不同的是:要素的比例是可变的,均衡增长的道路并不必然是不稳定的。这一模型和帕廷金模型的相同之处是:物价是灵活可变的,家庭和企业具有选择资产的偏好但是没有货币幻觉,金融资产的持有会影响对商品的需求。但是,与帕廷金模型的不同之处是:经济能够平衡增长,利率变动通过投资影响资本存量规模,存在一个中央银行或一个受管制的货币体系,或者两者兼而有之。

首先,在静止状态考察此模型,这时部门间所有净支出流量都必须等于零。劳力供应量视作不变。货币量和货币体系持有的债券量视作参数,从而论证在有中央银行或受管制的货币体系的新古典经济中一些基本的比较静态的命题。

然后,假定劳动力供应量、货币量和货币体系的债券持有量按不变的相对速度增长,从而研究在平衡增长状态中该模型的行动。用局部分析以显示要素比例和债务对收入比率的稳定性。在一个增长的经济中,各个部门可以在收入和产品账户上有持续的赤字或盈余。这些赤字和盈余反映在对应的金融资产流量上。现在,新货币的流量变动,无论是为购买商品或债券而发行,还是为转移性支付而发行,对产出规模和产出配置都将产生影响。在增长的经济中新货币的流量变动,使静态经济中货币量相应变动的作用加强了。

作为一项副产品,这一个分析试图拓宽新古典货币理论的形式上的分析框架,使其包纳可贷资金的正数均衡流量、资产积累和经济增长。

模型

设该经济体系分为三个部门:工商企业,家庭,合并的货币体系和政府部门。前两个私人部门可以看作从事于生产过程和资产负债的积累。它们在该过程中的行为受它们的收入、资产选择以及它们面临的物价的影响。在一套外部参数既定不变条件下,各个部门的积累方针会使其资产选择趋向于所需要的均衡位置。

工商企业利用它们占有的资本量,以及家庭所提供的劳动力,生产一切当期产出。它们把它们的部分收入储蓄起来,并向家庭借款。

家庭从劳动力供应、债券利息、股息红利以及从政府部门转移中获得收入。它们消费一部分当期产出并且积累债券和现金余额。

合并的货币体系和政府部门——以后都称为政府部

门——买卖债券、购买商品、进行转移性支付并发行货币。

企业部门

实际产出 Y 是既可用作资本货物亦可用作消费品的一种同质的商品，由竞争性的企业用资本 K 和劳动力 L 生产。当生产规模增大时，收益不变；当增加利用某一要素而另一要素保持不变时，企业则处于边际报酬递减的状态。生产要素互相可以连续地、无限度地替代。总量生产函数可以写作

$$Y = F(K, L) \tag{1}$$

两个要素的边际产出从来不会是负数，它们是各个投入的递降函数（边际报酬递减），即，

$$\frac{\partial F}{\partial K} = F_K \geqslant 0$$

$$\frac{\partial F_K}{\partial k} = F_{KK} < 0$$

劳动力也是同样如此。规模收益不变的假设，意味着任何固定的供应中没有稀缺的投入品，如土地。这使分析大大简化；尽管对于这一分析的许多基本结论来说，它不是一个必要的条件。

假定要素市场总是处于竞争性的均衡状态下，支付给各个要素的是它的边际产品的实际价值。因而，实际工资 w 总是等于劳动力的边际产品；资本的实际租金 r 总是等于资本的边际产品，即，

$$w = F_L(K, L) \tag{2}$$

$$r = F_K(K, L) \tag{3}$$

根据尤勒定理,规模收益不变意味着

$$Y = wL + rK \qquad (4)$$

实际的企业毛收入,等于销售收入 Y 加上发行新债券的收款。各张债券都是每期支付利息 1 元的永久债券。[6] 设 B 为未清偿的名义债券的张数,则可以把一个时期的新债券发行的实际收款(即,以商品价格折算的新债券发行额)写作 $\frac{\dot{B}}{ip}$,其中 $\dot{B}$ 表示 B 对时间的一次导数; i 是债券利率; p 是商品的货币价格水平。企业毛收入划分成工资支付额 wL,利息支付额 $\frac{\dot{B}}{p}$,资本积累额 $\dot{K}$ 和股息红利。工商企业除储蓄的部分外,向家庭以股利的形式汇交全部净收入, $rK - \frac{\dot{B}}{p}$。(然而,并没有股票市场)。为简化起见,假定工商企业不积累货币余额。设 S 代表企业储蓄,则企业部门的预算恒等式可以写成

$$Y + \frac{\dot{B}}{ip} \equiv wL + \frac{\dot{B}}{p} + \dot{K} + \left(rK - \frac{\dot{B}}{p} - S \right) \qquad (5)$$

由(4)可以推导出新债券的供应函数[7],

$$\frac{\dot{B}}{ip} \equiv \dot{K} - S \qquad (6)$$

企业部门将在一定的约束条件内决定 $\dot{K}$、$\frac{\dot{B}}{ip}$ 和 S,这些约束条件是,债券发行额必须等于投资减去储蓄,而储蓄即企业保留的收益不得超过企业的净收入。上述决定将是一个同时进行的多边选择,它取决于企业部门的资产状况、它所面临的物价、以及它的收入。如果其他条件不变,资本存量本身的规

模对继续投资起抑制作用,企业未清偿债务的数额也将起同样的作用,有关债券存量的度量是一个问题。当然,债券存量的市场价值是$\frac{B}{ip}$。但是,这一意义上的市场价值不大可能与企业行为直接相关。例如,市场利率提高,债券市场价值相应下降。但是,企业部门承担支付给对方部门的利息流量并未减少,在这意义上,企业部门的债务负担并未减轻。看来,用利息支付流量的实际价值,$\frac{B}{p}$,作为"债务负担"的指数,也许更加合适。

资本积累率是资本报酬率 r 的递增函数,是 i 的递减函数。在一个没有风险和完全竞争的世界中,r 和 i 之间的均衡关系将是二者相等。也就是说,当 r 超过 i 时,企业愿意提高它们的借款和投资率;当 r 小于 i 时,则相反;双方使 r 和 i 相等时为止。但是,如果存在风险、不确定性和资产偏好,两个比率间的均衡关系就可能不是相等的关系。最后,投资将是企业净收入的递增函数。设下标代表对指明的自变量的偏导数,上述假设可归纳如下:

$$\dot{K} = I\left(K, \frac{B}{p}, r, i, rK - \frac{B}{p}\right)$$

$$I_1 < 0, \ I_2 < 0, \ I_3 > 0, \ I_4 < 0, \ I_5 > 0 \quad (7)$$

如果其他条件不变,企业储蓄很可能与资本存量规模成反向关系。另一方面,企业债务很可能促使更多的储蓄增大,因而可以假定两者间的关系是正向的。利润率和企业净收入的提高使储蓄比较容易,而利率的提高会促使内部筹资增多。因而

$$S = S\left(K, \frac{B}{p}, r, i, rK - \frac{B}{p}\right)$$

$$S_1 < 0, \; S_2 > 0, \; S_3 > 0, \; S_4 > 0, \; S_5 > 0 \quad (8)$$

如果劳动力供应保持不变,K 增加对投资和储蓄总的影响将是负资产效应,提高的资本—劳动力比率对 r 的负效应,以及收入效应的加总。如果 K 和 L 之间的替代弹性足够高,上述诸效应的加总将是正数。[8]假定投资和储蓄函数的形式是这样:K 增加的总效应是负数的。未清偿债券的增加对储蓄的总效应,是正的债务负担效应加上负的收入效应。假定债务负担效应总是处于支配地位。[9]前述各个假设可以归纳如下:

$$I_K = I_1 + I_3 F_{KK} + I_5(KF_{KK} + F_K) < 0$$

$$I_B = (I_2 - I_5)\frac{1}{p} < 0 \quad\quad (9)$$

$$I_P = (I_2 - I_5)\left(-\frac{B}{p^2}\right) > 0$$

$$I_i = I_4 < 0$$

$$S_K = S_1 + S_3 F_{KK} + S_5(KF_{KK} + F_K) < 0$$

$$S_B = (S_2 - S_5)\frac{1}{p} > 0 \quad\quad (10)$$

$$S_P = (S_2 - S_5)\left(-\frac{B}{p^2}\right) < 0$$

$$S_i = S_4 > 0$$

价格水平、利率和劳动力供应量既定时,企业部门在下列条件下达到完全的资产组合均衡:

$$I\left(K, \frac{B}{p}, r, i, rK - \frac{B}{p}\right) = 0 \qquad (11a)$$

$$S\left(K, \frac{B}{p}, r, i, rK - \frac{B}{p}\right) = 0 \qquad (11b)$$

上述方程式确定了 K 和 B 的均衡值,即 K^e 和 B^e。对 i 求全微分,得出

$$\frac{\mathrm{d}B^e}{\mathrm{d}i} = \frac{I_i S_K - I_K S_i}{I_K S_B - I_B S_K} < 0 \qquad (12a)$$

$$\frac{\mathrm{d}K^e}{\mathrm{d}i} = \frac{I_B S_i - I_i S_B}{I_K S_B - I_B S_K} \qquad (12b)$$

$\dfrac{\mathrm{d}B^e}{\mathrm{d}i}$ 的符号由(9)和(10)中可以得知。$\dfrac{\mathrm{d}K^e}{\mathrm{d}i}$ 的符号不能由迄今所作的假设中决定。原因是:由 i 的提高直接引起的 K^e 的降低,可能因 i 的提高引起债务减少从而间接促成投资增加而被抵消。[10] 然而,一般会预期 $\dfrac{\mathrm{d}K^e}{\mathrm{d}i}$ 是负数。在前面假设既定情况下,$\dfrac{\mathrm{d}K^e}{\mathrm{d}i}$ 是负数的必要条件是:(12b)的分子为正数即,

$$I_B S_i - I_i S_B > 0 \qquad (13)$$

这一不等式对企业的行为有什么含义呢?这不等式要能成立,第二项即 $I_i S_B$ 是正的,第一项即 $I_B S_i$ 是负的,前者的绝对值必须大于后者。如果利率在决定投资率时相对更加重要,而累积债务的数量在选择内部筹资还是外部筹资时相对更加重要,这就是说,$\dfrac{I_i}{I_B} > \dfrac{S_i}{S_B}$,那么,情况就将如上述。例如,如果 i 对选择内部还是外部筹资很少或者没有影响,如果

累积的债务与企业净值之比对新投资决策很少或没有影响，则(13)的条件可以成立；这可能就是弗兰科·莫迪利安尼和 M. H. 米勒的研究中所提出的可能存在的情况。⑪ 在随后的分析中，i 和 K 均衡价值变动之间的反向关系，将取决于(13)。⑫

政府部门

政府部门是一个合并的货币体系和财政当局。它从私人部门购买债券和当期产出品，向家庭进行转移性支付，可以发行自己的债券。除去在债券账户是净额贷款人的情况下，从其对私人债券的持有额上获得利息收入之外，政府部门没有其他收入。

为简化起见，假定政府把所有利息收入都作为转移性支付转给家庭，由此，债券上所有利息都付给了家庭，但不计算在转移性支付的总额中。当政府是净额债务人时，假定它课税以收回所有的利息支付，但除此之外，政府不再有税收。⑬这些简化性假设使我们得以忽略政府和私人部门之间利息支付的流量的影响。在这些假设之下，政府部门的预算恒等式可以写作

$$\dot{M} \equiv G_c + G_t + G_b \qquad (14)$$

其中 M 是名义货币量，因而 $\dot{M}$ 是新货币的发行率，G_c 是商品购置额的货币值，G_t 是政府向家庭的转移性支付的货币值，G_b 是政府购买债券的货币值；上述都是单位时间内的数值。如果政府发行债券，G_b 便是负的。

把货币体系与政府的其他部分合并成一个部门，至少可以有两点理由。其一，可以显示经济体系的一种特征，即：货

币体系不属于私人部门,或者,私人部门中有货币金融机构,但它们受制于可变的按比例规定的法定储备制度,而货币当局可由此而控制私人银行的金融资产组合。在后一种情形中,究竟是货币体系的哪一部分买卖债券与现在的分析尚无关系。其二,可以显示经济体系的另一种特征,即,货币体系内中有一部分属于私人部门,或不受控制,或虽有控制制度而制度规定不变,但是,中央银行在这私人货币金融部门中买卖债券。在这一情形中,我们的货币体系是中央银行,而货币体系中的私人部分应该看作是私人部门的一部分。这一分析中所假定的货币体系的本质特征是,它所持有的私人部门发行的债券额是直接决策的目标,所以,货币体系的债券持有额可以看作是一个外生变量。

家庭部门

家庭部门得到工资收入 wL,债券利息 $\dfrac{B}{p}$,股利 $\left(rK - \dfrac{B}{p} - S\right)$,和转移性支付 $\dfrac{G_t}{p}$。令 H 代表家庭部门实际收入,则

$$H = wL + \frac{B}{p} + \left(rK - \frac{B}{p} - S\right) + \frac{G_t}{p} \quad^{⑭} \quad (15)$$

或者,运用(4),则

$$H = Y - S + \frac{G_t}{p} \quad (16)$$

家庭把收入部分用于消费,部分储蓄起来。储蓄的部分分成家庭的债券持有额和货币持有额的增量。如果家庭积累商品,这些积累不影响当期消费或者储蓄的决策。设 C 代表

消费,D_b 和 D_m 分别代表家庭对债券实际余额和货币实际余额的增量需求,则家庭部门的预算恒等式可以写成

$$H \equiv C + D_b + D_m \qquad (17)$$

在这一约束之内,C,D_b 和 D_m 将作为一个同时的多边际选择的结果而被决定,这个选择取决于家庭收入 H,利率 i,现金实际余额 $\dfrac{M}{p}$,和债券实际持有额。设政府部门的债券净持有额为 B_g。于是,由于私人发行的未清偿债券的总额是 B,所以,家庭的债券持有额的实际市场价值可以写成 $\dfrac{B_h}{ip} = \dfrac{B - B_g}{ip}$。

消费者的实际债券持有额和货币余额的增加对消费的影响,即"实际资产效应"和"实际余额效应"都假定为正数。[15] 利率对消费的影响已经得到很多注意。[16] 标准的新古典假想是,利率的上升将使消费减少。[17] 然而,这与以后的结论无关。这不是一个重要的作用。消费还是家庭收入的一个函数。消费对收入的偏导数,即边际消费倾向,将是正数,但小于1。仍然用下标表示对所指示的自变量的偏微分,可以写出消费函数,而前述各假想可以归纳如下:

$$C\left(\frac{B_h}{ip}, \frac{M}{p}, i, H\right) \qquad (18)$$

$$C_1 > 0, \ C_2 > 0, \ C_3 < 0, \ 0 < C_4 < 1$$

对债券和货币的需求函数,D_b 和 D_m 都是流量。它们与对消费品的需求属同一层次,即单位时间的取得量。二者合

计，即家庭对金融资产的净需求，等于家庭储蓄。除去与消费函数的明显对称性之外，人们也许会问：用流量而不是用存量来说明对债券和货币的需求，优越之处究竟是什么。主要的原因是：这样做，很简洁，又与动态分析相一致。有必要对这几点作出一些解释。第一，对一个家庭或者对家庭部门来说，重要的是区分所谓"暂时均衡"和"充分均衡"。一个家庭在其爱好、商品和证券价格、收入以及当时财富总量既定的条件下，如果其消费流量和其金融资产的配置处于最佳状态，而在其他变量既定时其财富并非处于最佳位置，那么，可以说这个家庭处于暂时均衡。当暂时均衡条件均告满足，而且资产的规模处于最佳位置，即，当财富总量大得足以使该家庭停止累积金融资产并消费其所有收入时，该家庭处于充分均衡状态。上述区分可以适用于家庭部门，就此而言，也适用于任何部门。⑱

现在，D_b 和 D_m，即单位时间内债券和现金余额实际持有额的计划增量取决于，但是不等于，(1) $\dfrac{B_h}{ip}$ 和 $\dfrac{M}{p}$ 的暂时均衡值和实有值之间的差异，(2) $\dfrac{B_h}{ip}$ 和 $\dfrac{M}{p}$ 的充分均衡值与实有值之间的差异。然而，除充分均衡条件下，没有理由预期双方会相等。情况很可能相反。例如，如果在暂时均衡时或者在充分均衡时实有金融资产和均衡资产之间的差异相当之大，一个家庭可能并不想在一个时期内去把它们全部消除。事实上，它是否这样做，取决于选择多长的时间单位。但无论如何，人们可以预期 D_b 和 D_m 会是这些差异的递增函数，并在这条件下会等于零。可以说，上述资产失衡再加上关于家庭寻求纠正这种失衡的速度的假设,决定了 D_b 和 D_m。

用对存量的供求来表述对金融资产的供求,可能使人误解。"对货币的需求",是指货币的暂时均衡条件下的存量还是充分均衡条件下的存量? 它们是有区别的。而且,正由于我刚才解释的理由——家庭不一定打算在一个时期内全部纠正资产失衡,无论哪一种需求也不会等于市场上的当期有效需求。而 D_b 和 D_m 是有效需求。

对动态分析来说,用流量表述需求是必要的,因为人们需要关于流量的假设以便研究经济体系不在充分均衡条件下的行为。在一个增长的经济中,某些部门也许从不处于充分均衡状态,但可能存在一条暂时均衡的道路,在这条路上,市场供求平衡,价格保持不变。

为使概念明确,假定家庭部门实际持有的金融资产的存量为 $A = \frac{1}{ip}B_h + \frac{M}{p}$。假设在暂时均衡条件下现金余额是 M^d,M^d 是 A 和 i 的函数,假如有一个发挥作用的交易动机的话,或许也是 H 的函数。于是,家庭部门实际现金余额可以说是等于它们的暂时均衡值,如果

$$M^d(A, i, H) - \frac{M}{p} = 0 \qquad (19a)$$

假定金融资产都不属于所谓"劣等商品",因而 $0 < \frac{\partial M^d}{\partial A} < 1$。

而且,$\frac{\partial M^d}{\partial i} < 0$。如果持有现金的交易动机发挥作用,则 $\frac{\partial M^d}{\partial H} > 0$。同样,对债券而言,暂时均衡条件是

$$B^d(A, i, H) - \frac{B_h}{ip} = 0 \qquad (19b)$$

但是，M^d 和 B^d 不会等于它们的充分均衡值，除非在 i 和 H 既定时 A 也是最佳值。假定充分均衡值是 $M^e(i, H)$ 和 $B^e(i, H)$，同时，$\frac{\partial M^e}{\partial i} < 0$，$\frac{\partial M^e}{\partial H} > 0$，$\frac{\partial B^e}{\partial i} > 0$ 以及 $\frac{\partial B^e}{\partial H} > 0$。于是，我们可以说出两种"对现金余额的净需求"，即：由现有资产的非最佳配置所引起的 $M^d - \frac{M}{p}$；$M^e - \frac{M}{p}$，如果家庭部门打算储蓄并获得更多的财富，则在暂时均衡状态下它将是正数。D_m 与两者都成正相关，但除非在充分均衡状态，它未必等于任何一者，而在这种状态下，则 $D_m = 0$。

到目前为止所作的假定都与关于家庭行为基本原理的各种各样假想不相矛盾。[19] 例如，上述假定与家庭在有限的资产总值下使资产持有的效用函数——这种函数由于边际替代率递减而呈准凹形状——最大化的假想一致；或者，上述假定与家庭使其资产上报酬率最大化的假想一致——这种报酬率因风险因素而打折扣，并且每个折扣的因素又是这一种资产持有额对资产总值的比率的递增函数。

现在，写成下式：

$$D_m = \phi\left[M^d(A, i, H) - \frac{M}{p}, M^e(i, H) - \frac{M}{p} \right] \quad (20)$$

上式中偏导数 ϕ_1 和 ϕ_2 两者均为正数。这样，D_m 是 A 和 $\frac{M}{p}$ 的函数，因而是 $\frac{B_h}{ip}$ 的函数；并也是 i 和 H 的函数。把 $\frac{B_h}{ip}$ 作为一个参数，D_m 的偏导数为

$$\frac{\partial D_m}{\partial \frac{M}{p}} = \phi_1\left(\frac{\partial M^d}{\partial A} - 1 \right) - \phi_2 < 0$$

$$\frac{\partial D_m}{\partial \frac{B_h}{ip}} = \phi_1 \frac{\partial M^d}{\partial A} > 0$$

$$\frac{\partial D_m}{\partial i} = \phi_1 \frac{\partial M^d}{\partial i} + \phi_2 \frac{\partial M^e}{\partial i} < 0$$

和 $\quad \dfrac{\partial D_m}{\partial H} = \phi_1 \dfrac{\partial M^d}{\partial H} + \phi_2 \dfrac{\partial M^e}{\partial H} > 0$

因而,我们可以写出

$$D_m\left(\frac{B_h}{ip}, \frac{M}{p}, i, H\right) \tag{21}$$

$$D_{m1} > 0, \ D_{m2} < 0, \ D_{m3} < 0, \ 1 > D_{m4} > 0$$

同样的考虑可以提出[20]

$$D_b\left(\frac{B_h}{ip}, \frac{M}{p}, i, H\right) \tag{22}$$

$$D_{b1} < 0, \ D_{b2} > 0, \ D_{b3} > 0, \ 1 > D_{b4} > 0^{[21]}$$

令 C, D_b 和 D_m 分别对 K, B, p 和 i 求偏微分,并用 (10) 和 (16),得到

$$C_K = C_4(F_K - S_K) > 0$$

$$C_B = C_1 \frac{1}{ip} - C_4 S_B$$

$$C_p = C_1\left(-\frac{B - B_g}{ip^2}\right) + C_2\left(-\frac{M}{p^2}\right) - C_4\left(S_p + \frac{G_t}{p^2}\right) \tag{23}$$

$$C_i = C_1\left(-\frac{B - B_g}{pi^2}\right) + C_3 - C_4 S_i < 0$$

$$D_{bK} = D_{b4}(F_K - S_K) > 0$$

$$D_{bB} = D_{b1}\frac{1}{ip} - D_{b4}S_B < 0$$

$$D_{bp} = D_{b1}\left(-\frac{B - B_g}{ip^2}\right) + D_{b2}\left(-\frac{M}{p^2}\right) - D_{b4}\left(S_p + \frac{G_t}{p^2}\right)$$

$$\text{(24)}$$

$$D_{bi} = D_{b1}\left(-\frac{B - B_g}{pi^2}\right) + D_{b3} - D_{b4}S_i$$

$$D_{mK} = D_{m4}(F_K - S_K) > 0$$

$$D_{mB} = D_{m1}\frac{1}{ip} - D_{m4}S_B$$

$$D_{mp} = D_{m1}\left(-\frac{B - B_g}{ip^2}\right) + D_{m2}\left(-\frac{M}{p^2}\right)$$

$$- D_{m4}\left(S_p + \frac{G_t}{p^2}\right) \qquad \text{(25)}$$

$$D_{mi} = D_{m1}\left(-\frac{B - B_g}{pi^2}\right) + D_{m3} - D_{m4}S_i < 0$$

市场均衡条件

商品市场、债券市场和货币市场的均衡条件分别是

$$C + \dot{K} + \frac{G_c}{p} - Y = 0 \qquad \text{(26)}$$

$$D_b + \frac{G_b}{p} - \frac{\dot{B}}{ip} = 0 \qquad \text{(27)}$$

$$D_m - \frac{\dot{M}}{p} = 0 \qquad \text{(28)}$$

把三个预算恒等式(6)、(14)、(17)和定义(2.16)相加,
得到瓦尔拉恒等式(假定各个要素市场总是处于

$$\left[C + \dot{K} + \frac{G_c}{p} - Y\right] + \left[D_b + \frac{G_b}{p} - \frac{\dot{B}}{ip}\right] + \left[D_m - \frac{\dot{M}}{p}\right] \equiv 0$$

$$(29)$$

均衡):可见,一个均衡条件是多余的。只要任何一对市场是
均衡的,第三个市场必定也是均衡的。

静止状态的比较静态分析

在静态均衡中,一切总体变量都不变。这个系统一个时
期接一个时期不断地再生自身而一点也不改变总体规模。具
体说,如果所有总体变量都不变,也就不可能有净赤字和净资
产积累,也就不存在部门间可贷资金的净流动。各个部门都
不储蓄也无积累。$\dot{K}$, $\dot{B}$, $\dot{M}$ 和 G_b 必定为零,Y 和 L 必定不
变。由于 $\dot{M} = 0$ 和 $G_b = 0$, $G_c + G_t = 0$,这时,假定转移性支
付肯定是非负数,则政府对当期产出品的支出必定等于
零。[22] K, B, p 和 i 的静止均衡值由下列方程规定

$$I\left[K, \frac{B}{p}, F_K(K, L), i, KF_K(K, L) - \frac{B}{p}\right] = 0$$

$$-S\left[K, \frac{B}{p}, F_K(K, L), i, KF_K(K, L) - \frac{B}{p}\right] = 0$$

$$C\left[\frac{B - B_g}{ip}, \frac{M}{p}, i, F(K, L) - S\right] - F(K, L) = 0$$

$$(30)$$

$$-D_b\left[\frac{B-B_g}{ip},\ \frac{M}{p},\ i,\ F(K,\ L)-S\right]=0 ^{\text{㉓}}$$

值得指出的是,这一模型中的价格水平不是任意决定的。在外生变量 B_g、M 和 L 既定时,p 由方程(30)决定。为验证这一命题,假定 $B_g=B_g^\circ$ 和 $M=M^\circ$ 时,系统(30) 在 $p=p^\circ$ 点处于一般均衡。现在任意增大 p 一倍,而外生变量保持不变。该系统还能均衡吗?十分明显,价格水平的提高将减少企业部门的实际债务负担,使该部门扩大投资,降低储蓄率,并提高借款率。价格上升将减少家庭的金融资产实际价值,使该部门减少消费并提高其储蓄率。一般来说,该系统不再处于均衡。假定那时 B 也扩大一倍。这使企业部门仍处于与以前同样的位置,因而处于均衡。然而,它仍然使家庭部门持有较少的实际现金余额。如果 B_g 为正数,上述变动使家庭实际持有较多债券;如果 B_g 等于零,家庭实际持有债券不变;如果 B_g 为负数,家庭实际持有比以前少的债券。在第一种情形中,对消费的影响不清楚,但将存在对债券的超额供应和对现金的超额需求。在第二种和第三种情形中,消费将下降。在第三种情形中,将有对债券和现金余额的超额需求。在任何情形下,该系统都不再处于均衡。

除非该系统是稳定的,否则对方程(30)进行比较静态分析就没有什么意思;所谓稳定,就是说:当一个或不止一个外生变量变化时,所有内生变量在极限上都将收敛到它们新的均衡值。但是,该系统的稳定性取决于内生变量运动的规律。因而,有意义的比较静态分析要求先有一个动态分析。对这一系统的动态分析将表明它并不一定是稳定的;至今为止所作的假设并不包含它必定如此。但是,如果这样假设:当价格水平和利率运动的规律有了具体规定时这个系统是稳定的，那么，这就提供了补充的信息，而这种信息在推导比较静态分析的命题时将证明是有价值的。[24]

投资函数（7）规定了 K 的变动率，（6）规定了未清偿债券的变动率。p 和 i 的运动规律有待明确。在局部均衡分析中，商品价格在商品市场决定，债券价格在债券市场决定。假定存在对商品的超额需求，则商品价格将上升；存在超额供应，则价格会下降；并且，价格的变动率与超额需求对总供应之比率成比例，也就是

$$\dot{p} = Q_1(C + I - Y) \tag{31}$$

其中

$$Q_1 = \frac{q_1}{Y}$$

其中 q_1 是一个正的常数。[25]同样对 i

$$\dot{i} = Q_2(I - S - D_b) \tag{32}$$

其中

$$Q_2 = \frac{q_2}{\dfrac{B}{ip}}$$

其中 q_2 也是一个正的常数。把这些假设合并，得到有变量 K、B、p 和 i 的四个联立微分方程。

$$\dot{K} = I$$

$$\frac{\dot{B}}{ip} = I - S \tag{33}$$

$$\dot{p} = Q_1(C + I - Y)$$

$$\dot{i} = Q_2(I - S - D_b)$$

如果体系(33)稳定——所谓稳定是指在时间趋于极限时,该体系可能走的所有道路都趋向均衡的道路,那么,逼近(33)的邻近均衡的这一线性体系必定稳定。对(33)求微分,并对邻近(静止)均衡的偏导数求值以形成一个线性近似计算,得到

$$\dot{K} = I_K^{\circ}(K - K^{\circ}) + I_B^{\circ}(B - B^{\circ}) + I_p^{\circ}(p - p^{\circ}) + I_i^{\circ}(i - i^{\circ})$$

$$\dot{B} = i^{\circ}p^{\circ}(I_K^{\circ} - S_K^{\circ})(K - K^{\circ}) + i^{\circ}p^{\circ}(I_B^{\circ} - S_B^{\circ})(B - B^{\circ})$$
$$\qquad + i^{\circ}p^{\circ}(I_p^{\circ} - S_p^{\circ})(p - p^{\circ}) + i^{\circ}p^{\circ}(I_1^{\circ} - S_i^{\circ})(i - i^{\circ})$$

$$\dot{p} = Q_1^{\circ}(C_K^{\circ} + I_K^{\circ} - F_K^{\circ})(K - K^{\circ}) + Q_1^{\circ}(C_B^{\circ} \qquad (34)$$
$$\qquad + I_B^{\circ})(B - B^{\circ}) + Q_1^{\circ}(C_p^{\circ} + I_p^{\circ})(p - p^{\circ})$$
$$\qquad + Q_1^{\circ}(C_i^{\circ} + I_1^{\circ})(i - i^{\circ})$$

$$i = Q_2^{\circ}(I_K^{\circ} - S_K^{\circ} - D_{bK}^{\circ})(K - K^{\circ})$$
$$\qquad + Q_2^{\circ}(I_B^{\circ} - S_B^{\circ} - D_{bB}^{\circ})(B - B^{\circ})$$
$$\qquad + Q_2^{\circ}(I_p^{\circ} - S_p^{\circ} - D_{bp}^{\circ})(p - p^{\circ})$$
$$\qquad + Q_2^{\circ}(I_i^{\circ} - S_i^{\circ} - D_{bi}^{\circ})(i - i^{\circ}) \quad [26]$$

(34)稳定性乃至(33)稳定性的一个必要条件是变量$(K - K^{\circ})$,$(B - B^{\circ})$,$(p - p^{\circ})$以及$(i - i^{\circ})$系数的行列式为正数。[27]如果我们假定该体系是稳定的,则根据行列式的普通规则可以知道:这包含着下列行列式:

$$|\Delta| = \begin{vmatrix} I_K^{\circ} & I_B^{\circ} & I_p^{\circ} & I_i^{\circ} \\ -S_K^{\circ} & -S_B^{\circ} & -S_p^{\circ} & -S_i^{\circ} \\ C_K^{\circ} - F_K^{\circ} & C_B^{\circ} & C_p^{\circ} & C_i^{\circ} \\ -D_{bK}^{\circ} & -D_{bB}^{\circ} & -D_{bp}^{\circ} & -D_{bi}^{\circ} \end{vmatrix}$$

$$(35)$$

必定为正数。

在静止状态中，政府通过购买商品、转移性支付或者购买债券可以扩大货币存量，但既然假定会回到新的静止状态，那就是说，这些流量必定是暂时的。因而，政府赤字财政唯一的持久性影响只能是或者通过货币存量的扩大，或者通过政府持有债券数量的变动，或者两者兼而有之。我们考察政府支出唯一的持久性影响只是扩大货币存量的情况。如果政府发行新的货币，以此一次全部购买商品或作转移性支付，这就可能发生上述情况。令(30)对 M 求微分，得到

$$I_K^{\circ}\frac{dK}{dM} + I_B^{\circ}\frac{dB}{dM} + I_p^{\circ}\frac{dp}{dM} + I_i^{\circ}\frac{di}{dM} = 0$$

$$-S_K^{\circ}\frac{dK}{dM} - S_B^{\circ}\frac{dB}{dM} - S_p^{\circ}\frac{dp}{dM} - S_i^{\circ}\frac{di}{dM} = 0 \quad (36)$$

$$(C_K^{\circ} - F_K^{\circ})\frac{dK}{dM} + C_B^{\circ}\frac{dB}{dM} + C_p^{\circ}\frac{dp}{dM} + C_i^{\circ}\frac{di}{dM}$$

$$= -C_2^{\circ}\frac{1}{p}$$

$$-D_{bK}^{\circ}\frac{dK}{dM} - D_{bB}^{\circ}\frac{dB}{dM} - D_{bp}^{\circ}\frac{dp}{dM} - D_{bi}^{\circ}\frac{di}{dM}$$

$$= D_{b2}^{\circ}\frac{1}{p}$$

导数系数的行列式为(35)。用克拉美规则求解所需的导数，得出[28]

当 $B_g \gtreqless 0$ 时

$$\frac{dK}{dM} = \frac{B_g}{ip^3} \frac{(C_2 D_{b1} - C_1 D_{b2})(I_B S_i - I_i S_B)}{|\Delta|} \gtreqless 0$$

$$(37)$$

$$\frac{dB}{dM} = \frac{B}{M} - \frac{B_g}{ipM} \frac{(C_1 \Delta_{32} - D_{b1} \Delta_{42})}{|\Delta|} \qquad (38)$$

$$\frac{dp}{dM} = \frac{p}{M} - \frac{B_g}{ipM} \frac{(C_1 \Delta_{33} - D_{b1} \Delta_{43})}{|\Delta|} \qquad (39)$$

当 $B \gtreqless 0$ 时

$$\frac{di}{dM} = \frac{B_g}{ip^3} \frac{(C_2 D_{b1} - C_1 D_{b2})(I_K S_B - I_B S_K)}{|\Delta|} \gtreqless 0$$

$$(40)$$

其中,例如,Δ_{32} 是 Δ 第三列中第二项的余因子。

如果 B_g 是正的,(40)也是正的;如果 B_g 是负的,(40)也是负的。(37)的符号与(40)的相反。也就是说,如果政府部门是债券的净债权人,M 的扩大就会提高利率和降低资本存量的均衡水平。如果政府部门的债券净持有额是负数,M 的扩大就将降低 i 的均衡值并提高 K 的值。

把它们与标准的新古典的中性货币命题相比较,或许最能理解这些结果。[29]假定货币存量扩大之后,B 和 p 以同样比例随之扩大,而 i 和 K 不变。这使企业仍然处于与原先相同的实际位置,从而仍处于均衡状态。但是,如果 B_g 是正数,这应使家庭部门实际持有比以前多的债券。由于家庭部门的位置不变,所以这便会引起债券的超额供应,因而就要利率提高方能恢复均衡。因为私人部门作为一个整体没有货币幻觉,它对实际债券的净超额需求不受 M 变动以及与之伴随的 p 的同比例变动的影响。但是,因为政府部门保持债券的名义持有额不变,所以,p 的增大将减少其实际持有额($B_g >$ 0),从而产生出债券的实际超额供应。假如政府部门是债券的净债务人,结果将是相反。例如政府部门在债券上净额债权债务为零,则 M 的变动对 i 和 K 的均衡值便毫无影响。[30]

假如政府部门购买债券来扩大货币存量,它必定降低利率或者使之不变,而利率不变的情况相当鲜见。设政府部门从事公开市场业务,从私人部门买进债券,以货币相交换。在这一情形中,货币存量变动的值必定等于政府债券持有额变动的值。即

$$dM = \frac{1}{i} dB_g \qquad (41)$$

再对 M 求(30)的全微分,但这次利用关系式(41),则得到一组方程,其左边与(36)相同,右边为下列行:

$$
\begin{aligned}
&0 \\
&0 \\
&-C_2 \frac{1}{p} + C_1 \frac{1}{p} \\
&+D_{b2} \frac{1}{p} - D_{b1} \frac{1}{p}
\end{aligned} \qquad (42)
$$

用克拉美规则求解,得到

$$\frac{dK}{dM} = -\frac{\left(M - \frac{1}{i}B_g\right)}{p^3} \frac{(C_2 D_{b1} - C_1 D_{b2})(I_B S_i - I_i S_B)}{|\Delta|} \gtrless 0 \qquad (43)$$

$$\frac{dB}{dM} = \frac{B}{M} + \frac{\left(M - \frac{1}{i}B_g\right)}{pM} \frac{(C_1 \Delta_{32} - D_{b1} \Delta_{42})}{|\Delta|} \qquad (44)$$

$$\frac{dp}{dM} = \frac{p}{M} + \frac{\left(M - \frac{1}{i}B_g\right)}{pM} \frac{(C_1 \Delta_{33} - D_{b1} \Delta_{43})}{|\Delta|} \qquad (45)$$

$$\frac{\mathrm{d}i}{\mathrm{d}M} = -\frac{\left(M - \frac{1}{i}B_g\right)}{p^3}\frac{(C_2 D_{b1} - C_1 D_{b2})(I_K S_B - I_B S_K)}{|\Delta|} \leqq 0$$

$$(46)^{\textcircled{31}}$$

尽管 $\left(M - \frac{1}{i}B_g\right)$ 也可能为负数,但很少见。在政府可以从事的交易既定时,只有当政府已经享有未曾被以前的赤字所抵消的资本溢价收益时,它的债券持有额的市场价值才可能超过货币存量。在普通情况下,货币存量将大于或等于合并的货币系统与政府部门的债券净持有额。$M - \frac{1}{i}B_g$ 可以称作"外在货币"。这是政府部门对私人部门的净债务。前述政府不收税的假设意味着,不算资本溢价收益,外在货币数量不可能是负的。

当存在正额外在货币时,在公开市场购置债券就减低利率的均衡值并提高资本存量的均衡值。会发生这样的情况,是毫不足奇的。当存在正额外在货币时,B_g 小于 M。因而,M 和 B_g 绝对值等量增加必然意味着 B_g 相对地增加得多于 M。即使 p 与 M 同比例增大,政府部门债券持有额的实际值仍然提高,这时利率必定下降。

另一方面,如果不存在外在货币,M 和 B_g 绝对值等量增加必定也是等量的相对增加,这时从实际意义上说,M 和 B_g 增加的影响按实际价值计可以被消除,均衡因价格水平同比例提高而恢复。[32]

最后,如果政府要求:尽管存在着正额的外在货币和不等于零的净额债券头寸,其公开市场业务的影响仍应是中性的——也就是说,如果它想要只改变名义价格水平而使所有的实际量不变——则政府只要按其改变货币供应量的比例去改变其（名义）债券持有额，就能做到这一点。可见，要指出的是：政府部门并不是不能从事于一套公开市场业务活动而使其综合作用成为中性；相反，正是它所做的普通简单交易——购买商品和买卖证券——将不会使所有的实际量不变。

平衡增长

由于不同部门中持续的赤字和盈余与静止状态的假想不相一致，因此，在静止状态模型中的比较静态分析限于与增长的经济的运行有关的部分，除非正在累积的金融资产对支出格式没有影响。比如，如果政府靠扩大货币存量来弥补经常账户中一个接一个时期的赤字，如果现金余额对私人部门的支出具有正向的影响，那么，价格水平的提高就没有止境。另一方面，在一个增长的经济中，部门则可以有持续的赤字并靠发行证券（或货币）来弥补，而经济仍可处于所谓"移动均衡"中。在增长的经济的模型中，人们可以分析这些流量对系统中其他部分的影响。在静止状态中，政府部门必须保持经常账户的平衡预算。在一个增长的经济中，靠发行新货币来弥补的持续的赤字与不变的价格水平很可能是相容的。事实上，它甚至是价格稳定的必要条件。

本文的以下部分讨论此模型在平衡增长状态下的运行。平衡增长的定义是：收入、要素供应、资产和支出流量都按同样的不变的相对比率一起增长的一种状态。如果经济体系处于平衡增长状态的均衡，则上述所有变量之间的比率都将不变。平衡增长不是经济增长唯一可能的格式。确实,它是一种很特殊的状况,虽就其普遍性而言,尽管不比静止状态少,但也并不比它多。然而,它却是有意思的,因为它是增长的一条可能的道路,而正如前节中说过的,增长的经济具有静止经济所不具有的特征。因此,平衡增长的分析结果至少有助于启发得出更有普遍意义的结论。

假定投资、企业储蓄、家庭对债券的需求以及消费函数是资产和收入变量的一次齐次方程,但不是价格变量的一次齐次方程。也就是说,例如 K、$\dfrac{B}{p}$ 和 $rK - \dfrac{B}{p}$ 扩大一倍,r 和 i 不变便会提高投资率一倍;而 $\dfrac{B_h}{ip}$,$\dfrac{M}{p}$ 和 H 扩大一倍,i 不变,则消费率提高一倍,或者,更一般地表示

$$\lambda \dot{K} = I\left(\lambda K, \ \lambda \frac{B}{p}, \ r, \ i, \ \lambda rK - \lambda \frac{B}{p}\right)$$

$$\lambda C = C\left(\lambda \frac{B_h}{ip}, \ \lambda \frac{M}{p}, \ i, \ \lambda H\right) \qquad (47)$$

这样,如果 K°, B°, L°, M°, H°, p°, r° 和 i° 是方程(30)的一个解,那么,λK°, λB°, λL°, λM°, λH°, p°, r° 和 i° 也是。换言之,如果均衡条件是资产和收入变量的齐次方程,该系统就能够平衡增长。

现在,假设劳动力供应、货币存量、政府的债券存量和政府对商品、债券的开支以及转移性支出都以不变的相对比率 n 一起增长。[33] 即

$$\dot{L} = nL \qquad \dot{G}_c = nG_c$$

$$\dot{M} = n \qquad \dot{G}_b = nG_b \qquad (48)$$

$$\dot{B}_g = nB_g \quad \dot{G}_t = nG_t$$

整个系统会以同一速度,至少是渐近于这一速度而增长吗?
很容易把资产和收入变量变换成对它们趋势值的比率。[34] 设

$$
\begin{aligned}
&k = Ke^{-nt} & &g_e = G_c e^{-nt}\\
&b = Be^{-nt} & &g_t = G_t e^{t-n}\\
&b_g = B_g e^{-nt} & &g_b = G_b e^{-nt} \qquad (49)\\
&m = Me^{-nt} & &h = He^{-nt}\\
&y = Ye^{-nt} & &l = Le^{-nt}
\end{aligned}
$$

由此,比如

$$\dot{K} = (\dot{k} + nk)e^{nt}$$

把这一变换应用到动态系统(3.4),并让 $\dot{M}$, G_b, G_c 和 G_t
取正值,得出

$$\dot{k} = I\left(k, \ \frac{b}{p}, \ r, \ i, \ rk - \frac{b}{p}\right) - nk$$

$$\dot{b} = ip\left[I - S\left(k, \ \frac{b}{p}, \ r, \ i, \ rk - \frac{b}{p}\right)\right] - nb$$

$$\dot{p} = Q_1^*\left[C\left(\frac{b_h}{ip}, \ \frac{m}{p}, \ i, \ h\right) + \frac{g_c}{p} + I - F(k, \ l)\right]$$

$$\dot{i} = Q_2^*\left[I - S - \frac{g_b}{p} - D_b\left(\frac{b_h}{ip}, \ \frac{m}{p}, \ i, \ h\right)\right] \qquad (50)^{[35]}$$

在劳动力供应、货币存量和政府支出的外生增长率既定时,如
果系统(50)稳定,整个系统将收敛于一个等于 n 的相对增长
率上。当然,(50)的均衡状况不同于(33)的静止均衡状况,后
者的稳定性并不一定包含前者的稳定性。[36]

在均衡点邻近展开(50)以求一个线性逼近,得到[37]

$$\dot{k} = (I_K^\circ - n)(k - k^\circ) + I_B^\circ(b - b^\circ) + I_p^\circ(p - p^\circ) + I_i^\circ(i - i^\circ)$$

$$\dot{b} = i^\circ p^\circ (I_K^\circ - S_K^\circ)(k - k^\circ)$$

$$+ i^\circ p^\circ \left(I_B^\circ - S_B^\circ - \frac{n}{i^\circ p^\circ}\right)(b - b^\circ)$$

$$+ i^\circ p^\circ \left(I_p^\circ - S_p^\circ + \frac{nb^\circ}{i^\circ p^{\circ 2}}\right)(p - p^\circ)$$

$$+ i^\circ p^\circ \left(I_i^\circ - S_i^\circ + \frac{nb^\circ}{p^\circ i^{\circ 2}}\right)(i - i^\circ)$$

$$\dot{p} = Q_1^{*\,\circ}(C_K^\circ + I_K^\circ - F_K^\circ)(k - k^\circ) \qquad (51)$$

$$+ Q_1^{*\,\circ}(C_B^\circ + I_B^\circ)(b - b^\circ)$$

$$+ Q_1^{*\,\circ}\left(C_p^\circ + I_p^\circ - \frac{g_c}{p^2}\right)(p - p^\circ)$$

$$+ Q_1^{*\,\circ}(C_i^\circ + I_i^\circ)(i - i^\circ)$$

$$\dot{i} = Q_2^{*\,\circ}(I_K^\circ - S_K^\circ - D_{biK}^\circ)(k - k^\circ)$$

$$+ Q_2^{*\,\circ}(I_B^\circ - S_B^\circ - D_{biB}^\circ)(b - b^\circ)$$

$$+ Q_2^{*\,\circ}\left(I_p^\circ - S_p^\circ + \frac{g_b}{p^2} - D_{bp}^\circ\right)(p - p^\circ)$$

$$+ Q_2^{*}(I_i^\circ - S_i^\circ - D_{bi}^\circ)(i - i^\circ)$$

假定系统(50)是稳定的,这就包含着下面行列式是正的[38]:

$$|\Delta^*| = \begin{vmatrix} I_K^\circ - n & I_B^\circ & I_P^\circ & I_i^\circ \\[2mm] I_K^\circ - S_K^\circ & I_B^\circ - S_B^\circ & I_p^\circ - S_p^\circ & I_i^\circ - S_i^\circ \\ & -\dfrac{n}{i^\circ p^\circ} & +\dfrac{nb^\circ}{i^\circ p^{\circ 2}} & +\dfrac{nb^\circ}{p^\circ i^{\circ 2}} \\[4mm] C_K^\circ + I_K^\circ & C_B^\circ + I_B^\circ & C_p^\circ + I_p^\circ & C_i^\circ + I_i^\circ \\ -F_K^\circ & & -\dfrac{g_c}{p^{\circ 2}} & \\[4mm] I_K^\circ - S_K^\circ & I_B^\circ - S_B^\circ & I_p^\circ - S_p^\circ & I_i^\circ - S_i^\circ \\ -D_{biK}^\circ & -D_{biB}^\circ & -D_{bp}^\circ + \dfrac{g_b}{p^{\circ 2}} & -D_{bi}^\circ \end{vmatrix}$$

要素比例的稳定性

如果边际资本—产出比率固定,如果储蓄和投资与总产量之比率不变,那么,只存在一个总产量相对增长率,能使资本存量恰好得到充分利用。[39]罗伊·哈罗德爵士称之为"保证的增长率",但这未必等于由劳动力供应增长率或劳动力供应量乘以某个劳动生产率改善因子外生地决定的所谓"自然率"。如果这两个增长率不相吻合,就将出现劳动力供应量日益严重的短缺或过剩。其原因基本上是,在要素比例固定时,不可能用供应过剩的要素去替代某种供应短缺的要素(当然,如果超额供应的要素的价格下降会减少供应数量,则均衡仍有可能恢复)。

另一方面,正如索洛教授所表明的,"当生产发生在要素比例可变和规模收益不变的新古典主义通常条件下,自然增长率和保证增长率之间可能没有简单的抵触。"[40]为了他的讨论,索洛采用了哈罗德的假设,即储蓄是收入中一个不变部分,以及投资自动调整以与储蓄相等。这样,如果 K 的(相对)增长率降至 L 的增长率之下,Y 的增长率就将处于两者之间,超过 K 的增长率。因为新投资与收入成比例,所以,它的增长将超过 K 的增长率,从而把 K 的增长率拉上使之接近 L 的增长率。如果 K 的增长率高于 L 的增长率,收入乃至投资的增长率将低于 K 的增长率,从而把 K 的增长率拉下使之接近 L 的增长率。[41]

这一结果的意义可以扩展到投资,后者被认定为资本的边际产品的一个递增函数。资本的边际产品取决于 K 对 L 之比率。如果这比率降至其均衡值之下,那么,增加的资本边际产品会刺激投资并引起资本存量上升。如果资本—劳动比率上升,下降的资本边际产品会降低投资率,使劳动力供应量上升。

如果投资函数(7)对资产和收入变量是一次齐次方程,它可写成

$$\dot{K} = KI\left(1, \frac{B}{pK}, r, i, r - \frac{B}{pK}\right) \qquad (52)$$

以 $\frac{B}{pK}$ 和 i 为参数,(52)可写成:

$$\dot{K} = KI^*\left(r, i, \frac{B}{pK}\right) \qquad (53)$$

$$I_1^* > 0, \ I_2^* < 0, \ I_3^* < 0$$

设劳动力供应量以不变的相对比率 n 增长,并设

$$\alpha = \frac{K}{L}$$

由此

$$\frac{\dot{\alpha}}{\alpha} = \frac{\dot{K}}{K} - \frac{\dot{L}}{L} \qquad (54)$$

把(53)代入(54),得

$$\frac{\dot{\alpha}}{\alpha} = I^* - n \qquad (55)$$

现在,因为生产函数对 K 和 L 是一次齐次方程,所以,资本的边际产品 F_K 对同样的变量是零次齐次方程。换言之,因为生产函数具有规模收益不变的特征,各要素的边际产品只取决于资本与劳动力的比率。这样,我们可以写成

$$r = F_K(K, L) = F_K(\alpha, 1) \qquad (56)$$

代入(55),得

$$\frac{\dot{\alpha}}{\alpha} = I^* \left[F_K(\alpha, 1), i, \frac{B}{pK} \right] - n \qquad (57)$$

和

$$\frac{\partial I^*}{\partial \alpha} = I_1^* F_{KK} < 0, \qquad (58)$$

也就是说,I^* 是 α 的递减函数。α 的相对变动率可以分成两个分支,I^* 和 n。当 $I^* = n$,α 不变;当 $I^* > n$,α 增大;当 $I^* < n$,α 减小。图1显示了这一点。所以,均衡的资本—劳动力比率 α^*,即 $I^* = n$ 时的那个比率,是稳定的。[42]

$\frac{B}{pK}$ 和 i 对投资的作用是负的。所以,这两个变量的较高值必定对应于投资函数的较低值。图2表示了这一点。随着 $\frac{B}{pK}$ 和 i 增大,I^* 左移,均衡的资本—劳动力比率也一起左移。图中,I_1^*、……、I_4^* 对应于 $\frac{B}{pK}$ 和 i 连续增大的值。如此可见,资本—产出比率和两个要素的边际产品,都取决于 i,而 i 又受货币政策的影响。

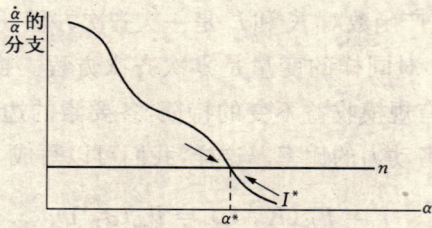

图 1

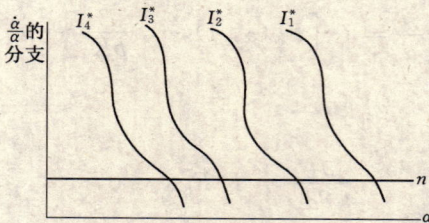

图 2

债务的增长

　　暂时把迄今已经提出的模型放一放，假设净额新借款率 $\dot{D}(t)$ 与收入总量正相关，与未清偿债务的总量 $D(t)$ 负相关，并假设与两者都是线性相关的。

$$\dot{D}(t) = q_1 Y(t) - q_2 D(t) \tag{59}$$

$$q_1 > 0, \, q_2 \geqslant 0$$

　　设收入按 n 率相对(指数)增长。这样

$$Y(t) = Y(0)\mathrm{e}^{nt} \tag{60}$$

和

$$D(t) = \left[D(0) - \frac{q_1}{n+q_2} Y(0) \right] e^{-q_2 t} + \frac{q_1}{n+q_2} Y(0) e^{nt}$$

(61)

由此得出

$$\lim_{t \to \infty} \frac{D}{Y} = \frac{q_1}{n+q_2}$$ (62)

和

$$\lim_{t \to \infty} \frac{\dot{D}}{D} = n$$ (63)

也就是说,随着债务和收入增长,债务对收入的比率将收敛于一个稳定的极限值。收入对借款的影响越大,收入增长率越低,现存债务对新借款的威慑作用越弱,则上述极限值就越大。而且,如果 $D(0)$ 很小,D 的相对增长率起初会很大,然后从大到小渐渐逼近 n。也就是

$$\frac{\dot{D}}{D} = \frac{q_1 Y(0) e^{(n+q_2)t}}{\frac{q_1}{n+q_2} Y(0) \left[e^{(n+q_2)t} - 1 \right] t + D_0} - q_2$$

(64)

$t = 0$ 时,

$$\frac{\dot{D}(0)}{D(0)} = \frac{q_1 Y(0)}{D(0)} - q_2$$ (65)

由此,如果 $D(0)$ 小,则 $\frac{\dot{D}(0)}{D(0)}$ 大。[43]

在简化的假设下,也可以为第二部分中的模型论证类似的结论。具体说,在资本存量和劳动力供应量都按不变的相

对速度 n 增长的假设下,未清偿债券对资本存量的比率以及对收入的比率都可以是稳定的。与以前一样,假定价格水平和利率是不变的。当然,资本存量按不变的相对速度 n 增长并与 B 无关的假设,与第二部分中假设的投资函数的形式是不一致的。但是,前一个假设确有助于对债务增长进行局部分析,而且分析的结果确有助于深入了解债务增长过程初级阶段的性质。以后,将放松这一假设,以便研究增长过程中 K 和 B 的相互作用。

设

$$K = K(0)e^{nt} \text{ 和}$$
$$L = L(0)e^{nt} \tag{66}$$

其中 $K(0)$ 和 $L(0)$ 是某个任意初始期中 K 和 L 的值。因为企业储蓄函数对资产和收入变量有齐次性,可以写成

$$S = (S_1 + rS_5)K + (S_2 - S_5)\frac{B}{p} \tag{67}$$

把(66)和(67)代入(6),得出

$$\dot{B} = ip(n - S_1 - rS_5)K(0)e^{nt} - i(S_2 - S_5)B \tag{68}$$

它与(59)相似。

对 S_1,S_2 和 S_5 指定均衡值——K、L 和 B 都以同一相对速度增长时它们的值。设

$$\alpha_1 = ip(n - S_1^\circ - rS_5^\circ)^{\text{⑭}} \tag{69}$$

$$\alpha_2 = i(S_2^\circ - S_5^\circ)$$

这样(68)变成一阶非齐次线性微分方程,其解为

$$B(t) = \left[B(0) - \frac{\alpha_1}{n + \alpha_2} K(0) \right] e^{-\alpha_2 t} + \frac{\alpha_1}{n + \alpha_2} K(0) e^{nt}$$

它类似于(61),只是用 α_1 和 α_2 分别替代 q_1 和 q_2。α_2 项被假定是正的;如果债务要增长,α_1 必须是正数。如果 α_1 是负数,储蓄增长将快于投资,债务将无限下降;不能事先就排除这种可能性。可见,随着 t 变大,B 对 K 之比率收敛于 $\frac{\alpha_1}{n + \alpha_2}$。但是,与(62)不同的是,在这一情形中,$n$ 对债务与资本比率极限值的影响是含糊不清的。原因是,在 n 较高时,投资较多以至借款也较多,这可能抵消该比率的分母的较快增大。

从上式我们得到

$$\frac{\dot{B}(t)}{B(t)} = \frac{\alpha_1 K(0) e^{(n + \alpha_2)t}}{\frac{\alpha_1}{n + \alpha_2} K(0) [e^{(n + \alpha_2)t} - 1] + B(0)} - \alpha_2$$

$$(70)$$

$t = 0$ 时

$$\frac{\dot{B}(0)}{B(0)} = \frac{\alpha_1 K(0)}{B(0)} - \alpha_2 \qquad (71)$$

随着 t 的增大

$$\lim_{t \to \infty} \frac{\dot{B}(t)}{B(t)} = n \qquad (72)$$

可见,最初的债务量很小时,其相对增长速度先是会很大,总是大于 n,但是随着时间的推移,逐渐接近 n。

在这些假设之下,B 对 K 的比率的稳定性并不依赖于线性近似。S 的齐次性使我们可以得出:

$$\dot{B} = ipnK - ipKS\left(1, \frac{B}{pK}, r, i, r - \frac{B}{pK}\right)$$

$$(73)$$

设

$$\beta = \frac{B}{K} \qquad (74)$$

由此

$$\dot{\beta} = \frac{\dot{B}}{K} - \frac{B}{K}\frac{\dot{K}}{K} \qquad (75)$$

把(74)代入(73),得出

$$\frac{\dot{B}}{K} = ipn - ipS\left(1, \frac{1}{p}\beta, r, i, r - \frac{1}{p}\beta\right) \quad (76)$$

和

$$\dot{\beta} = ipn - \left[ipS\left(1, \frac{1}{p}\beta, r, i, r - \frac{1}{p}\beta\right) + n\beta\right]$$

$$(77)$$

由于

$$\frac{\partial S}{\partial \beta} > 0 \qquad (78)$$

$\dot{\beta}$ 等于两个分支之间的差额。β 低于其均衡值时,ipn 超过 $ipS + n\beta$,β 上升;β 高出均衡时,就有力量驱使它回降。图 3 说明这一点。由于(78)的缘故,第二个分支是 β 的递增函数,显然,这个均衡是稳定的。可见,如果 K 和 L 以至 Y 以同一相对比率增长,未清偿债券和各个变量的比率就将是稳定的。

如果我们希望考察 K 和 B 围绕其持久增长路线的同时变异状况,仍然只能限于考察局部结果。如果 i 和 p 在它们的均衡值上保持不变,则

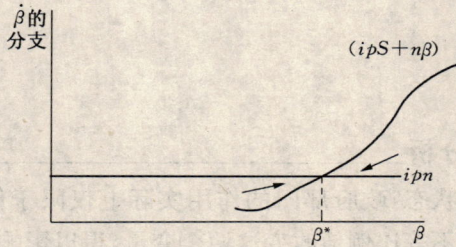

图 3

$$\dot{k} = (I_K^\circ - n)(k - k^\circ) + I_B^\circ(b - b^\circ) \qquad (79)$$

$$\dot{b} = i^\circ p^\circ(I_K^\circ - S_K^\circ)(k - k^\circ)$$

$$+ i^\circ p^\circ \left(I_B^\circ - S_B^\circ - \frac{n}{i^\circ p^\circ} \right)(b - b^\circ)$$

b 和 k 从任何最初值向均衡值收敛的必要和充分条件是

$$(I_K^\circ - n) + i^\circ p^\circ \left(I_B^\circ - S_B^\circ - \frac{n}{i^\circ p^\circ} \right) < 0 \qquad (80)$$

$$I_B^\circ S_K^\circ - I_K^\circ S_B^\circ - \frac{n I_K^\circ}{i^\circ p^\circ} - n I_B^\circ + n S_B^\circ + \frac{n^2}{i^\circ p^\circ} > 0$$

而在(9)和(10)中,上述两个条件都能满足。可见,如果 B 和 K 本来与它们的均衡增长路线颇为接近,那么,它们就将趋于那些路线。在这一情形中,两个变量相对增长率的极限值是 n。显然,如果其中一个或两个变量低于它们的均衡路线,则它们的平均相对增长率在一个时间内会超过 n,而它们向 n 的收敛可能是逐渐逼近,也可能是有波动的。

比较动态分析

在静止状态,政府部门的作用实际上仅限于使 M 和 B_g 变动。政府不等比例地改变这两个变量,得以影响利率,进而影响资本存量、总产量和实际工资。如果静止状态下均衡得到恢复,支出流量就必须停止,所以,它们没有永久效应。但是,在一个增长的经济中,政府部门具有较大的自由度。它可以依靠发行新货币或债券来承受持续的预算赤字,从而能购置一部分当期产出的商品或债券,或者进行转移性支付。这三类支出流量中的任何一类或三者的组合必定使货币存量扩大。在增长的经济中,支出流量格式变动引起的效应一般(尽管不总是)会加强资产方面相应变动的效应。比如,如果政府部门为购置商品而发行新货币,但使 B_g 不变,则 i 的均衡值将上升,只要 B_g 是正数(方程式 40)。在增长的经济中提高 G_c 的纯效果也是提高 i。这一节将考察政府支出速度和格式的变更对经济增长道路的影响。使经济系统中各个流量相对于所有其他支出流量发生变动,然后计算由此引起的 k 和 i 的变动。[45]

当经济处于持久平衡增长状态时,k、b、p 和 i 的均衡值由下列方程式规定:

$$I\left[k, \frac{b}{p}, F_K(k, 1), i, kF_K(k, 1) - \frac{b}{p}\right] - nk = 0$$

$$I - S\left[k, \frac{b}{p}, F_K(k, 1), i, kF_K(k, 1) - \frac{b}{p}\right] - \frac{nb}{ip} = 0$$

$$C\left[\frac{b-b_g}{ip}, \frac{m}{p}, i, F(k, 1)-S+\frac{g_t}{p}\right]+\frac{g_c}{p} \qquad (81)$$

$$+I-F(k, 1)=0$$

$$I-S-\frac{g_b}{p}-D_b\left[\frac{b-b_g}{ip}, \frac{m}{p}, i, F(k, 1)-S+\frac{g_t}{p}\right]=0$$

政府部门的预算约束(14)可以写成

$$\dot{m}+nm=g_b+g_c+g_t \qquad (82)$$

在平衡增长的均衡时, $\dot{m}=0$,由此

$$nm=g_b+g_c+g_t \qquad (83)$$

同样,当经济处于均衡的平衡增长状态时,则

$$g_b=\frac{n}{i}b_g \qquad (84)$$

虽然不在那样状态时上述条件也未必不存在。从(83)和(84)得出

$$g_c+g_t=n\left(m-\frac{1}{i}b_g\right) \qquad (85)$$

也就是说,沿着均衡增长途径,外在货币的存量必须与 M 和 B_g 呈相同指数速度增长。

现在设政府部门提高 g_c,即政府部门购置新商品的速度——已从中减去整体经济平均增长的因素——而使 g_b 和 g_t 保持不变。这意味着 G_c 相对于经济中其他的支出流量而持久增加,不仅仅是一种暂时注入。政府购置所需资金来自新货币发行率的提高。当该系统回到其移动均衡时,m 将按照下列关系而增加

$$\mathrm{d}g_c=n\mathrm{d}m \qquad (86)$$

求(81)对 g_c 或 m 的全微分,用(86)来联系那些变量,便可发现这一变动对 k 和 i 的影响。对 m 进行全微分,得出[46]

$$(I_K - n)\frac{\mathrm{d}k}{\mathrm{d}m} + I_B\frac{\mathrm{d}b}{\mathrm{d}m} + I_p\frac{\mathrm{d}p}{\mathrm{d}m} + I_i\frac{\mathrm{d}i}{\mathrm{d}m} = 0$$

$$(I_K - S_K)\frac{\mathrm{d}k}{\mathrm{d}m} + \left(I_B - S_B - \frac{n}{ip}\right)\frac{\mathrm{d}b}{\mathrm{d}m}$$

$$+ \left(I_p - S_p + \frac{nb}{ip^2}\right)\frac{\mathrm{d}p}{\mathrm{d}m} + \left(I_i - S_i + \frac{nb}{pi^2}\right)\frac{\mathrm{d}i}{\mathrm{d}m} = 0$$

$$(C_K + I_K - F_K)\frac{\mathrm{d}k}{\mathrm{d}m} + (C_B + I_B)\frac{\mathrm{d}b}{\mathrm{d}m} \qquad (87)$$

$$+ \left(C_p + I_p - \frac{g_c}{p^2}\right)\frac{\mathrm{d}p}{\mathrm{d}m} + (C_i + I_i)\frac{\mathrm{d}i}{\mathrm{d}m} = -\frac{1}{p}(C_2 + n)$$

$$(I_K - S_K - D_{bK})\frac{\mathrm{d}k}{\mathrm{d}m} + (I_B - S_B - D_{bB})\frac{\mathrm{d}b}{\mathrm{d}m}$$

$$+ \left(I_p - S_p + \frac{g_b}{p^2} - D_{bp}\right)\frac{\mathrm{d}p}{\mathrm{d}m}$$

$$+ (I_i - S_i - D_{bi})\frac{\mathrm{d}i}{\mathrm{d}m} = \frac{1}{p}D_{b2}$$

在下列结果中,把两个表达式作了简化。

$$Z_1 = \frac{1}{p^2}\left[I_iS_B - I_BS_i + I_B\frac{nb}{pi^2} + I_i\frac{n}{ip}\right] < 0,$$

和

$$Z_2 = \frac{1}{p^2}\left[I_BS_K - I_KS_B + nS_B + \frac{n^2}{ip} - nI_B\right] > 0$$

这样,(9)、(10)和(13)中包含着 $Z_1 < 0$ 和 $Z_2 > 0$。

解(87),得出[47]

$$\frac{dk}{dm} = \frac{Z_1\left[\dfrac{b_g}{ip}(C_1 D_{b2} - C_2 D_{b1} - n D_{b1}) + \dfrac{g_b}{p}(C_2 + D_{b2} + n)\right. \\ \left. + \dfrac{g_t}{p}(C_2 D_{b4} - C_4 D_{b2} + D_{b2} + n D_{b4})\right]}{|\Delta^*|}$$

$$(88)$$

$$\frac{di}{dm} = \frac{Z_2\left[\dfrac{b_g}{ip}(C_1 D_{b2} - C_2 D_{b1} - n D_{b1}) + \dfrac{g_b}{p}(C_2 + D_{b2} + n)\right. \\ \left. + \dfrac{g_t}{p}(C_2 D_{b4} - C_4 D_{b2} + D_{b2} + n D_{b4})\right]}{|\Delta^*|}$$

$$(89)$$

g_c 和 m 增加的结果与静止状态中 M 增加的结果(方程式 37 和 40)相似但并非等同。如果 b_g 和 g_b 是正数,也就是说,如果政府部门在债券账户上是债权人,那么,(88)和(89)的分子中括号内表达式就是正数,由此 $\dfrac{dk}{dm}$ 是负的,$\dfrac{di}{dm}$ 是正的。[43] 上述交易在资产方面的作用,(37)和(40)已作了说明,今又因支出流量 g_c 和 g_t 所产生的作用而强化了。但是,如果 b_g 和 g_b 是负数,也就是说,如果政府部门在债券账户上是债务人,则 $\dfrac{dk}{dm}$ 可能仍然是负数,$\dfrac{di}{dm}$ 也仍是正数,只要 g_t 相对于 b_g 是足够大的。这里发生的作用是,m 扩大将提高价格水平并降低转移性支付流量的实际值,而这又会多少地降低对债券的需求,并提高利率。但是,如果没有转移性支付,$\dfrac{di}{dm}$ 的符号将与 b_g 的符号一样。也就是说,如(40)中一样,只要政府是债权人,m 和 g_c 的增加就将提高 i;只要政府是债务人,就将降低 i。

　　把上述对 m 的那些导数表示成独立变量,这不应该被误认为主要是 m 的变化产生了那些结果;正如如果用 g_c 作为独立变量一样,也不应该被认为只是由于政府支出的变动才产生了那些结果。事实上,那些结果是由此种交易的整体所产生的。独立变量的选择是任意的;可以使用任何一个。[49] 这一点值得强调,因为众多的货币理论著作只分析 M 变动的影响而忽视引发这些变动的支出,而又有许多的收入理论建立在支出方面的基础上却忽视为交易提供资金的方式。事实上,两个方面是有关联的。

　　为说明筹资方式的重要性,假设政府要增加 g_c 并用减少 g_b 来支付,m 和 g_t 保持不变。求(81)对 g_c 的全微分,使用下列关系式可看出这一交易对 k 和 i 的影响。

$$\mathrm{d}g_c = -\,\mathrm{d}g_b \text{[50]} \qquad (90)$$

利用(83)和(84),可写出下列结果

$$\frac{\mathrm{d}k}{\mathrm{d}g_c} = \frac{Z_1\left[\dfrac{m}{p}\left(D_{b2} + \dfrac{1}{n}C_1 D_{b2} - \dfrac{1}{n}C_2 D_{b1} + C_2 + n - D_{b1}\right) + \dfrac{g_t}{p}\left\{D_{b4}\left(1 + \dfrac{1}{n}C_1\right) + (C_4 - 1)\left(1 - \dfrac{1}{n}D_{b1}\right)\right\}\right]}{|\,\Delta^*\,|}$$

$$(91)$$

$$\frac{\mathrm{d}i}{\mathrm{d}g_c} = \frac{Z_2\left[\dfrac{m}{p}\left(D_{b2} + \dfrac{1}{n}C_1 D_{b2} - \dfrac{1}{n}C_2 D_{b1} + C_2 + n - D_{b1}\right) + \dfrac{g_t}{p}\left\{D_{b4}\left(1 + \dfrac{1}{n}C_1\right) + (C_4 - 1)\left(1 - \dfrac{1}{n}D_{b1}\right)\right\}\right]}{|\,\Delta^*\,|}$$

$$(92)$$

当用增加 m 来资助 g_c 的扩大时,如果没有转移性支付,$\dfrac{\mathrm{d}i}{\mathrm{d}g_c}$ 的符号明确地与 b_g 的符号相一致(方程 89)。但是,如果 g_c 的扩大靠出售债券来解决资金需要时,情况就不是如此。在后一种情形中,如果 $g_t = 0$,$\dfrac{\mathrm{d}i}{\mathrm{d}g_c}$ 必定是正的。可见,在政府是债券账户的债务人的情况下,如果它靠提高新货币发行率来筹资,g_c 的扩大对利率的影响将是负的,如果靠出售债券来筹资,则影响是正的(都假定 $g_t = 0$)。

现在设政府部门扩大 g_t 和 m,而 g_c 和 g_b 保持不变。对 m 全微分,并令

$$\mathrm{d}g_t = n\mathrm{d}m^{\text{⑤}} \qquad (93)$$

可以得出

$$\frac{\mathrm{d}k}{\mathrm{d}m} = \frac{Z_1\left[\begin{array}{l} \dfrac{b_g}{ip}\{C_1 D_{b2} - C_2 D_{b1} + nC_1 D_{b4} + nC_2(1 - D_{b4}) \\ \qquad + nC_4(n - D_{b1} + D_{b2})\} \\ \qquad + \dfrac{g_c}{p}(C_4 D_{b2} - C_2 D_{b4} - D_{b2} - nD_{b4}) \end{array}\right]}{\mid \Delta^* \mid} \qquad (94)$$

$$\frac{\mathrm{d}i}{\mathrm{d}m} = \frac{Z_2\left[\begin{array}{l} \dfrac{b_g}{ip}\{C_1 D_{b2} - C_2 D_{b1} + nC_1 D_{b4} + nC_2(1 - D_{b4}) \\ \qquad + nC_4(n - D_{b1} + D_{b2})\} \\ \qquad + \dfrac{g_c}{p}(C_4 D_{b2} - C_2 D_{b4} - D_{b2} - nD_{b4}) \end{array}\right]}{\mid \Delta^* \mid} \qquad (95)$$

括号内表达式中 b_g 的系数是正数;g_c 的系数是负数。通过扩大货币供应量,则通过转移性支付,提高价格水平并降低 g_c 的实际值。这趋于降低利率。与前相同,$\dfrac{\mathrm{d}i}{\mathrm{d}m}$ 的符号与 b_g 的符号正相关。

最后,设政府部门提高购置债券的速度,而用加速发行新货币来筹措所需的资金。为说明上述变动有什么影响,求 (81) 对 m 的全微分,并运用下列关系式

$$\mathrm{d}g_b = n\mathrm{d}m \tag{96}$$

和 (84)。⑤² 求解,可以得出

$$\frac{\mathrm{d}k}{\mathrm{d}m} = \frac{Z_1 Z_3}{|\Delta^*|} \tag{97}$$

和

$$\frac{\mathrm{d}i}{\mathrm{d}m} = \frac{Z_2 Z_3}{|\Delta^*|} \tag{98}$$

其中

$$Z_3 = \left(\frac{m}{p} - \frac{b_g}{ip}\right)(C_2 D_{b1} - C_1 D_{b2}) - \frac{g_t}{p}\{C_4(n - D_{b1} + D_{b2})$$

$$+ C_1 D_{b4} + C_2(1 - D_{b4})\} - \frac{g_c}{p}\{n - D_{b1} + D_{b2} + C_2\}$$

$$\tag{99}$$

有外在货币时 Z_3 是负数,没有外在货币时 Z_3 等于零。可见,如果政府部门加速购置债券(或放慢发行自身债券),并用改变新货币发行率以抵消上述变化并为此筹资,则利率肯定要下降,资本存量均衡水平要提高,也就是说,$\dfrac{\mathrm{d}i}{\mathrm{d}m} < 0$,

$$\frac{\mathrm{d}k}{\mathrm{d}m} > 0。$$

结论

　　这一分析提出的问题,至少和已经回答的问题一样多。例如,如果需求函数和生产函数不是齐次的话,均衡增长道路的特征是什么? 如果外生变量不是按比例(指数)增长,或者,如果按相同速度增长,情况又将如何? 即使仅是猜测这些问题的答案,也是困难的。中性的技术变化的影响究竟是膨胀性的还是收缩性的? 估量那些有关的决定因素,显然是复杂的。

　　但是,上面的分析已经表明,在既定的新古典假设条件下,增长的进程并没有根本性的不稳定性。有保证的增长率和自然增长率不一定是对立的。并不存在不可避免的债务饱和点。这并不是说,周期波动、萧条和膨胀将不会出现。新古典的假想不管在短期还是在长期中在实证上是否站得住,那是另外一个问题。但是,不稳定并非经济增长过程自身的内在性质。但在另一方面,也没有能证明:新古典的假想中蕴含着静止状态中的稳定性或平衡增长状态中的稳定比例。但是,猜测两者之间存在着密切关系,并不是没有道理的。萨缪尔森、阿罗、布劳克和赫维兹已经表明,递减的边际替代率与均衡的稳定性密切有关。[53]索洛和萨缪尔森已经指出,下列形式的任何微分方程体系。

$$\dot{Y}_i = F^i[Y_1(t), \cdots, Y_n(t)] \quad (i = 1, \cdots, n)$$

$$(100)$$

其中 F^i 是一次齐次的,其全部偏导数都是正的,将会有一个平衡增长的均衡,它的比例一般是稳定的。[54]扩展上述结果,这也许可以表明,在众多的情况下,规模报酬不变和边际报酬递减确实蕴含着价格的稳定要素、产出和资产比例的稳定。

最后,已经有可能表明——或只是把明显的道理重申一下——政府部门支出的非中性。和私人支出一样,政府部门的支出对价格和资源配置确实有影响,其影响的方向和范围取决于筹资的方法。如果,比如,中央银行或货币系统相对于经济体系中所有其他支出而加速购买证券,则利率的均衡值将被降低。新古典批评家可能把这一点归咎于货币系统中的"货币幻觉"或认为是由于存在政府债券——正的或负的——因而不足为奇,可以不加考虑。但是,重要的是,货币系统是在货币量上而不是在"实际"量上采取行动的。根据其性质,货币系统有这样的"货币幻觉",而且不能被看作不合理性因而被忽视。而且,为了得到所谓中性货币而假设政府不发行债券,那也是不够的。作为一般原理,货币的中性要求货币当局完全不参与债务经营,或者要求政府不对货币系统的资产组合构成进行控制。

注　释

① 特别请参阅罗伊·哈罗德的《动态经济学》(1948),和"论动态理论",载《经济学杂志》(1939 年 3 月号),第 14—33 页,重印并收集于《经济周期和国民收入论文选》,汉森和克莱门斯编(1953),第 200—

219 页；多马，"扩张和就业"，载《美国经济评论》(1947 年 3 月号)，第 34—35 页；汉伯格，《经济增长和不稳定性》(1956)；威廉·费尔纳，"动态经济学中的资本—产出比率"，《货币、贸易和经济增长》(1951)。

② 例如，如果增长率暂时低缓，储蓄—投资流量将以快于维持当时的产出率所需要的速度产生出资本。资本变得过剩。如果投资决策与储蓄决策是分开的，则上述情况多半会阻抑投资。见哈罗德"论动态理论"，前引书。

③ 詹姆斯·托宾，"动态总量模型"，载《政治经济学杂志》(1955 年 4 月号)，第 103—115 页；罗伯特·索洛"对经济增长理论的一点说明"，载《经济学季刊》，1956 年 2 月号，第 65—94 页；在类似思路上对经济增长的另一个分析，见理查德·纳尔逊，"不发达国家低水平均衡陷阱的理论"，载《美国经济评论》，1956 年 12 月号，第 894—908 页。

④ 唐·帕廷金，《货币、利息和价格》(1956)。

⑤ 出处同上，第 12 章。

⑥ 发行债券的企业可以按市场价格清偿这种债券。

⑦ 当然，那是以工商企业不积累现金余额的假设为基础。如果企业积累货币，则(2.6)应写成 $\frac{\dot{B}}{ip} = \dot{K} + D - S$，其中 D 代表工商企业对现金余额的增量需求。同样，D 也必须加入货币市场的需求方面。然而，假设企业不积累现金余额，使分析大大简化而不影响其内容。

⑧ 资本的总报酬是 rK。它对 K 的一次偏导数是 $KF_{KK} + F_K$，是正还是负，不易辨明。其为正数的充分条件——尽管不是必要条件——是 K 和 L 之间的替代弹性 σ 至少为一。如果 F 是一次齐次方程，$\sigma = -\frac{F_K F_L}{\frac{K}{L} F_{KK}}$。令 $S_L = \frac{L F_L}{Y}$ 表示劳力在总产出中的份额。于是，$\sigma = -S_L \frac{F_K}{K F_{KK}}$ 由此，当 $\sigma \gtreqless S_L$ 时，则 $KF_{KK} + F_K \gtreqless 0$。当然，

$0 < S_L < 1$，由此，$\sigma \geqq 1$ 是充分条件，尽管不是必要条件。比如：(1) $Y = \beta K^{\alpha} L^{1-\alpha}$，$(0 < \alpha < 1)$，(柯布—道格拉斯生产函数)；对此，$\sigma = 1$；(2) $Y = A[\alpha K^{-\beta} + (1-\alpha) L^{-\beta}]^{-\frac{1}{\beta}}$ $(0 < \alpha < 1)$，$(-1 \leqq \beta)$，则 $\sigma = \dfrac{1}{1+\beta}$。(我从 K. J. 阿罗未发表的一篇论文借用这一例子。这是 σ 不变的所有生产函数的族。)在这一情形中，对 β 的可容许值，σ 可以小于 1。如果 $\left(\dfrac{\alpha}{1-\alpha}\right)\left(\dfrac{L}{K}\right)^{\beta} > \beta$ 时，也只是在这样条件下，$KF_{KK} + F_K > 0$。

⑨ 这确实会使价格水平变动对实际收入分配的影响难以判断。一方面，因为工商企业在债券账户上是借方，而家庭是贷方，如果其他条件不变，价格水平的提高会减少企业部门对家庭部门利息支付的实际价值，从而使实际收入的分配变得有利于企业部门。另一方面，在该模型既定的假设下，可以看到：家庭收入等于国民收入 Y 加上政府的转移性支付，减去企业储蓄；由此，如果 $S_B > 0$，则 $S_p < 0$，即：如果其他条件不变，价格水平上升会减少企业储蓄，从而增加家庭实际收入。然而，如果采用其他的假设，会在后面使分析复杂化，并导致更难判断的情况。

⑩ 求(11a)对 i 的全微分，得到 $\dfrac{dK^e}{di} = -\dfrac{I_i}{I_K} - \dfrac{I_B dB^e}{I_K di}$。等号后第一项，在我们假设中是负数，可以称为 i 对 K^e 的直接影响。第二项，可以称作通过 B^e 的间接影响；如果 $\dfrac{dB^e}{di}$ 是负的，它是正的。把(12a)代入这一等式，得到(12b)。

⑪ 见弗兰科·莫迪利安尼和米勒，"资本成本、公司财务和投资理论"，载《美国经济评论》，1958 年 6 月号，第 261—297 页。

⑫ 在 i、p 和 L 不变时(6)、(7)和(8)中所包含的资本积累和借款方针是否将导致企业部门资产状况趋向于稳定的均衡状态？(9)和(10)至少保证了局部稳定性。可以大致估计(6)、(7)和(8)处于下列均衡的邻近区域：

(a) $\dot{K} = I_K^\circ(K - K^\circ) + I_B^\circ(B - B^\circ)$

(b) $\dot{B} = ip(I_K^\circ - S_K^\circ)(K - K^\circ) + ip(I_B^\circ - S_B^\circ)(B - B^\circ)$

上述线性系统稳定的必要和充分条件是

(a) $I_K^\circ + ip(I_B^\circ - S_B^\circ) < 0$

(b) $I_B^\circ S_K^\circ - I_K^\circ S_B^\circ > 0$

两者都包含于(9)和(10)中。或者可以把这一过程的稳定性列为一个独立的假设,并用这一假设的含义以取得第三和第七部分的结果,而不假定 $S_K < 0$。

⑬ 这些在很大程度上都属简化性的假设,目的是排除那些不太重要的复杂影响。税收可以看作是负的转移性支付。因而,为某些目的,税收的影响可以看作与转移性支付的影响正相反。

⑭ 家庭部门得到未清偿债券上的全部利息,这是因为我们为简化起见假设政府向家庭自动地转移全部利息收入。

⑮ 关于财富和消费之间关系的实证研究,特别请参阅加德纳·阿克利,"财富—储蓄关系",载《政治经济学杂志》,1951 年 4 月号,第 154—161 页;威廉·汉伯格,"消费对财富和工资率的关系",载《经济计量学》,1955 年 1 月号,第 1—17 页。帕廷金,前引书,第 22 页,引证了对实际余额效应本身的三项研究。还可参阅汤姆斯·迈耶,"实际余额效应的实证意义",载《经济学季刊》,1959 年 5 月号,第 275—291 页。我只是对这些效应的符号作了假设。指出这一点并非为实际政策的目的,当存在普遍的商品和劳动力超额供应时,由于价格向下的弹性,肯定可以恢复均衡状态。

⑯ 例如,参阅凯恩斯,《就业、利息和货币通论》(1936),第 8 章;克莱因,"凯恩斯主义经济学的实证基础",载《后凯恩斯主义经济学》,栗原编(1955 年),第 277—319 页,特别是第 292 页。

⑰ 见帕廷金,前引书,第 51、77、133 页。

⑱ 可以为各个家庭确定其增量需求函数。整个部门的总需求只是单

个需求的合计。总需求的,乃至利率和价格水平的暂时均衡值,确实取决于"分配效应",即,取决于金融资产在部门间随机分配的方式,正如帕廷金所指出的,见前引书,第 200—203 页,但是,由于假设存在着均衡,均衡又有单一性和稳定性,所以金融资产持有额的充分均衡值不依赖于分配效应。时间一长久,任何分配效应的结果都将消失(或者,严格地说,变得任意地小了)。因而,即使不假定没有分配效应,可对充分均衡位置进行比较静态分析,这看来是帕廷金忽视的一点。充分均衡值只取决于爱好、收入和物价。为透彻地解释,请参阅阿奇博尔德和利普西,"货币和价值理论:对兰格和帕廷金的评论",载《经济研究评论》,1958 年 10 月号,第 1—22 页。暂时均衡和充分均衡间的上述区别,类似于厂商理论中的短期均衡和长期均衡的区别。

⑲ 例如,参阅詹姆斯·托宾,"流动性偏好作为应付风险的行为",载《经济研究评论》,1958 年 2 月号,第 65—86 页;以及马柯维茨,"资产选择",载《金融杂志》,1952 年 3 月号,第 77—91 页。

⑳ 令 $D_b = \psi\left[B^d(A, i, H) - \dfrac{B_h}{ip}, B^e(i, H) - \dfrac{B_h}{ip} \right] \psi_1 > 0, \ \psi_2 > 0$

㉑ 这些结果与家庭预算恒等式(17)一致。令这一恒等式分别对债券实际持有额,实际现金余额、利率(债券实际额保持不变)和家庭收入求偏导数,并把这些偏导数列成等式,我们得到

$$C_1 + D_{b1} + D_{m1} = 0$$
$$C_2 + D_{b2} + D_{m2} = 0$$
$$C_3 + D_{b3} + D_{m3} = 0$$
$$C_4 + D_{b4} + D_{m4} = 1$$

用 $-D_{m2}$ 乘第一个方程,用 D_{m1} 乘第二个方程,并相加,我们得到

$$(C_1 D_{m2} - C_2 D_{m1}) + (D_{b1} D_{m2} - D_{b2} D_{m1}) = 0$$

我们关于需求函数的假想意味着第一个括弧必须是负数,由此可知

$$D_{b1}D_{m2} - D_{b2}D_{m1} > 0$$

这一不等式说明,资产对消费的正数效应意味着:债券和货币持有额对增量需求函数的"自身"效应在绝对值上大于"交叉"效应。这对于肯定家庭资产的积累过程至少有局部收敛性是有用的。

设

$$\frac{\dot{B_h}}{ip} = D_b\left(\frac{B_h}{ip}, \frac{M}{p}, i, H\right)$$

$$\frac{\dot{M}}{p} = D_m\left(\frac{B_h}{ip}, \frac{M}{p}, i, H\right)$$

局部稳定性的必要和充分条件是 $D_{b1}^\circ + D_{m2}^\circ < 0$ 和 $D_{b1}^\circ D_{m2}^\circ - D_{b2}^\circ D_{m1}^\circ > 0$,其中上标表示在邻近均衡时这函数的值。

这一结果可以看作是哈恩新近提出的定理的例子:他说:"如果所有商品在总量上是可替代的,那么,瓦尔拉的一般均衡在局部也是稳定的"。这一理论使用了预算约束和这样的事实:即类似于 C_1 和 C_2 的各项都是正数。参阅"总额替代和一般均衡的动态稳定",载《经济计量学杂志》,1958 年 1 月号,第 169—170 页。

而且,如果对这些微分方程用一个线性表达式在均衡附近作逼近估计,那么,这对方程的特征根将是

$$2\lambda = D_{b1}^\circ + D_{m2}^\circ \pm [CD_{b1}^\circ - D_{m2}^\circ)^2 + 4D_{m1}^\circ D_{b2}^\circ]$$

因而,如果 D_{b2}° 和 D_{m1}° 具有相同符号,根将是实的,这时 B_h 和 M 向它们均衡值的收敛将是渐近的、不是上下波动的,至少就颇为接近于均衡的值而言是如此。

㉒ 这一模型中所说的"静止"包含着 $G_t + G_c = 0$。这主要地意味着收入和支出账户上的平衡预算。如果政府征税的话,在静止状态下 G_c 可能为正数。但为简化起见,只假定非负数转移性支付。较一般的假定也不会变更分析的内容。

㉓ 在静止状态,既存在着对现金余额正数需求,又存在着有正数报酬率的债券,二者如何协调是一个问题。通常提出的理由是:持有不

提供收入的货币余额,是为了避免某种风险,也为了交易动机。在一个足够长的时期内保持静止均衡,甚至最胆怯的投资者也可能对资本损失概率的主观估计趋于零。例如,里昂惕夫在他对凯恩斯的流动性偏好理论的讨论中就指出过这一点。参阅"基本理论:凯恩斯的通论和古典学派",载《新经济学》,锡莫尔·哈里斯编(1952),第232—244页。进一步说,在一个不变的世界里,家庭有可能改善收支之间的同步状况,即使不能消除,也能减少对现金的交易需求。确实,正如萨缪尔森所说,"……在这样一个世界中,证券本身会像货币一样流通,并在交易中被人接受……"见保罗·萨缪尔森《经济分析的基础》(1948),第123页。这一切都可以说明,完整的对实际货币余额的需求理论必须是历史的,并且要考虑到利息和物价的变动历史。但为现在分析的目的,上述反对意见并没有很大意思。相反地,假定一个对实际货币余额的需求而不试图加以解释,那也就可以了。为论证这一假定在静止状态下是有道理的,也许可以假想(1)在总量不变的条件下,收入和支出的个别比率变动;(2)收支比率和时机有某种随机性(帕廷金对此作了解释,见前引书第327—332页);(3)一个既定的制度结构,其中交易成本和支付同步程度是固定的。关于这一问题的精彩讨论,见詹姆斯·托宾,"流动性偏好作为应付风险的行为",前引书。

㉔ 当然,这是萨缪尔森教授的"对应原理",参阅萨缪尔森,前引书,第二篇。

㉕ 它假定超额需求在商品和债券市场之间没有"溢出"效应。这一假定受到帕廷金的攻击,参见前引书,第352—365页;"萨缪尔森对应原理的局限性",《计量经济学杂志》1952年,第37—43页。看来有理由地认为,在大额、持续的超额需求情况下,存在明显的"溢出"效应。因而,人们可能想要在讨论通货膨胀,尤其是压抑性通货膨胀时肯定这一点。但是,上述的"对应原理"说明的是邻近均衡位置的运动,而这个特定范围内失衡微小而且正在消减。因而,把帕廷金

的论点用于"对应原理",究竟是否适合,至少说也是可以怀疑的。对于各种价格反应方程的非实证讨论,请见班特·汉逊《通货膨胀理论的研究》(1951);阿兰·恩索文"货币失衡和通货膨胀的动态分析",《经济杂志》,1956 年 6 月号,第 256—270 页。

当然,$\dot{P}$ 是 p 对时间的一次导数。

㉖ $Q_1^\circ = \dfrac{q_1}{Y^\circ}$,$Q_2^\circ = \dfrac{q_2}{\dfrac{B^\circ}{i^\circ p^\circ}}$。根据假定,$\dot{G}_b = 0$,这时 B_g 是常数。因此,

$B^\circ = B_h^\circ + B_g$,用减法,这时 $B - B^\circ = B_h - B_h^\circ$

㉗ 例如,见帕廷金,前引书,第 354 页。设 $(K - K^\circ)$,$(B - B^\circ)$,$(p - p^\circ)$,$(i - i^\circ)$ 的系数矩阵为 Δ。(3.5)稳定的必要充分条件是特征方程 $|\Delta - \lambda I| = 0$ 的根的实数部分为负数。但是,Δ 的行列式等于这些根的积。因而,如果实数根为负数,那么 Δ 的符号必定是 $(-1)^n$,其中 n 是 Δ 的阶数。复根出现于乘积为正数共轭对中,这时,如果存在复根,Δ 的符号必定是 (-1) 的自乘数,其幂为 n 减去复根的数目,即 $(-1)^n$ 的符号。

㉘ 为简便起见,第三部分的其余段落中略去了表示在均衡时赋值的上标。为了解用行列式求解联立线性方程的克拉美规则,以及行列式的普通规则,可参阅诸如艾伦《经济学家的数学分析》,伦敦,1938年,第 482—485 页。

从(36)得出(37)的步骤如下所述。(1)用克拉美法则,

$$|\Delta|\,\frac{dK}{dM} = \begin{vmatrix} 0 & I_B & I_p & I_i \\ 0 & -S_B & -S_p & -S_i \\ -C_2\,\dfrac{1}{p} & C_B & C_p & C_i \\ D_{b2}\,\dfrac{1}{p} & -D_{bB} & -D_{bp} & -D_{bi} \end{vmatrix}$$

(2)用(9),得 $I_p = -\dfrac{B}{p}I_B$,用(10),得 $S_p = -\dfrac{B}{p}S_B$。以 $\dfrac{B}{p}$ 乘第二

列,并把求得乘积加进第三列。这使行列式值不变,但使第三行
的各项分别为 0, 0, $\frac{B}{p}C_B + C_p$, $-\left(\frac{B}{p}D_{bB} + D_{bp}\right)$。(3) 从(23)

得出 $\frac{B}{p}C_B + C_p = C_1\frac{B_g}{ip^2} - C_2\frac{M}{p^2}$。同样,从(24)得出 $\frac{B}{p}D_{bB} + D_{bp}$

$= D_{b1}\frac{B_g}{ip^2} - D_{b2}\frac{M}{p^2}$。(4)根据展开行列式的普通规则,上述行列式

等于 $\left[C_2\frac{1}{p}\left(D_{b1}\frac{B_g}{ip^2} - D_{b2}\frac{M}{p^2}\right) - D_{b2}\frac{1}{p}\left(C_1\frac{B_g}{ip^2} - C_2\frac{M}{p^2}\right)\right]$

$[I_B S_i - I_i S_B]$,由此得出(37)。

从(36)得到(38)的步骤如下所述。(1)根据克拉美规则,

$$|\Delta|\frac{dB}{dM} = \begin{vmatrix} I_K & 0 & I_p & I_i \\ -S_K & 0 & -S_p & -S_i \\ C_K - F_K & -C_2\frac{1}{p} & C_p & +C_1 \\ -D_{bK} & D_{b2}\frac{1}{p} & -D_{bp} & -D_{bi} \end{vmatrix}$$

(2)以 $\frac{M}{B}$ 乘第二行,以 $\frac{B}{M}$ 乘分子行列式,使其数值不变。(3) $-\frac{p}{B}$ 乘

第三行,并以乘积与第三行相加。(4)第二行各项分别变成 I_B,
$-S_B$, $C_B - C_1\frac{B_g}{ipB}$, $-D_{bB} + D_{b1}\frac{B_g}{ipB}$,(5)因此,该行列式可以分

解成两个行列式的和,其中之一是 $\Delta\frac{B}{M}$,另一个类同原先的行列式,

但第二行除外,第二行的各项现在分别是 0, 0, $-C_1\frac{B_g}{ipM}$, $+D_{b1}\cdot$

$\frac{B_g}{ipM}$。(6)第二个行列式可以写成 $-\frac{B_g}{ipM}(C_1\Delta_{32} - D_{b1}\Delta_{42})$。

用同样方法得到方程(39)、(40),(43),(44),(45)和(46)。

㉙ 见帕廷金,前引书。

㉚ 遗憾的是,第二部分提出的假想和该系统的稳定性不能充分地决定 (38)和(39)右边第二项的符号。由此,诸如价格水平变动与 M 变动相对地是较高还是较低就不清楚。如果 Δ 的所有非对角线元素都是非负数,则稳定性意味着 $C_1\Delta_{33} - D_{b1}\Delta_{43} < 0$,从而$\frac{\mathrm{d}p}{\mathrm{d}M} \cdot \frac{M}{p} > 1$。然而,有些非对角线元素根据假设是负的。用另外一种方式来说明:如果对角线元素相对其他元素,其绝对值足够大,也可得出同样结果。

㉛ (43)和(46)中的不等式依据假定 $M - \frac{1}{i}B_g \geqq 0$,本文下面将予以讨论。注意(43),(44),(45)和(46)对应于(37),(38),(39)和(40),$\frac{1}{i}B_g - M$ 替代 $\frac{1}{i}B_g$。

㉜ 当然,假如 $\frac{1}{i}B_g > M$,即,假如外在货币量是负数,则(46)中的$\frac{\mathrm{d}i}{\mathrm{d}M}$就是正的。在公开市场购买债券会提高均衡利率。对这一疑论的启发性解释是:$\frac{1}{i}B_g > M$ 和 $\mathrm{d}M = \frac{1}{i}\mathrm{d}B_g$ 意味着 $\frac{\mathrm{d}M}{M} > \frac{\mathrm{d}B_g}{B_g}$;即,因公开市场交易而扩大的 M 相对大于 B_g,使价格水平提高得也相对地大于 B_g。结果,公开市场交易的净作用是减少政府部门债券持有额的实际值。

㉝ n 可能是人口或劳动力供应的实际增长率,或者是劳动力供应增长率乘以一个劳动生产率提高因子。

㉞ 我感谢罗伯特·索洛教授向我建议这一方法。

㉟ 因为齐次性,e^{nt} 项可以从前两个方程的两边分解出来。$Q_1^* = \frac{q_1}{y}$,$Q_2^* = \frac{q_2}{\frac{b}{ip}}$。

㊱ 例如,(33)中投资的均衡流量是 $\dot{K} = I = 0$;在(50)中,它是 $\dot{K} = I = nK$。这样,比如在第一个均衡点上 I_K 的定值未必等于在第二个

均衡点上 I_K 的值。

㊲ 在均衡即 $\dot{b} = 0$ 时，$ip(I-S) = nb° \quad Q_1^{*°} = \dfrac{q_1}{y^0}$，$Q_2^{*°} = \dfrac{q_2}{\dfrac{b°}{i° \, p°}}$。

㊳ 如果 $n = 0$，$g_b = 0$，$g_c = 0$ 和 $g_t = 0$，则 $\Delta^* = \Delta$。

㊴ 设总产量为 Y，并设储蓄是 sY。设边际资本—产出比率是 z，使 $\dot{K} = z\dot{Y}$。这样，如果新资本 sY 要得到充分利用，则 $sY = z\dot{Y}$，或 $\dfrac{\dot{Y}}{Y} = \dfrac{s}{z}$。

㊵ 见索洛，前引书，第 73 页简言之，索洛的模型如下。所述。设 $\dot{K} = sY = sF(K, L)$，设 $\dot{L} = nL$ 和 $\alpha = \dfrac{K}{L}$。于是 $\dot{\alpha} = sF(\alpha, 1) - n\alpha$。如索洛所示，这一方程并不一定有一个均衡解。但是对许多生产函数来说，它应该有一个稳定的均衡。

㊶ 即，如果 (1)$Y = F(K, L)$，F 为一次齐次方程，(2) $\dot{K} = sY$，则 $\dfrac{\dot{L}}{L} < \dfrac{\dot{K}}{K}$ 因而(3) $\dfrac{\dot{L}}{L} < \dfrac{\dot{Y}}{Y} < \dfrac{\dot{K}}{K} \cdot \dfrac{\mathrm{d}}{\mathrm{d}t}\left(\dfrac{\dot{K}}{K}\right) = \dfrac{K\dot{K} - \dot{K}_2}{K^2}$。但是，(3)包含 $\dot{K}Y > K\dot{Y}$ 或用(2)，$\dot{K}^2 > \ddot{K}K$。于是，$\dfrac{\dot{L}}{L} < \dfrac{\dot{K}}{K}$，因而 $\dfrac{\mathrm{d}}{\mathrm{d}t}\left(\dfrac{\dot{K}}{K}\right) < 0$。然而，它并不能肯定 $\dfrac{\dot{K}}{K}$ 最终必须到达 $\dfrac{\dot{L}}{L}$。

㊷ 在索洛模型中，资本的递减边际报酬并非是要素比例稳定性的必要条件，但是，在我的模型中它是必要条件，尽管仅仅有递减边际报酬并不保证 α 有一个均衡值。在图 1 中，I^* 可能逐渐逼近大于 n 的某个常数，在这一情形中 α 可能总是增大的。但是，相当简单而且合乎情理的假设，诸如 $I^*\left(0, i, \dfrac{B}{pK}\right) = 0$，$\lim\limits_{t \to \infty} F_K(K, L) = 0$，和 $n > 0$，会保证存在这样一个均衡。图中 I^* 曲线的形状，说明 $\dfrac{\partial I^*}{\partial \alpha} < 0$ 是只假设的唯一特征。

㊸ 关于债务增长的所谓"正常"行为，已有所论述。参阅，诸如，多马，"债务负担和国民收入"，《美国经济评论》，1944 年 12 月号，重印于

《财政政策论文集》，美国经济学会(1955年)，第479—501页；约翰·格利和肖，"1800—1950美国债务和货币增长：一项探讨性说明"，《经济学和统计学评论》，1957年8月号，第250—262页；阿兰·恩索文，"分期付款信用的增长和繁荣的未来"，《美国经济评论》，1957年12月号，第913—929页。这些论文使用的模型类似于$q_2=0$时的这个模型。

㊹ 以α_1简单地表示$ip(n-S_1^\circ-rS_5^\circ)$，这不应被理解为$\alpha_1$是与$n$无关的一个常数。

㊺ 用类似的方法，也可以找出外生变量的变动对p和b的影响。一般情况下，这些变动与m的变动不呈相同比例，但是，我们的假想并不是根据那种比例来明确断定变动的方向。

㊻ 这一节的所有偏导数都应看作是在均衡点上的值。为方便起见，上标$^\circ$省略了。

㊼ 对于希望把(88)、(89)、(91)、(92)、(94)、(95)、(97)和(98)的解重新表述的读者说来，下列想法也许有用。我们希望解出方程(87)——矩阵符号可以写作$\Delta d=v$，其中$v=(0,0,v_1,v_2)$——所定义的矢量$d=\left(\dfrac{dk}{dm},\dfrac{db}{dm},\dfrac{dp}{dm},\dfrac{di}{dm}\right)$中两个元素。(87)式中，$v_1=-\dfrac{1}{p}(C_2+n)$，$v_2=\dfrac{1}{p}D_{b2}$。在随后的微分中，$v_1$和$v_2$将有不同的值。由逆矩阵可以求上述方程式的解。那就是，$d=\Delta^{*-1}v$。因为我们只对d中两个元素和v中两个元素有兴趣，所以我们在逆矩阵中只需四个元素。令$Z_4=\left(-g_b+D_{b1}\dfrac{1}{i}b_g-D_{b2m}-D_{b4}g_t\right)$并令$Z_5=\left(-g_c+C_1\dfrac{1}{i}b_g-C_2m-C_4g_t\right)$。然后，令$\alpha_{ij}$是$\Delta^{*-1}$中$i^{th}$行和$j^{th}$列的元素。这样，我们有

$$\alpha_{13}=\frac{Z_1Z_4}{|\Delta^*|},\ \alpha_{14}=\frac{Z_1Z_5}{|\Delta^*|},\ \alpha_{43}=\frac{Z_2Z_4}{|\Delta^*|},\ \alpha_{44}=\frac{Z_2Z_5}{|\Delta^*|}$$

和 $\dfrac{\mathrm{d}k}{\mathrm{d}m}=v_1\alpha_{13}+v_2\alpha_{14}$ 以及 $\dfrac{\mathrm{d}i}{\mathrm{d}m}=v_1\alpha_{43}+v_2\alpha_{44}$。本文中那些结果的简化也用了关系式(84)和(85)。

④⑧ $\dfrac{g_t}{p}$ 的系数可以写成 $C_2 D_{b4}+(1-C_4)D_{b2}+nD_{b4}$,其全部项目都是正的。

④⑨ 由(86)得出 $\dfrac{\mathrm{d}m}{\mathrm{d}g_c}=\dfrac{1}{n}$,由此可得出诸如,$\dfrac{\mathrm{d}i}{\mathrm{d}g_c}=\dfrac{\mathrm{d}i}{\mathrm{d}m}\cdot\dfrac{1}{n}$。

⑤⓪ 这样得到的方程式,左边像(87),右边有元素为 0, 0, $-\dfrac{1}{p}\left(\dfrac{1}{n}C_1+1\right)$, $+\dfrac{1}{p}\left(\dfrac{1}{n}D_{b1}-1\right)$ 的列。

⑤① 方程的左边像(87),右边有元素为 0, 0, $-\dfrac{1}{p}(C_2+nC_4)$, $+\dfrac{1}{p}(D_{b2}+nD_{b4})$ 的列。

⑤② 由此得出的方程式的左边像(87),右边有元素为 0, 0, $\dfrac{1}{p}(C_1-C_2)$, $\dfrac{1}{p}(n-D_{b1}+D_{b2})$ 的列。

⑤③ 见萨缪尔森,《经济分析基础》,前引书,第301—302页。肯尼思·阿罗和辽尼德·赫维兹,"论竞争性均衡的稳定性之一",《计量经济学杂志》,1958年10月号,第522—552页;以及阿罗、赫维兹和 H. D. 布伯劳克,"论竞争性均衡的稳定性之二",《计量经济学杂志》,1959年1月号,第82—109页。

⑤④ 罗伯特·索洛和保罗·萨缪尔森,"规模收益不变条件下的平衡增长",载《计量经济学杂志》,1953年7月号,第412—424页。

主要术语汇编

balanced growth **平衡增长**——所有实际的和名义的存量与流量都以同一速度增长。

banking Bureau **银行局**——萌芽状态的政府银行体系,它根据政策局的指令购买当期产出、初级证券或其他资产,并创造货币。

debt burden **债务负担**——一个部门未清偿的实际债务对其资本货物的比率。

deficit rotation **赤字轮转**——收入和产品账户上的赤字随时间从一个部门向另一部门的转移。

direct finance **直接金融**——最终借款人直接向最终贷款人出售初级证券。

distribution effects **分配效应**——价格变动通过收入、支出、金融资产和债务在支出单位间分配的方式而对实际需求和实际供应的影响。

explicit deposit rate **外含存款利率**——对货币余额的利息支付额,以那些余额中的百分比表示。

financial intermediaries **金融中介机构**——主要职能在于购买初级证券和创造对自身债权的金融机构。

gross-money doctrine **总额货币论**——把内在货币和外在货币一起计算在内的货币理论观点。

implicit deposit rate **内含存款利率**——货币的边际效用,其依据是持有货币而不持有其他资产的好处。

indirect finance **间接金融**——最终借款者向金融中介机构出售初级

证券。

indirect securltles　间接证券——金融中介机构的负债，包括通货、活期存款、储蓄存款和股份、保险准备金以及类似债权。

inside money　内在货币——以私人国内初级证券为基础的货币。

mixed asset-debt position　混合型资产—债务状况——支出单位既持有金融资产又有未清偿的债务的状况。

money illusion　货币幻觉——经济行为对名义数量而不是对实际数量的调整适应。

net debt position　净额债务头寸——支出单位的债务与其金融资产的差额。

net-money doctrine　净额货币论——货币理论的一种观点，据此把内在货币与其在私人国内初级债务中的对等物合并抵消，因而只剩下外在货币。

neutrality of money　货币的中性——名义货币量变动不能影响利率、实际产出和实际财富，以及其他实际变量。

nominal bonds　名义债务——按面值计算的债券，未曾用当期产出价格指数加以调整。

nominal money　名义货币——未曾用当期产出价格指数加以调整的货币。

nonmonetary financial intermediaries　非货币的金融中介机构——主要职能是购买初级证券和创造非货币的债权的金融机构，包括储蓄贷款协会、信用社、保险公司、储蓄银行和其他。

nonmonetary indirect financial assets　非货币的间接金融资产——对非货币的金融中介机构的债权，诸如储蓄贷款协会股份、储蓄存款、保险准备金。

outside money　外在货币——以外国的或政府的证券或黄金为后盾的货币；或者是政府发行的无后盾的纸币。

policy Bureau　政策局——货币当局；向银行局发布指令的、萌芽状态的中央银行。

primary securities　初级证券——非金融的支出单位的负债，包括政府证券、公司债券和股票、抵押凭证和各种中短期债务。

pure asset-debt position　单一型资产-债务状况——支出单位只有金融资产或只有未清偿债务，而不是两者兼而有之的状况。

real bonds　实际债券——面值已经用当期产出价格指数加以调整的债券。

real money　实际货币——已经用当期产出价格指数加以调整的货币。

rental rate　租金率——资本的报酬率；等于企业净利润和利息支付额之和对企业资本量的百分比。

reserve-balance rate　储备—余额利率——中央银行向商业银行对后者存款余额所支付的利率。

static price expectations　静态价格预期——当期价格水平与将来水平一致的预期。

stationary equilibrium　静态均衡——金融数量和实际数量保持不变的均衡状态。

John G. Gurley and Edward S. Shaw
MONEY IN A THEORY OF FINANCE
The Brookings Institution, Washington, D.C., 1960
根据美国布鲁金斯学会 1979 年印刷本译出